Silke Bauerfeind

Warum du nicht loslassen musst und was dir sonst keiner sagt

SelbstBewusstsein für Eltern autistischer Kinder

Das fünfte Buch zu *Ellas Blog*

die Autorin:

Silke Bauerfeind wurde 1970 geboren und lebt mit ihrer Familie in der Nähe von Nürnberg. Sie studierte Kulturwissenschaften mit den Fächern Literaturwissenschaft, Philosophie und Geschichte und arbeitet als freiberufliche Autorin und Bloggerin.

Neben den beiden Lyrikbänden „Wunderstachelblumenanderswelt", „Da Capo al Fine" und dem Erzählband „Blütenschwarz" veröffentlichte sie gemeinsam mit der autistischen Malerin Kristin Behrmann das Kunstbuch „Meine Lieblingsfarben klingen". Zu Ellas Blog erschienen folgende Veröffentlichungen: „Ein Kind mit Autismus zu begleiten, ist auch eine Reise zu sich selbst" (2016), „Autistische Kinder brauchen aufgeklärte Eltern" (2018), „Diagnose Autismus – wie geht`s weiter?" (2020), „Autismus im Kindergarten – wie Teilhabe gelingen kann" (2022).

Einen umfassenden Einblick in ihre Arbeiten gibt die Webseite:
www.ellasblog.de
Kontakt: mail@silke-bauerfeind.com

© 2025 Silke Bauerfeind

Verlag: BoD · Books on Demand GmbH, In de Tarpen 42,
22848 Norderstedt, bod@bod.de
Druck: Libri Plureos GmbH, Friedensallee 273, 22763 Hamburg

ISBN: 978-3-7693-2429-7

Umschlaggestaltung: Ute Haller, www.farbkunstwerke.de

Inhalt:

1 Die Reise beginnt

Für manche kommt die Autismus-Diagnose des Kindes ganz plötzlich, für andere zeichnet sich das Thema nach und nach ab. Unabhängig davon, wie es bei dir war, ist eines für die meisten von uns gleich: Zu Beginn realisiert man die Tragweite der eigenen Rolle nur Stück für Stück. Es braucht Zeit, sich in die neue Situation einzufinden und all das zu verstehen, was damit einhergeht. Anfangs macht man einfach weiter, man organisiert, begleitet, sorgt sich und funktioniert.

Ich habe lange Zeit geglaubt, dass sich mein Leben wieder ausbalancieren und dass die Anforderungen und die Intensität dieser Aufgabe mit der Zeit nachlassen würden. Doch je länger meine eigene Reise dauert, desto deutlicher wird: Für viele von uns relativiert sich das nie. Es bleibt eine lebenslange Aufgabe mit zwar wechselnden Anforderungen, aber es bleibt eine existenzielle Erfahrung, ein Kind mit Behinderung zu begleiten. Gleichzeitig lernt man aber auch, eine tiefere Verbindung und einen einzigartigen Blick auf das Leben zu entwickeln. Diese Erfahrung kann uns stärken und uns Momente der Erfüllung schenken, die wir ohne diesen besonderen Weg vielleicht nie erlebt hätten.

In meinen bisherigen Büchern zu *Ellas Blog* ging es hauptsächlich darum, über Autismus aufzuklären. Das ist absolut notwendig, denn Aufklärung kann es nicht genug geben, das zeigt sich in unserer Zeit immer wieder und der Bedarf lässt nicht nach, sondern steigt. Ich möchte mich an dieser Stelle wiederholt für eure unglaublich wertvollen und rührenden Rückmeldungen zu den bisherigen Veröffentlichungen bedanken. Sie motivieren mich immer wieder aufs Neue, weiter zu schreiben.

Auch eure Besuche auf *Ellas Blog* (www.ellasblog.de), die Kommentare und Zuschriften bereichern mein Tun in unvergleichlicher Weise. Vielen Dank dafür.

Als Mutter eines bereits erwachsenen, nonverbalen autistischen Sohnes spreche ich nicht nur, aber vor allem diejenigen unter euch an, die ebenfalls ein Kind mit einer sog. Mehrfachbehinderung oder ausgeprägtem Autismus haben. Ich bin mir bewusst, dass es unterschiedliche Möglichkeiten gibt, über diese Themen zu sprechen, möchte mich jedoch darauf konzentrieren, ehrlich und direkt zu sein, ohne unnötig vorsichtige und umschreibende Formulierungen zu verwenden.

Das Autismus-Spektrum ist groß und vielfältig und jede und jeder empfindet sein Leben unterschiedlich. Viele Autistinnen und Autisten legen großen Wert darauf, dass sie keinerlei Behinderung haben, sondern einfach anders sind mit allen Stärken und Schwächen, die das mit sich bringt. Die Behinderung findet für sie ausschließlich von Seiten der Gesellschaft statt.

Mein Sohn und viele andere Kinder, Jugendliche und Erwachsene mit einer Diagnose aus dem Autismus-Spektrum empfinden ihr So-Sein aber durchaus als Behinderung und äußern dies entsprechend. Auch das muss und darf gesagt werden und deshalb werde ich auch in diesem Buch diesen Begriff immer wieder verwenden, wenn es um ihre Erfahrungen geht.

In dieser neuen Veröffentlichung soll der Fokus nun bei den Eltern liegen, die täglich herausfordernde, oft unsichtbare Arbeit leisten. Auch wenn ich Elternthemen in den anderen Büchern bereits thematisiert habe, blieben sie doch bisher nur Randfiguren, die sich ab und zu mal ins Scheinwerferlicht mogelten.

Dabei sind wir alles andere als Statisten. Wir sind die ständigen Begleiter[1], die verlässlichen Stützen, die ersten und letzten, die da sind, wenn etwas passiert. Unsere Aufgaben enden nicht, sie verändern sich, sie fordern uns heraus, manchmal über unsere Grenzen hinaus.

Und genau deshalb brauchen auch wir Eltern mehr Aufmerksamkeit. Denn was uns von vielen Seiten angeboten wird, sind oft gut gemeinte Ratschläge, die jedoch allzu häufig an unserer Lebensrealität vorbeigehen. Sie treffen uns manchmal ausgerechnet an den Stellen,

---

[1] Hinweis: Aus Gründen der Lesbarkeit verwende ich im Text abwechselnd die weibliche und die männliche Form. Gemeint sind selbstverständlich alle Geschlechter und Identitäten.

die sowieso schon schmerzen, oder sie nähren die Schuldgefühle, die viele von uns ohnehin mit sich herumtragen. „Du musst loslassen", „Sei konsequenter", „Denk einfach positiv" – solche Ratschläge sind schnell gegeben, aber sie verkennen, was es wirklich bedeutet, Elternteil eines Kindes mit einer Behinderung zu sein.

Was wir Eltern brauchen, ist etwas anderes. Etwas, das uns nicht noch mehr Druck macht, sondern uns wirklich ermutigt und stärkt. Etwas, das uns ernst nimmt in unserer Vielfalt, in unserer Verletzlichkeit und in unserer Stärke.

Bei sogenannten Elterntrainings oder -programmen fällt mir auf, dass diese oft darauf abzielen, grundlegende Informationen über Autismus zu vermitteln. Es geht häufig um praktische Impulse für den Umgang mit unseren Kindern, deren Verhalten und am Rande um Ansätze zur Selbstfürsorge.

Das ist zweifellos wichtig und ein guter Einstieg. Doch ich frage mich oft, ob das wirklich ausreicht. Diese Herangehensweise greift meiner Meinung nach für uns Eltern zu kurz. Wir sind nicht nur „Coaches" oder „Begleiter" unserer Kinder, sondern haben auch eigene, tiefgehende Themen und Bedürfnisse, die nicht einfach nebenbei behandelt werden können. Unsere Entwicklung und die unserer Kinder sind untrennbar miteinander verbunden, wir bedingen uns wechselseitig.

Ein Programm, das diesen wechselseitigen Einfluss wirklich ernst nimmt, müsste deshalb mehr sein als ein einfacher „Werkzeugkasten". Es müsste Raum schaffen, um uns auch als Eltern, als Menschen mit eigener Identität und Lebensgeschichte zu stärken.

Gerade das macht unseren Weg so intensiv. Und darin verbirgt sich eine riesengroße Chance für uns und nicht zuletzt für unsere Kinder, die ungenutzt bleibt, wenn wir uns ihr nicht zuwenden. Davon bin ich fest überzeugt und deshalb wollte ich unbedingt dieses Buch schreiben, das uns Eltern in den Mittelpunkt stellt. Es beleuchtet den oft unsichtbaren Weg, den wir täglich gehen mit all den Fragen, Gefühlen und Herausforderungen, die sonst im Hintergrund bleiben. Hier geht es um die Balance in unserem Leben, ohne perfekt sein zu müssen. Es ermutigt dazu, unsere eigene Reise neu zu betrachten. Ziemlich neu sogar.

Es kann in unserem Leben nicht nur darum gehen, dass unsere Kinder therapiert werden und sich verändern sollen. Ein wichtiger Schlüssel liegt bei uns und genau diesen Schlüssel können wir nur dann wirklich nutzen, wenn wir bereit sind, uns intensiv mit uns selbst zu beschäftigen. Vielleicht könnten wir uns neben der Frage, wie sich unser Kind weiterentwickeln kann, auch immer wieder fragen: „Was möchte ich bei mir selbst verändern und wer will und kann ich eigentlich sein, damit wir alle gemeinsam ein gutes Leben führen können?"

Dieses Buch möchte hier ansetzen. Es lädt dazu ein, dich als Elternteil mit all dem, was dich bewegt, als wesentlichen Teil des Weges zu sehen. Es zeigt dir Möglichkeiten auf, wie du deine innere Stärke und dein eigenes Potenzial für dich und deine Familie nutzen kannst und damit für ein Leben, das euch beide weiterbringt und in dem eure Lebensqualität ganz oben steht.

Ich möchte einen Raum schaffen, in dem wir Eltern uns selbst neu entdecken, verstehen und akzeptieren dürfen. Einen Ort, an dem wir lernen, nicht nur zu funktionieren, sondern auch mit all unseren Gefühlen, Unsicherheiten, Stärken und Schwächen zu wachsen.

Dieses Buch ist für diejenigen unter uns, die nicht nur nach praktischen Lösungen suchen, sondern auch nach einem tieferen Verständnis für sich selbst und ihre Situation. Es ist für die Eltern, die genug von leeren Floskeln haben und stattdessen ehrliche, authentische Antworten brauchen, sicherlich nicht auf alles, aber auf das, was wirklich zählt.

Ich lade dich ein, diese Reise der Selbstentdeckung und der persönlichen Entwicklung gemeinsam mit mir zu gehen. Und ich hoffe von Herzen, dass du die Möglichkeit hast, dir Zeit dafür zu nehmen.

Eine Essenz gleich am Anfang

Beginnen wir diese Reise durch die vielen Seiten dieses Buches mit ein paar Zeilen, die die Essenz dessen einfangen, was viele von uns empfinden:

Wenn das Miteinander schwierig wird,

aber das Ohneeinander unvorstellbar ist,

wenn Vernunft gegen Sinn kämpft

und Sinn gegen Freiheit aufbegehrt,

dann ist es womöglich

die Liebe zu einem autistischen Kind.

Diese Worte stammen aus meiner Feder, sind auch im Blog zu finden und spiegeln wider, was ich oft fühle und was vermutlich viele von uns so empfinden.
Es ist diese tiefe Liebe zu unserem Kind, die uns durch Herausforderungen trägt. Aber gleichzeitig ist es auch diese feste Bindung, die uns manchmal an unsere Grenzen und darüber hinaus bringt.

Wenn das "Miteinander schwierig" wird und doch das "Ohneeinander unvorstellbar" bleibt, dann stehen wir mitten in einem Spannungsfeld, in dem Vernunft und Sinn miteinander ringen. Wir kämpfen um das, was wir für richtig halten, um das, was notwendig ist, und gleichzeitig streben wir nach Freiheit für uns selbst und für unsere Kinder.
Diese Zeilen beschreiben, was viele von uns täglich erleben und was so schwer zu erklären ist.

Die Liebe zu unseren Kindern ist eine komplexe, mehrschichtige Erfahrung. Sie ist voll von Widersprüchen und Herausforderungen, aber auch von tiefem Sinn geprägt. Aber es ist auch voller Gefühle, von denen ich vorher nicht wusste, dass es sie überhaupt gibt.

Schon oft habe ich in gewissen Situationen gesagt: „Das versteht doch kein Mensch!" (für Mensch verwende ich, ehrlich gesagt, auch manchmal andere Worte), „Wie soll das, was wir gerade fühlen und erleben, irgendjemand nachvollziehen?", „Ich weiß nicht, wie ich das jemandem erklären soll!"
Auch aus diesem Grund hatte ich übrigens das Bedürfnis, dieses Buch zu schreiben. Denn ich weiß, dass die allermeisten von euch das sehr wohl nachvollziehen können und vielleicht froh sind, es mal in Worte gekleidet zu sehen. Das ist ein schönes Gefühl, euch als Leserinnen und Leser beim Schreiben der folgenden Seiten vor meinem inneren Auge zu haben.

Ich möchte dich mit diesem Buch einladen, über deine eigene Reise nachzudenken und sie zu reflektieren. Und ich hoffe, dass du dich beim Lesen verstandener und sichtbarer fühlst, als das bisher der Fall war. Denn neulich las ich, dass es schon unglaublich viel weiterhilft, wenn man sich gesehen fühlt. Das ist etwas, das viele von uns vermissen und ich möchte dir mit allem, was folgt, das Gefühl geben, dass du gesehen wirst. Hier in diesem Moment.

Dein Buch, dein Weg: So nutzt du es für dich

Dieses Buch ist für dich gedacht – so wie es am besten zu dir passt.

Du kannst die Kapitel in beliebiger Reihenfolge lesen, ganz nach Lust und Laune, oder aussuchen, was dich gerade am meisten beschäftigt. Vielleicht gibt es ein Kapitel, das dich sofort anspricht, weil es genau das Thema aufgreift, mit dem du dich aktuell auseinandersetzt. Oder du blätterst quer durchs Buch und entdeckst die Abschnitte, die dir in diesem Moment am wichtigsten erscheinen.

Trotzdem möchte ich dir empfehlen, das Buch in der Reihenfolge zu lesen, in der es gedruckt ist. Diese Abfolge ist bewusst gewählt, um dich auf eine Art „Heldenreise" mitzunehmen, deine eigene Reise der Veränderung und des Wachstums.
Eine sogenannte Heldenreise beginnt oft mit einem Wendepunkt, einem Moment, in dem man merkt, dass man sich auf einen neuen Weg begeben muss, ob man will oder nicht. Dieser Weg ist selten geradlinig; er bringt Herausforderungen, Ungewissheit und manchmal auch Zweifel mit sich. Doch genau diese schwierigen Momente sind es, die uns wachsen lassen und uns mehr über uns selbst lehren.
Vielleicht erkennst du dich in dieser Art von Reise wieder. Dabei bist du in bester Gesellschaft von vielen Eltern.

Dieses Buch will dir keine feste Richtung vorschreiben. Es ist kein vorgefertigtes Programm, keine Lehre und erst recht kein Elterntraining.
Stattdessen ist es ein Angebot, das dich vielleicht genau an den Punkten abholen kann, an denen du dachtest, völlig auf dich allein gestellt zu sein. Es möchte dir zeigen, dass du nicht isoliert bist, und dir neue Perspektiven eröffnen, die du bisher noch nicht gesehen hast. Es geht darum, dich zu ermutigen, deinen eigenen Weg zu finden und zwar auf deine Art, in deinem Tempo und mit allem, was dir wichtig ist. Das kommt nicht zuletzt auch deiner Familie zugute.
Hier geht es um dich, um deine Erfahrungen, deine Gefühle und darum, wie du deinen eigenen Weg im Alltag finden kannst.
Wenn du darüber hinaus Aufklärung zum Thema Autismus suchst, schau dich gerne bei meinen bisherigen Büchern und auf *Ellas Blog* um; dort findest du viele Informationen und Hintergründe.

Ich möchte dir gerne vorschlagen, diese Reise bewusst mit einem „Heldenreise-Tagebuch" zu begleiten. Nimm dir ein schönes Notizbuch, das dir gefällt, und halte deine Gedanken, Inspirationen und Gefühle fest, die während des Lesens aufkommen. Notiere, was dich berührt, was dich zum Nachdenken bringt oder was du für dich mitnehmen möchtest. Vielleicht entdeckst du auch ganz neue Facetten an dir selbst.

Es gibt keinen richtigen oder falschen Weg, nur deinen ganz eigenen.

Angebot für deine Heldenreise

Willkommen also zu deiner ganz persönlichen Heldenreise!

Das hier ist einfach ein Angebot an dich, ein Begleiter für die Herausforderungen und Abenteuer, die du und dein Kind gemeinsam erleben. Die Themen in diesem Buch drehen sich um all die Dinge, die viele von uns Eltern autistischer Kinder täglich beschäftigen: Fragen, die uns auf dem Weg begegnen, Stolpersteine, die vor uns liegen, und manchmal auch leuchtende Meilensteine, die uns zeigen, wie weit wir schon gekommen sind.

Die Reise beginnt oft dort, wo es am schwersten ist, nämlich ganz am Anfang. Für viele von uns ist das der Moment, in dem wir die Diagnose unseres Kindes erfahren. Es kann ein Schock sein, eine Klärung oder eine Erleichterung, aber vor allem ist es ein Startpunkt für eine neue Lebensphase. Es geht darum, die ersten Reaktionen, das Chaos der Gefühle und die Unsicherheit anzunehmen. Und zu verstehen: Es ist in Ordnung, wenn wir nicht sofort alle Antworten haben. Ich lade dich ein, Mut und Geduld zu finden, deine eigenen Gefühle zuzulassen und Schritt für Schritt deinen Weg zu gehen.

Im dritten Abschnitt „Wer bin ich eigentlich?" gibt es viel Gelegenheit, dich selbst in den Blick zu nehmen. Du bist nicht nur Mutter oder Vater. Obwohl unser Alltag deutlich weniger Möglichkeiten für eigene Bedürfnisse lässt, heißt das aber nicht, dass wir uns selbst aufgeben müssen. Dieses Kapitel lädt dich ein, deine eigene Rolle zu erkunden und die Balance zwischen dem, was du gibst und dem, was du für dich brauchst, neu zu gestalten.

Die nächsten Kapitel nehmen Schwierigkeiten in den Blick, die wohl jeder von uns kennt. „Ein besonderer Weg und drei häufige Hürden" beschäftigt sich mit den Ängsten, der Erschöpfung und den

Schuldgefühlen, die uns immer wieder überfallen. Es geht nicht darum, perfekt zu sein oder immer alles im Griff haben zu müssen. Vielmehr ist es ein Vorschlag, vielleicht sogar ein Appell, dir selbst zu erlauben, die Herausforderungen zu benennen, die eigene Stärke in den Blick zu nehmen und zu erkennen, wie viel du Tag für Tag leistest.

Dann gibt es noch die großen Fragen der Selbstbestimmung und die Freiheit, auch mal anders zu sein. Das Kapitel „Ansätze für mehr Leichtigkeit und Selbstbestimmung" hilft dir, deinen eigenen Werten treu zu bleiben und gleichzeitig Lösungen für die eigene Familie zu finden. Was ist dir wichtig? Welche Kompromisse kannst du eingehen, welche nicht? Es geht darum, deinen eigenen Weg zu finden, ohne dich immer an anderen zu orientieren. Schritt für Schritt kannst du die Freiheit entdecken, so zu handeln, wie es sich für dich und dein Kind richtig anfühlt.

Natürlich gibt es auf dem Weg auch ganz praktische Herausforderungen: „Wege zur Resilienz im Alltag" unterstützt dich dabei, deine innere Stärke zu pflegen und zu schützen. Hier findest du Impulse und Gedanken, die dir helfen, im Alltag Ruhe und Kraft zu finden. Denn Resilienz, das ist unter anderem die Fähigkeit, auch bei all dem Trubel handlungsfähig zu bleiben und das ist umso leichter, wenn wir ein Netzwerk haben, das uns den Rücken stärkt.

Wenn es um den Austausch mit Systemen und Fachkräften geht, kann es manchmal schwierig werden, gehört zu werden und sich dennoch treu zu bleiben. Genau darum geht es in „Mit Fachkräften und Systemen umgehen". Dieses Kapitel unterstützt dich dabei, deine Meinung und Überzeugungen selbstbewusst zu vertreten, Kompromisse zu finden und dennoch authentisch zu bleiben. Das Wissen, dass wir für unsere Kinder einstehen dürfen, ist ein wichtiger Baustein dieser Reise.

Einen ganz anderen Blick bietet der Abschnitt „Raum geben statt Loslassen". Wir machen uns Gedanken darüber, wie wir Freiräume für unser Kind schaffen, ohne dabei die Verbindung zu verlieren.

Raum geben heißt, dass wir gemeinsam wachsen, du und dein Kind, und die Unterstützung zulassen, die euch auf dieser Reise hilft. Das Kapitel zeigt dir, wie wichtig es ist, zu vertrauen und Kontrolle abzugeben, ohne sich selbst oder das Kind zu verlieren.

Die Reise (in diesem Buch) endet mit dem wichtigen Thema „Sich gegen Kommentare behaupten", das dir etliche Vorschläge macht, die du übernehmen oder für dich abwandeln kannst.
Mit einem „freundlichen Blick auf dich selbst" und einem vorläufigen Resümee deiner Heldenreise kannst du dann mit neuer Kraft weitergehen.

Dieses Buch ist eine Einladung, diese Reise ganz bewusst und in deinem eigenen Tempo zu gehen. Jede Erfahrung und jeder kleine Schritt machen dich stärker und bringen dich ein Stück weiter.
Bereit?
Dann lass uns doch gleich weitergehen.

2 Diagnose deines Kindes

Für mich war die Diagnose meines Sohnes nach all den Jahren der Ungewissheit fast wie eine Erleichterung. Nach einer Odyssee durch unzählige Arztpraxen, nach so vielen Meinungen, die uns eher verwirrten als halfen und zum Teil in Sackgassen führten, hatten wir endlich eine greifbare Erklärung und konnten beginnen, einen Weg für uns zu finden.

Ich fühlte mich, als hätte ich endlich eine Grundlage, von der aus ich weitergehen konnte. Die Diagnose war mit der Chance verbunden, nach und nach zu verstehen und gezielt nach Lösungen zu suchen. Wir konnte nun als Familie anfangen, uns mit dem auseinanderzusetzen, was unser Sohn wirklich braucht.

Die Bedeutung der Diagnose für dich

Ich weiß auch, dass diese Erleichterung nicht für alle Eltern sofort spürbar ist. Für manche ist die Diagnose ein Schock, der alles, was sie bis dahin geglaubt und an dem sie sich festgehalten und orientiert hatten, ins Wanken bringt.

Vielleicht wirst oder wurdest du mit einer Realität konfrontiert, auf die du nicht vorbereitet warst oder fühlst dich wie gelähmt, weil du einfach nicht weißt, wie es weitergehen soll. Manche Eltern erleben eine Welle der Verzweiflung, weil sie das Gefühl haben, von jetzt an nie mehr „normal" sein zu dürfen oder zu können.

Andere sind einfach nur überrascht, weil sie nie gedacht hätten, dass ihr Kind in dieser besonderen Dimension anders sein könnte. Sie kämpfen mit den Fragen: „Warum wir? Warum mein Kind? Was habe ich falsch gemacht?"

Und dann gibt es auch Eltern, die sich schuldig fühlen, schuldig, weil sie die Anzeichen nicht früher erkannt haben, schuldig, weil sie dachten, sie hätten es verhindern können.

Manche sind wütend, auf sich selbst, auf andere, die verantwortlich sein könnten, auf die Welt und auf das Schicksal, das ihnen diese Herausforderung auferlegt hat.

Wieder andere fühlen eine Mischung aus all dem: Angst, Erleichterung, Hoffnungslosigkeit, Schuld. Die Gefühle können ein ständiges Auf und Ab sein, ein Wechsel zwischen „Ich schaffe das" und „Ich weiß nicht, wie ich weitermachen soll."

Es ist wichtig, dass du dir erlaubst, all diese Emotionen zu fühlen und dass du dich nicht unter Druck setzt, sofort zu einer Art Akzeptanz zu gelangen. Niemand muss die Diagnose sofort als Startpunkt einer Reise sehen, und es ist völlig in Ordnung, wenn es Zeit braucht, um dorthin zu gelangen. Es kann Wochen, Monate oder sogar Jahre dauern, bis man den Blickwinkel findet, der einem erlaubt, nach vorne zu schauen. Und selbst dann ist dieser Weg nicht linear. Die Akzeptanz ist keine einmalige Sache, die man abhakt und dann nie wieder darüber nachdenken muss. Sie ist vielmehr ein Prozess, der in Spiralen verläuft.

An manchen Tagen fühlt es sich an, als hättest du die Dinge gut im Griff, als hättest du dich mit der neuen Realität arrangiert. Und dann gibt es diese Tage, an denen die gleichen alten Fragen wieder auftauchen: „Warum mein Kind? Warum kann es nicht einfacher sein? Warum kommen die anderen so viel besser zurecht?"

Diese Gedanken kommen oft unerwartet zurück, genau in dem Moment, in dem du dachtest, sie seien längst vergangen. Das ist normal. Es ist normal, immer wieder mit den gleichen Gefühlen und Gedanken konfrontiert zu werden, immer wieder Fragen zu stellen, die du längst beantwortet geglaubt hast. Du bist nicht falsch, verkorkst oder inkompetent, nur weil du immer wieder neu damit kämpfst und vieles mehrere Male reflektieren musst.

Und gerade deshalb kann es so zermürbend sein, wenn Menschen von außen Ratschläge geben, die oft nur Druck aufbauen. Häufig haben sie keinen Schimmer davon, wie es uns wirklich geht und welche Prozesse tief in unserem Inneren ablaufen. Und gleichzeitig haben wir auch keine Ahnung, wie wir verständlich in Worte fassen können, was uns bewegt. Auch dabei soll dir dieses Buch weiterhelfen.

Vielleicht hast auch du schon Sätze gehört wie: „Ich dachte, du hast das längst verarbeitet." oder „Das solltest du aber jetzt mal akzeptiert haben." Solche Kommentare kommen häufig von Menschen, die nicht verstehen, dass es hier eben nicht um ein einfaches „Abhaken" geht, dass es kein geradliniger Weg ist. Sie wissen nicht, dass die Akzeptanz der Situation ein immer wiederkehrender Prozess ist, dass sie Zeit braucht und dass jeder Mensch auf seine ganz eigene Art und Weise damit umgeht. Und sie wissen nicht, dass Akzeptanz nicht bedeutet, alles in rosarotem Licht zu sehen.

Du brauchst dir nicht von anderen sagen lassen, wie du dich fühlen sollst und wie lange dieser Prozess dauern darf oder wie er auszusehen hat. Niemand außer dir selbst weiß, wie viel Kraft es braucht, Tag für Tag weiterzumachen. Jeder von uns hat seine eigene Geschwindigkeit und Vorgeschichte. Und es kostet ebenso Energie, wenn sich positive Entwicklungen ereignen, denn auch für Dinge, die wir nach und nach für uns sortieren, verstehen und akzeptieren, brauchen wir Zeit und Ressourcen. Oft verknüpfen wir Positives übrigens mit neuen Erwartungen an uns selbst, die uns erneut herausfordern.

Ich weiß aber auch, wie schwer es sein kann, überhaupt zu spüren, was man selbst gerade braucht. Es gibt Momente, in denen man so tief im Alltag steckt, dass keine Zeit bleibt, um innezuhalten und die eigenen Gefühle oder Bedürfnisse zu sortieren. Dann wiederum gibt es Phasen, in denen alles klarer erscheint, in denen man genau weiß, was einem guttut und wie der nächste Schritt aussehen kann. Es ist ein Auf und Ab, das dazu gehört. Manchmal fühlen wir uns sicherer, manchmal verlieren wir uns in den Anforderungen und Gefühlen.

Es ist wichtig, dass du dir selbst die Erlaubnis gibst, diesen Weg so zu gehen, wie es für dich gerade möglich ist. Das kann bedeuten, dass du manchmal eine klarer Richtung vor Augen hast und dir niemand reinzureden braucht; es kann aber auch bedeuten, dass du zögerlich und unsicher bist und dich nach jemandem sehnst, der dir Orientierung gibt. So oder so kann dir niemand vorschreiben, wie lange du für bestimmte Dinge brauchst oder wie sich dein Prozess anfühlen soll. Dieser Weg verändert sich ständig, genauso wie wir uns verändern. Und manchmal überrascht uns das Leben mit einem Moment der Klarheit, der uns plötzlich zeigt, dass wir weitergekommen sind, auch wenn wir es vorher nicht gemerkt haben. Was auch immer gerade bei dir passiert: Es ist dein Weg.

Vom Auf und Ab der Gefühle

Ich erinnere mich noch gut daran, wie ich versucht habe, meine Gefühle zu kontrollieren, sie zu unterdrücken oder mir einzureden, dass ich „so nicht fühlen sollte". Solche Momente kommen auch heute immer noch hoch, zum Beispiel wenn es neue Herausforderungen gibt oder wenn ich merke, dass mir die Puste ausgeht. Ich frage mich dann, ob ich zu empfindlich bin, ob mit mir alles stimmt und ob ich nicht stärker sein müsste.

Vielleicht geht es dir ähnlich und du fragst dich, ob du die „richtigen" Gefühle hast oder ob du auf eine bestimmte Weise reagieren solltest. Aber es ist viel befreiender, einfach zuzulassen, was du fühlst, auch wenn es chaotisch erscheint. Diese Gefühle sind kein Hindernis, das du überwinden musst, sondern Teil deiner Erfahrung als Mensch und als Elternteil. Sie sind der Beweis dafür, dass du lebst, dass du dich kümmerst und dass du liebst. Deine Gefühle erzählen deine ganz eigene Geschichte, sie machen sie lebendig und authentisch.

Also erlaube dir, all deine Gefühle zuzulassen, egal ob es die schwierigen wie Wut, Erschöpfung, Angst oder Verwirrung sind, oder die schönen Momente der Freude, des Glücks und der Dankbarkeit. Gerade die positiven Gefühle sind so wertvoll, weil sie dir zeigen, dass es Lichtblicke gibt, selbst wenn alles herausfordernd ist. Sie dürfen genauso ihren Platz haben und dir Kraft geben.

Gefühle sind niemals richtig oder falsch, lass dir das von niemandem einreden. Sie sind ein Teil von dir, sie machen dich zu der Mutter, dem Vater oder der wichtigen Bezugsperson, die du bist. Sie erzählen deine Geschichte und zeigen, wie sehr du dich einsetzt.

Nun ist es schön und gut, sich alle Gefühle zu erlauben. Ich weiß natürlich auch, dass das unglaublich viel Kraft kostet. Besonders dann, wenn die Emotionen ständig hin und herpendeln und nie zur Ruhe kommen wollen.

An einem Tag fühlt es sich vielleicht an, als wäre alles soweit in Ordnung, als könntest du Herausforderungen meistern und am nächsten Tag bricht alles wieder über dir zusammen und du fragst dich, wie du das nur schaffen sollst. Dieses ständige Auf und Ab kann zermürbend sein, und es ist nur allzu verständlich, dass man sich wünscht, Ruhe und Klarheit zu finden.

Ein Großteil dieses emotionalen Hin und Her ist eng mit dem Wohlbefinden unserer Kinder verbunden. Wenn es unseren Kindern schlecht geht, geht es uns auch schlecht. Wenn es ihnen gut geht, geht es uns auch gut.

Es ist, als wären unsere Gefühle mit unsichtbaren Fäden an ihre gebunden. Dann blockieren sie uns in allem, was wir tun, solange wir nicht wissen, warum es ihnen schlecht geht und was wir tun können, um zu helfen. Einen regelrechten Push erleben wir, wenn wir wissen, dass es unseren Kindern gut geht. Dann setzt das auch bei mir Energien frei, die zuvor blockiert waren.

Diese emotionale Verbindung ist so stark, dass sie manchmal alles andere überlagert. Wir sind gefangen in dieser Unsicherheit, bis wir Antworten finden. Und ich weiß, wie oft wir uns fragen: „Was fehlt meinem Kind? Was kann ich tun?" Bis diese Fragen geklärt sind, scheint nichts anderes mehr wichtig.

Manchmal hören wir dann von außen Sätze wie: „Du musst dich emotional von deinem Kind lösen." Was für eine belastende und für die meisten von uns schwer nachvollziehbare Aussage!

Die Bindung, die wir zu unseren Kindern haben, können wir nicht einfach ablegen. Sie ist ein wesentlicher Teil von uns, weil sie unsere Liebe und Fürsorge widerspiegelt.

Wenn uns jemand sagt, wir sollten uns „emotional lösen", klingt das so, als sollten wir aufhören, so intensiv für unsere Kinder, die häufig in allen Lebenssituationen Unterstützung benötigen, da zu sein.

Aber wie soll das gehen? Unsere Gefühle sind eng mit ihren verwoben, und natürlich reagieren wir auf ihr Wohlbefinden.

Das ist kein Fehler, sondern Teil unserer Realität.

Für viele von uns, die ein Kind mit einer Behinderung begleiten, ist das von entscheidender Bedeutung. Gerade wenn es um nonverbale Autistinnen und Autisten mit hohem Unterstützungsbedarf geht, sind wir oft diejenigen, die die Brücke zwischen ihnen und der Welt schlagen. Wir sind die Dolmetscher ihrer Bedürfnisse, die Erklärer ihrer Gefühle, die Bindeglieder zu anderen Menschen, die ihr Verhalten und Befinden nicht immer auf Anhieb verstehen. Diese tiefe Bindung und dieses Verständnis ohne Worte ist eine wunderbare Erfahrung.

Es bedeutet aber auch, dass wir uns oft in einem Zustand der Wachsamkeit befinden. Wir sind immer darauf bedacht, die kleinen Zeichen zu erkennen, die uns sagen, wie es unserem Kind gerade geht. Ein Blick, eine Veränderung im Verhalten, ein leises Geräusch, all das kann eine Botschaft sein, die verstanden werden will. Diese Art der Verbindung ist tief und oft auch anstrengend, weil sie uns in einen Modus der ständigen Aufmerksamkeit versetzt. In den Momenten, in denen wir das Gefühl haben, zu langsam reagiert oder etwas übersehen zu haben, können Selbstzweifel aufkommen. Diese Zweifel sind verständlich und menschlich. Sie zeigen, wie sehr wir uns kümmern und wie ernst wir unsere Verantwortung nehmen.

Für viele Eltern fühlt sich diese Symbiose wie eine natürliche Verlängerung der Elternrolle an. Sie ist mit nichts anderem vergleichbar und gibt uns das Gefühl, wirklich nah bei unserem Kind zu sein. Gleichzeitig gibt es Eltern, die diese Verbindung nicht als so verwoben empfinden oder die darin keinen ständigen Kraftakt sehen. Das ist genauso legitim. Jede Familie lebt diese Beziehung anders und findet eigene Wege, mit den Bedürfnissen ihres Kindes umzugehen. Es gibt keinen „richtigen" oder „falschen" Ansatz, solange das Kind die Unterstützung bekommt, die es braucht.

Für mich persönlich fühlen sich Sätze wie „Du musst dich emotional lösen" oder „Du solltest loslassen" unglaublich fremd und unangemessen an. Sie gehen an der Realität vieler Familien vorbei, weil sie nicht erfassen, wie viel Verständnis und Nähe unsere Kinder brauchen, um sich sicher und gesehen zu fühlen. Für andere mag es sich jedoch durchaus befreiend anfühlen, sich an manchen Stellen emotional zurückzunehmen, weil es ihren Alltag erleichtert oder besser zu ihrem Umgang passt. Beides darf sein.

Statt zu versuchen, diese Verbindung zu kappen, geht es darum, sie anzuerkennen und zu verstehen, wie wir mit ihr leben können, ohne uns selbst dabei zu verlieren. Denn diese Verbindung, die zwischen uns und unseren Kindern besteht, ist oft das, was sie durch ihren Alltag trägt. Gleichzeitig ist sie aber auch das, was uns manchmal an unsere Grenzen bringt. Die Herausforderung liegt darin, einen Weg zu finden, der sowohl unserem Kind als auch uns selbst gerecht wird. Manche Eltern brauchen hierfür mehr Abstand, andere suchen eher die Nähe. Es gibt kein richtig oder falsch, solange wir uns fragen, was für uns und unsere Familien funktioniert.

Natürlich weiß ich, dass es Ausnahmen gibt, wo nicht nur etwas mehr Abstand, sondern eine Trennung notwendig wird, weil Eltern ihre Kinder gefährden oder überfordert sind. Aber in den allermeisten Fällen geht es nicht darum, sich zurückzuziehen, sondern darum, die Balance zu finden und zu gestalten, die Sicherheit und Entwicklung gleichermaßen möglich macht. Da du dieses Buch liest, gehe ich davon aus, dass ich dich zu den „Gestaltern" zählen darf.

Dazu gehört auch ein Thema, das wir oft vor uns herschieben, weil es uns Angst macht: Was passiert, wenn wir Eltern einmal nicht mehr da sind? Diese Frage schwingt in unserem Alltag oft leise mit, und sie kann erdrückend sein, wenn wir keinen Plan dafür haben. Aber genau hier setzt das Konzept „Raum geben" an, über das ich in diesem Buch spreche. Es bedeutet unter anderem, ein Netzwerk aufzubauen, in dem unser Kind weitere Bezugspersonen hat, die es kennen und unterstützen können. Dieses Netzwerk ist kein Ersatz für die Verbindung, die wir als Eltern zu unseren Kindern haben. Aber es ist eine Erweiterung, ein Sicherheitsnetz, das unser Kind trägt, auch wenn wir eines Tages nicht mehr selbst da sein können.

Raum geben bedeutet nicht loslassen. Es bedeutet, Strukturen zu schaffen, die deinem Kind und dir Halt geben, während ihr euch weiterentwickelt. Es ist eine Chance, die Zukunft so zu gestalten, dass sie sich für euch beide sicher und tragfähig anfühlt.

Und damit kommen wir zu einer wichtigen Frage, die wir oft beiseiteschieben: Wer bist du eigentlich, abgesehen von deiner Rolle als Elternteil? Wer warst du, bevor diese Reise losging, und wer bist du heute? Vielleicht denkst du jetzt: "Oh bitte, das ist doch nicht so wichtig. Es geht doch um mein Kind!" Glaub mir, ich verstehe das total, denn genauso habe ich selbst oft gedacht.

Aber weißt du was? Es ist wichtig. Nicht, weil du dich plötzlich an erste Stelle setzen sollst oder weil es hier um einen Ego-Trip geht, sondern weil du unglaublich wichtig bist für dein Kind. Und wenn du den Kontakt zu dir selbst verlierst, verlierst du irgendwann auch ein Stück von dem, was dich so stark und besonders macht. Sich selbst diese Frage zu stellen, kann tatsächlich Kraft geben. Dabei geht es nicht darum, jetzt alle Antworten zu finden, sondern einfach darum, dich mal wieder nicht nur als Elternteil, sondern als die Person, die du „sonst noch" bist, zu sehen.

Ich lade dich ein, dir wirklich einen kleinen Moment zu nehmen, um über dich nachzudenken. Gönn dir das, du hast es dir verdient. Und keine Sorge, wir kommen noch zu all den sehr konkreten Themen, die deinen Alltag und die Herausforderungen betreffen, die dich wahrscheinlich gerade viel mehr beschäftigen. Aber lass uns jetzt kurz innehalten. Es darf auch mal ein kleines, vielleicht sogar ein bisschen philosophisches Kapitel sein. Vielleicht wirst du überrascht sein, was sich daraus ergibt. Und keine Angst, hier wird niemand eine Abschlussprüfung in Selbstfindung von dir verlangen. Das Einzige, was zählt, ist dass du dir diesen Moment gönnst, denn er kann dir und deinem Kind viel geben.

3 Wer bin ich eigentlich?

Ich weiß, wie wenig Zeit wir oft haben, uns überhaupt mit solch tiefgreifenden Fragen zu beschäftigen wie: „Wer bin ich?"
Unsere Tage sind vollgepackt mit Aufgaben und Verpflichtungen, und oft bleibt wenig Raum für diese Art von Selbstreflexion. Die Zeit, die wir für uns selbst gerne hätten, wird zu einem wertvollen Gut und dann ist es anstrengend, sich auch noch mit solchen Fragen auseinanderzusetzen.
Und doch ist diese Frage nach dem eigenen Selbst so wichtig, gerade weil sie oft unbeantwortet bleibt. Deshalb trägt auch dieses Buch den doppeldeutigen Untertitel „SelbstBewusstsein für Eltern autistischer Kinder".

Vielleicht denkst du jetzt: „Oh je, wird das jetzt zu philosophisch?"
Aber lass dich davon nicht abschrecken. Es geht nicht darum, in abstrakte Gedankenwelten abzutauchen, sondern vielmehr darum, sich ein paar grundlegende Fragen zu stellen, die uns helfen können, uns selbst besser zu verstehen, gerade in dieser besonderen Situation, in der wir uns als Eltern befinden. Anschließend werden auch in der Praxis, in unserem Alltag und bei unseren häufigen Entscheidungen Dinge leichter und klarer.
Denn geht es dir nicht auch manchmal so, dass du das Gefühl hast, das bist gar nicht du selbst, die da gerade spricht oder handelt? Manchmal werden wir uns fremd, weil wir Teile in uns entdecken, die bisher leise und zurückhaltend waren und andere hingegen verstummen.

Das Selbst auf der Reise – wer ist dieses Selbst?

Die Frage „Wer bin ich?" ist eine der schwierigsten und gleichzeitig eine der wichtigsten, die wir uns stellen können. Gerade als Eltern von Kindern mit besonderen Bedürfnissen gerät diese Frage oft in den Hintergrund, weil so vieles andere vordergründig und dringend ist.

Ich stelle es mir so vor: Unser „Selbst" besteht aus vielen Teilen und Stimmen, die manchmal harmonisch miteinander klingen, sich manchmal aber auch gegenseitig anschreien. Da gibt es die laute, starke Stimme, die voller Entschlossenheit und Energie ist und die dir sagt: „Ich schaffe das! Ich bin für mein Kind da, komme, was wolle!" Und dann ist da die leisere, ängstliche Stimme, die vielleicht sagt: „Ich bin so müde. Wie soll ich das alles schaffen?"

Vielleicht gibt es auch eine freche, rebellische Stimme, die in dir aufbegehrt und sich wünscht, einfach mal auszubrechen, loszulassen, etwas für sich selbst zu tun, ohne sich schuldig zu fühlen. Und manchmal spüren wir eine kleine, verletzliche Stimme, die sich zurückziehen will, Schutz braucht und die Angst hat, nicht zu genügen.

Diese verschiedenen Anteile, machen uns zu dem, was wir sind – einem „Selbst", das nicht statisch ist, sondern sich ständig verändert. Ich denke, es geht darum, diese verschiedenen Stimmen zu entdecken, zu lernen, sie zu hören und ihnen Raum zu geben.

Wir dürfen verstehen, dass jede von ihnen ihre eigene Bedeutung und Berechtigung hat und es gut mit uns meint, auch wenn sie manchmal super unbequem und nervig sind. Keine ist „richtig" oder „falsch", „besser" oder „schlechter". Sie alle sind Teil von dir, und sie alle haben etwas zu sagen, wenn du ihnen zuhörst.

Die Erfahrungen, die wir mit unseren Kindern machen, können diese Anteile in uns hervorheben, sie verstärken oder verändern, andere hingegen in den Hintergrund rücken lassen. Unsere Lebenssituation fordert uns immer wieder heraus, neue Seiten an uns zu entdecken.

Lass uns hier übrigens gleich klarstellen, damit keine Missverständnisse entstehen: Es geht nicht um eine Form von krankhafter Spaltung.

Ich will keinesfalls sagen, dass wir verschiedene Persönlichkeiten haben, die unabhängig voneinander agieren oder im Widerspruch stehen. Es geht um die ganz normalen inneren Stimmen und Gefühle, die wir alle kennen, die vielen Facetten unseres „Selbst". Sicherlich hast du das auch schon erlebt: Da ist die Mutter in dir, die immer stark sein will, aber auch diejenige, die sich manchmal einfach nur eine Pause wünscht. Dann gibt es den Teil, der Zweifel hat und sich fragt: „Mache ich das alles richtig?" Oder die innere Kritikerin, die so streng sein kann, dass es manchmal weh tut. Diese Anteile sind ganz normale Teile unserer Persönlichkeit. Sie spiegeln die vielen Rollen wider, die wir im Leben einnehmen, und die unterschiedlichen Bedürfnisse, die wir spüren. Sie sind ein natürlicher Teil unserer menschlichen Erfahrung uns deren Reaktionen darauf.

Diese Reise zu uns selbst ist also keine einfache. Es ist eine Reise, die von Widersprüchen, von verschiedenen Gefühlen und Gedanken geprägt ist. Es ist völlig normal, sich mal stark und mal schwach zu fühlen, mal sicher und mal verloren. Es geht darum, zu erkennen, dass das „Selbst" ein ganzes Orchester ist, das in verschiedenen Momenten unterschiedliche Töne anschlägt.
Und je besser wir hören können und verstehen, welche Anteile gerade besonders laut sind und warum, desto mehr können wir selbst dafür sorgen, wieder in Balance zu kommen und unseren eigenen Weg zu finden.

Hier ist ein kleiner, vertiefender philosophischer Gedanke, den du einfach mal mitnehmen kannst, du musst ihm nicht folgen und es ist auch nicht entscheidend für das weitere Lesen:

Vielleicht gibt es nicht den einen „wahren" Teil von uns, der alles zusammenhält und erklärt, wer wir wirklich sind. Stattdessen könnte unser Selbst in all den unterschiedlichen Anteilen stecken, die uns ausmachen, in der starken, lauten Stimme genauso wie in der leisen, zweifelnden, in der frechen und in der vorsichtigen. Unser „Selbst" könnte in all diesen Facetten präsent sein, ohne auf einen einzigen Teil oder eine einzige Rolle festgelegt werden zu können.

Oder vielleicht gibt es tatsächlich diesen „einzigen Teil", der sich unserer Vorstellungskraft entzieht. Manche glauben, dass dieser Teil etwas Festes, Unveränderliches, vielleicht sogar Göttliches ist. Andere Hinweise zeigen jedoch, dass unser „Ich" auch etwas sein könnte, das durch unser Gehirn, unser Umfeld und die Geschichten, die wir uns über uns selbst erzählen, geformt wird.

Ich finde es sehr spannend, sich darüber Gedanken zu machen. Mit welcher Sichtweise du dich am ehesten anfreunden und identifizieren kannst, ist natürlich ganz dir überlassen.[2]

Wir als Baustein des Ichs

Werden wir wieder konkreter und tauchen in unser Leben ein. Denn wir existieren nicht losgelöst von allem anderen in dieser Welt, sondern sind immer mit anderen verbunden. Besonders als Eltern eines behinderten Kindes sind wir Teil einer Beziehung, die unser „Ich" auf eine ganz besondere Weise prägt. Das „Wir", die tiefe, emotionale und psychische Verbindung zu unserem Kind, ist ein wichtiger Baustein unseres Selbst.

Unsere Identität entsteht nicht im Alleingang. Sie wächst und entwickelt sich in Beziehung zu den Menschen, die uns am meisten bedeuten. Die Beziehung zu unserem Kind beeinflusst, wie wir uns selbst sehen und wie wir unseren Platz in der Welt finden. Diese Beziehung ist intensiv, manchmal herausfordernd, aber auch eine Quelle der Kraft und des Wachstums. Unser Kind kann für uns wie ein Spiegel sein, in dem wir all die unterschiedlichen Anteile von uns selbst erkennen können, die Stärken und die Unsicherheiten, die lauten, mutigen Stimmen genauso wie die leisen, ängstlichen.
Jeder dieser Anteile bekommt eine neue Bedeutung.

Da ist die Stärke, die wir entwickeln, wenn wir für unser Kind kämpfen. Oder die Verwundbarkeit, die sich zeigt, wenn wir das Gefühl haben, nicht mehr weiter zu wissen. Die Geduld, die wächst,

---

[2] Wenn du das auch spannend findest, stöbere mal bei den philosophischen Strömungen unter Subjektivität. Es gibt natürlich etliche Ansichten und Theorien zu diesem Thema. Hier würde das zu weit führen. ☺

wenn wir uns auf die Bedürfnisse unseres Kindes einstellen, und die Ungeduld, die manchmal durchbricht, wenn wir selbst an unsere Grenzen stoßen.

Diese verschiedenen Seiten sind alle Teil der Beziehung zu unserem Kind und formen unser Selbst.

Das kann uns unglaublich stärken, weil wir lernen dürfen, wie viel wir schaffen und wie tief unsere Liebe geht. Aber sie kann uns auch fordern, uns manchmal das Gefühl geben, nur noch in der Rolle des unterstützenden Elternteils zu existieren.

Hier wird es entscheidend, die Balance zwischen dem „Ich" und dem „Wir" zu finden. Einerseits wollen wir für unser Kind da sein, andererseits dürfen wir uns selbst und die Selbstbestimmung unseres Kindes nicht vergessen. Es ist ein ständiges Austarieren, das nicht immer leicht ist und damit sind wir auch wieder beim Ausgangsgedanken dieses Buches, dem Dilemma des „Miteinander und Ohneeinander".

Und dann gibt es da noch die Menschen um uns herum, die auf ihre eigene Weise Teil unserer Geschichte werden. Einige von ihnen haben Erwartungen an uns, sie meinen es oft gut, aber manchmal fühlen wir uns unter Druck gesetzt. Manchmal enttäuschen sie uns, weil sie nicht verstehen, was es wirklich bedeutet, in unserer Situation zu leben. Es gibt auch diejenigen, die uns mit ungefragten Ratschlägen überschütten, die einfach nicht zu unserer Lebensrealität passen.

Aber dann sind da auch die, die uns weiterhelfen. Diejenigen, die zuhören, ohne zu urteilen. Die, die uns mit kleinen Gesten und echten Unterstützungsangeboten durch schwierige Tage tragen.

Diese Menschen prägen unser Selbstbild und unsere Erfahrung als Eltern. Sie sind Teil des erweiterten „Wir" zwischen uns und unserem Kind, das unsere Identität beeinflusst und uns immer wieder herausfordert, unseren eigenen Weg zu finden.

Kennst du diese Momente, in denen du dich selbst überraschst und denkst: „So war ich früher nicht", oder „Das habe ich ja noch nie gedacht." Diese Gedanken können verwirrend sein, weil sie uns spüren lassen, dass sich etwas verändert hat. Aber vielleicht sind sie auch ein Zeichen dafür, dass wir Facetten an und in uns entdecken, die schon immer da waren, die aber erst jetzt an die Oberfläche kommen. Vielleicht haben wir diese Seiten von uns lange unterdrückt oder einfach nie gebraucht. In dieser neuen Lebenssituation werden sie geweckt, weil sie plötzlich wichtig werden.

Und weißt du was? Das ist keine Einbildung. Unser Gehirn hat die Fähigkeit, sich durch neue Erfahrungen und Herausforderungen zu verändern. Das ist ein wissenschaftlich gut belegtes Phänomen, das Neuroplastizität genannt wird. Es bedeutet, dass unser Gehirn neue Verbindungen knüpfen und alte Muster verändern kann, selbst im Erwachsenenalter. Das, was du als neue Stärke oder Fähigkeit entdeckst, ist oft das Ergebnis dieser beeindruckenden Anpassungsfähigkeit.

Das heißt, wenn du merkst, dass sich deine Perspektive verändert oder du plötzlich anders reagierst als früher, ist das keine zufällige Laune. Es ist ein Zeichen dafür, dass dein Gehirn arbeitet, sich entwickelt und anpasst. Und das macht Mut: Denn wenn diese Veränderungen möglich sind, was könnte dann noch alles in dir schlummern, das sich entwickeln darf? Vielleicht bist du gerade dabei, dich selbst neu kennenzulernen und das ist nicht nur spannend, sondern auch eine riesige Ressource, die dir auf deinem Weg helfen kann.

Manchmal ist es die Kraft, die uns plötzlich überrascht, manchmal ist es die Verletzlichkeit, die wir vorher nicht zugelassen haben. Diese neuen Gedanken und Gefühle zeigen uns, dass wir mehr sind als die Summe unserer bisherigen Erfahrungen und dass wir uns weiterentwickeln, wachsen und auch in ungeahnte Richtungen gehen können. Sie erinnern uns daran, dass das „Ich" kein starres Konstrukt ist, sondern sich in der Begegnung mit dem „Wir" immer wieder neu formt.

Gedankenexperiment

Manchmal halten uns unsere Kinder einen Spiegel vor, und wir entdecken Dinge an uns, die wir vorher nie richtig bemerkt haben. Sie laden uns ein, uns selbst noch einmal neu zu betrachten, auf eine

Weise, die uns überrascht, vielleicht auch verwirrt oder inspiriert. Und vielleicht ist genau das eine Chance, uns selbst ein bisschen besser kennenzulernen.

Lass uns also mal ein kleines Gedankenexperiment wagen: Was wäre, wenn wir die Diagnosekriterien für das Autismus-Spektrum auf uns selbst anwenden? Die Kriterien, die wir so gut kennen, weil wir sie bei unseren Kindern immer im Hinterkopf haben. Was, wenn wir sie einfach mal auf uns selbst beziehen, ohne dabei das Ziel einer Diagnose zu verfolgen. Denn darum geht es hierbei nicht.

Die Diagnosekriterien umfassen Besonderheiten in der Kommunikation, im sozialen Miteinander, in der Wahrnehmung und beim Verhalten. Stell dir vor, du schaust auf dich selbst durch diese Brille. Lass uns das mal gemeinsam durchspielen, vielleicht entdeckst du dabei einiges Neues über dich.

Wie kommunizierst du?

Bist du jemand, der sich schnell zurückzieht, wenn es zu laut oder chaotisch wird? Oder merkst du, dass du dich manchmal wiederholst, weil du das Gefühl hast, nicht richtig verstanden zu werden?

Ertappst du dich dabei, dass du dich in Gesprächen oft verloren fühlst, weil dir die Themen nicht liegen oder du nicht weißt, was von dir erwartet wird?

Hast du jemals das Gefühl gehabt, lieber zuzuhören, als zu reden, weil du dir unsicher bist, wie du dich ausdrücken sollst?

Gibt es Momente, in denen du bewusst das Thema wechselst, weil du dich mit dem, was gerade besprochen wird, unwohl fühlst?

Wünschst du dir manchmal, du könntest einfach sagen, was du wirklich denkst, ohne dich zurückzuhalten?

Und war das schon immer so? Vielleicht hast du früher ganz anders kommuniziert und spürst, dass sich das im Laufe der Zeit verändert hat.

Wie fühlst du dich in sozialen Situationen?

Gibt es Momente, in denen du dich fragst, ob du überhaupt am richtigen Ort bist? Hast du manchmal das Gefühl, dich anzupassen, ohne wirklich zu wissen, warum?

Erlebst du dich oft als Zuschauer im sozialen Geschehen, der nicht so richtig in die Gruppe passt? Hast du das Gefühl, du schaust zu, wie andere leben, während du außen vor bleibst?

Oder gibt es Momente, in denen du unsicher bist, ob du die unausgesprochenen sozialen Regeln richtig interpretierst?

Fragst du dich manchmal, ob du anders über Menschen denkst, als du es laut sagen würdest?

Und wenn du ehrlich bist, war das schon immer so oder hat sich das im Laufe der Jahre verändert? Vielleicht hattest du früher keine Probleme damit, in Gruppen zu sein, und spürst jetzt eine andere Art von Distanz oder Unsicherheit.

Wie nimmst du deine Umwelt wahr?

Gibt es Dinge, die dich besonders stören, die andere nicht einmal bemerken? Ein Geruch, der dir sofort Kopfschmerzen bereitet, ein Geräusch, das du einfach nicht ertragen kannst?

Oder fühlst du dich schnell überfordert, wenn zu viele Eindrücke auf dich einstürmen? Hast du öfter das Bedürfnis nach Rückzug und Ruhe als andere Menschen um dich herum?

Gibt es Sinneseindrücke, die du regelrecht sammelst, weil sie dir Freude oder Ruhe bringen? Warum sind sie so bedeutsam für dich? Vielleicht gibt es auch Sinneseindrücke, die dir besonders gut tun und die du gerne immer wieder suchst, weil sie dir das Gefühl von Sicherheit geben.

Und wenn du daran zurückdenkst, war das schon immer so, oder hast du das erst in den letzten Jahren bei dir entdeckt?

Welche Routinen oder kleinen Rituale hast du, die dir den Tag erleichtern? Gibt es Handlungen, die du immer wieder machst, weil sie dir Sicherheit geben, auch wenn sie für andere vielleicht merkwürdig wirken? Vielleicht ist es das ständige Überprüfen, ob die Tür abgeschlossen ist, das immer gleiche Morgenritual oder das Bedürfnis, manche Dinge in einer bestimmten Reihenfolge zu tun.

Frag dich, ob du dir schon mal gewünscht hast, einfach aus diesen Mustern auszubrechen, und was es dich kostet, sie loszulassen.

Gibt es Rituale oder Gewohnheiten, die du heimlich pflegst, die dir Halt geben, von denen aber niemand weiß?

Und wenn du zurückdenkst, gab es Zeiten, in denen du dich freier gefühlt hast? Oder hast du das Gefühl, dass diese Rituale dir schon immer Halt gegeben haben?

Diese Fragen sind kein Test, und es geht nicht darum, irgendeine Diagnose zu finden oder sich selbst in eine Schublade zu stecken. Es ist eher ein Spiel mit der Selbstwahrnehmung, eine Möglichkeit, neugierig zu bleiben und vielleicht auch ein bisschen liebevoller mit sich selbst (und nicht zuletzt mit unseren Kindern) umzugehen.
Die Antworten auf diese Fragen können sich mit der Zeit ändern, je nachdem, wo du im Leben stehst oder was du gerade erlebst. Wir sind alle in Bewegung, in Veränderung und genau das macht uns aus.
Vielleicht findest du Antworten, die dich überraschen, oder du stellst fest, dass sich die Antworten auf diese Fragen immer wieder verändern. Oder du entdeckst, dass deine ganz persönlichen Antworten Dynamiken zwischen dir und anderen Menschen oder auch zwischen dir und deinem Kind erklären könnten.

Das, was wir über uns wissen, ist niemals in Stein gemeißelt. Es kann sich immer wieder neu anfühlen, je nachdem, welche Erfahrungen wir machen, welche Herausforderungen wir bewältigen und welche Beziehungen wir pflegen. Vielleicht entdeckst du so neue Facetten an dir, solche, die schon immer da waren, aber jetzt erst wichtig werden.

Zwischen Verantwortung und Selbstfindung

Der Philosoph Levinas sagt, dass wir durch die Verantwortung für den Anderen, durch die ständige, oft unausgesprochene Verpflichtung, da zu sein und zu sorgen, erst wirklich zu Menschen werden. Und wer, wenn nicht unser Kind, fordert uns genau dazu auf, immer wieder in diese Verantwortung hineinzuwachsen?
Vielleicht ist es tatsächlich Glück. Auch wenn wir es nicht immer so empfinden, besonders dann, wenn die Tage endlos erscheinen und

die Nächte viel zu kurz sind. Ja, ein Kind zu haben, das uns auf ganz besondere Weise herausfordert, könnte eine der größten Gelegenheiten sein, uns selbst besser kennen und schätzen zu lernen.

Unser Kind hält uns einen Spiegel vor, zeigt uns unsere schönsten und auch die schwierigsten Seiten. Es lässt uns nicht in Ruhe, bis wir Neues über uns selbst entdeckt haben, sei es eine Stärke, die wir nie vermutet hätten, Geduld, die wir uns nicht zugetraut hätten, oder auch Schwäche, die uns menschlicher macht.

Insofern könnte in unserer Situation tatsächlich eine große Chance liegen, viele Facetten zu entdecken, uns selbst immer wieder neu zu begegnen und zu verstehen, wer wir wirklich sind.

Es gibt allerdings Momente, in denen solche Sichtweisen unpassend, übergriffig und verletzend sein können, vor allem dann, wenn sie von Menschen kommen, die selbst nicht in unserer Situation sind. Denn wer mitten im Sturm steht, für den ist es oft unmöglich, das Leben als Chance oder gar als Geschenk zu sehen. Manchmal ist es einfach nur schwer und herausfordernd bis zur Erschöpfung.

Ich hoffe daher, dass mir diese Überlegung in unserem Kontext verziehen wird. Denn ich weiß, es ist eine Gratwanderung, darüber zu sprechen, was uns das Leben mit einem behinderten oder autistischen Kind auch schenken kann, dafür muss man einfach den richtigen Augenblick treffen und das passende Gegenüber haben. Niemand sollte das einfach so sagen oder schreiben dürfen, ohne zu wissen, wie es wirklich ist.

Aber vielleicht ist es doch eine gute Nachricht zu sehen, dass genau diese Herausforderungen uns die Möglichkeit geben, uns selbst auf eine Weise zu entdecken, die wir sonst nie gefunden hätten. Dass wir Seiten an uns kennenlernen, die sonst unentdeckt geblieben wären. Dass wir verstehen, dass wir auch durch die schwierigen Momente wachsen und tiefer zu uns selbst finden.

Vielleicht ist das auch der Grund, warum ich mit Sätzen wie „Ich könnte das ja nicht" oder „Ich bewundere, was du machst" je nach Situation unterschiedlich umgehe. Es kommt sehr darauf an, wer das sagt und mit welcher Intention. Manchmal höre ich diese Worte und spüre echte Wertschätzung. Dann nehme ich sie gerne an.

Aber es gibt auch Momente, in denen diese Sätze befremdlich auf mich wirken. Vielleicht, weil sie aus einer Perspektive stammen, die meine Realität nicht wirklich greift. Einer Realität, in der es so scheint, als gäbe es eine Wahl, ob man eine Herausforderung annimmt oder nicht. In meinem Leben geht es aber nicht um diese Wahl. Es ist keine Frage von „Können" oder „Wollen", sondern einfach das, was ist. Es ist mein Alltag, mein Kind, mein Leben. Vielleicht geht es dir ja auch so.

In dieser besonderen Beziehung zu unserem Kind, in der ständigen Auseinandersetzung mit dem „Wir" und dem „Ich", liegen viele Fragen, Zweifel, aber auch viele neue Antworten. Vielleicht ist genau das die Einladung: uns selbst immer wieder neu zu entdecken, an den Herausforderungen zu wachsen und zu erkennen, dass es letztlich diese Verantwortung ist, die uns auf eine besondere Weise zu dem Menschen macht, der wir sind.

Und wer bin ich jetzt?

Wie finden wir nun heraus, wer wir wirklich sind, vor allem wenn wir das Gefühl haben, uns irgendwo unterwegs verloren zu haben? Denn das sagen mir viele Eltern, mit denen ich spreche.

Vielleicht beginnt es damit, dass wir uns die Freiheit nehmen, die Schichten abzulegen, die wir im Laufe der Zeit so übergestülpt bekommen haben. Dazu gehören die Erwartungen, die Ansprüche, die Idealbilder davon, wie wir angeblich sein sollten. Vielleicht heißt es, einfach mal die ganzen „Man müsste" und „Du solltest" über Bord zu werfen und zu schauen, was darunter zum Vorschein kommt.

Dazu könnten wir uns vorstellen, dass wir auf eine Art Schatzsuche gehen und dieser Schatz, den wir suchen, sind wir selbst. Das klingt jetzt vielleicht ein bisschen kitschig, aber denk mal darüber nach: Wann hast du das letzte Mal wirklich geschaut, was dir wichtig ist, was du willst, was dich ausmacht, ganz abseits von den Erwartungen anderer?

Ich kann mich an viele Elterncoachings erinnern, in denen ich fragte: „Was würdest du am liebsten machen? Was macht dir Spaß? Was hat dir früher Freude bereitet?" Und ich sah oft in ratlose Gesichter, weil die Eltern nicht wussten, was sie sagen sollten. Sie haben mit der Zeit die Verbindung zu sich selbst verloren, zu ihren eigenen Bedürfnissen und Wünschen, zu dem, was sie ausmacht. Manchmal würde ich fast sagen, ohne übertreiben zu wollen, viele von uns haben große Teile von sich selbst verloren.

Wenn du magst, fang an, dich das ganz ehrlich zu fragen:

Was ist wirklich meins?

Welche Gedanken, Wünsche und Träume kommen aus mir heraus, und welche habe ich nur übernommen, weil „man" das eben so macht?

Welche Wünsche und Träume liegen verschüttet und lohnen sich, wieder ausgegraben zu werden?

Mach eine Liste der „Ich müsste" und „Ich sollte", die dich täglich begleiten. Schreibe alles auf, was dir in den Sinn kommt, und dann schaue dir die Liste an und frage dich bei jedem Punkt: „Ist das wirklich so? Ist das wirklich meins?" Streiche gnadenlos die Dinge durch, die nicht von dir selbst kommen, sondern von außen auferlegt wurden.

Und wie wäre es, wenn du eine Liste der Dinge machst, die dir als Kind Freude bereitet haben? Klingt erstmal merkwürdig, aber denk mal nach: Was hast du als Kind oder Jugendliche geliebt? War es das Klettern auf Bäume, das Malen, das Geschichtenerzählen, Sport, Musizieren, Feste feiern, Diskutieren,…? Lass diese Erinnerungen wieder aufleben und frag dich, ob da nicht noch irgendwo ein Funke Freude versteckt ist, den du wiederfinden könntest.

Das war übrigens eine wichtige Schlüsselfrage für mich selbst, als ich eines Tage da saß, Niklas versorgt war und ich nicht wusste, was ich mit mir anfangen sollte. Ich versuchte mich daran zu erinnern, was ich als Jugendliche gerne tat, wobei ich aufblühte und einfach ich selbst war. Das half.

Oder dreh die Sache um: Stell dir vor, du bist deine eigene beste Freundin. Was würdest du dir raten?

Geh in dein Lieblingscafé und mach einfach mal nichts. Kein Multitasking, kein Checken von Mails oder Listen, einfach nur da sitzen, deinen Lieblingskaffee trinken und deine Gedanken schweifen lassen. Spür rein, was da hochkommt, wenn du dich selbst nicht ständig ablenkst.

Und wie wäre es, mal die eigene Komfortzone zu verlassen? Sprich jemanden an, den du jeden Tag siehst, aber noch nie ein Gespräch geführt hast. Trag die knallrote Jacke, die du nie angezogen hast, weil du dachtest, sie sei zu auffällig. Sag „Nein", wenn du „Nein" meinst, und „Ja", wenn du „Ja" fühlst, und schau, wie sich das anfühlt.

Vielleicht entdeckst du dabei, dass du mutiger bist, als du gedacht hast, oder dass dir Dinge gefallen, die du dir nie zugetraut hättest. Oder du merkst, dass du an mancher Stelle sanfter mit dir sein darfst. Alles gehört dazu, alles ist ein Teil von dir.
Manchmal stellt sich auch die Frage, was du weglassen kannst, welche Verpflichtungen, die du über Jahre aufgeladen hast, vielleicht überhaupt nicht deine sind. Was wäre, wenn du einfach mal etwas *nicht* machst, das du bisher für notwendig gehalten hast?
Das zieht auch Personen mit ein.
Auf wen möchtest du in Zukunft verzichten?
Wer tut dir nicht gut?
Wer versprüht jedes Mal nur negative Energie und zieht dich runter?

Reflektiere die Fragen aus dem Gedankenexperiment weiter vorne nochmal für dich. Überlege, was deine Antworten mit dir und mit der Beziehung zu anderen Menschen zu tun haben.

Fang ein Projekt an, von dem du schon immer mal geträumt hast, für das aber „nie Zeit" war. Vielleicht wolltest du schon immer einen Garten anlegen oder ein Musikinstrument lernen. Gönn dir diesen Raum, deinen Träumen nachzugehen, und schau, was passiert.

Erlaube dir, dich nicht immer festzulegen. Erlaube dir, deine Meinung zu ändern, neue Hobbys zu entdecken, andere Wege zu gehen. Manchmal hilft es, bewusst flexibel zu bleiben und sich nicht zu sehr auf eine bestimmte Version von sich selbst festzulegen.

Und bitte fange nicht alles auf einmal an. Ich denke, die Gefahr, dass das passiert, ist ohnehin gering, aber ich schreibe es lieber, damit hier nicht der Eindruck entsteht, dass du das jetzt alles tun solltest. Es sind nur Beispiele, vielleicht pickst du dir etwas heraus oder vielleicht fällt dir noch etwas anderes ein, das viel besser zu dir passt und das beim Lesen wieder zum Vorschein kam.

Es geht bei alledem nicht darum, schnell zu einem fertigen Bild von dir selbst zu kommen, sondern darum, die Neugier zu behalten und den Mut, immer wieder neue Facetten an dir zu entdecken. Manchmal sind die Wege zu uns verschlungen und dauern ihre Zeit. Es gibt keine Abkürzung, keine Anleitung, die für alle passt. Es ist dein Weg, und du darfst ihn so gehen, wie er sich für dich richtig anfühlt.

Selbstfindung im Chaos und Glück im Alltag

Vielleicht denkst du gerade: „Selbstfindung? Wirklich? Wie soll das bitte gehen, wenn ich kaum die Zeit finde, überhaupt mal kurz durchzuatmen?" Ich verstehe dich. Unser Alltag ist oft so vollgepackt, dass wir oft nicht mal die nächsten fünf Minuten planen können, geschweige denn über das große Ganze nachdenken. Das Leben mit einem Kind, das viel Unterstützung braucht, ist eben anders. Manchmal hat man das Gefühl, ständig die Luft anzuhalten, weil jederzeit etwas Unvorhergesehenes passieren kann.
Ich weiß, dass es Momente gibt, in denen man einfach nur hofft, den Tag irgendwie hinter sich zu bringen, wenn dein Kind zum hundertsten Mal dieselbe Frage stellt oder beim Einkaufen plötzlich die Geräusche so unerträglich werden, dass alles zusammenbricht oder wenn du dein Kind aus der Kita, der Schule oder der

Erwachseneneinrichtung abholen musst, weil Mitarbeitermangel herrscht oder die Mitarbeitenden mit seinem Verhalten nicht zurechtkommen.

Gerade in solchen Situationen ist es schwer vorstellbar, Zeit für sich selbst zu finden. Doch gerade deshalb ist dieses Thema so wichtig. Es geht nicht darum, dir noch etwas aufzuladen oder dich zu einer philosophischen Selbstanalyse zu drängen. Es geht darum, dir kleine Inseln im Alltag zu schaffen. Momente, die nur dir gehören, in denen du wieder spürst, dass du mehr bist als ein funktionierender Organismus in diesem Chaos. Und diese Momente haben viel mit Glück zu tun.

Die meisten Menschen streben nach Glück. Und ich weiß, dass Glück in unserem Leben manchmal wie ein Luxus wirkt. Aber vielleicht müssen wir Glück gar nicht so groß denken. Es ist nicht der Moment, in dem plötzlich alles perfekt ist und keine Probleme mehr existieren. Glück sind oft die winzigen Dinge, die wir inmitten des Trubels spüren können. Vielleicht ist es die Tasse Kaffee, die du in Ruhe trinken kannst, oder der Moment, in dem du bemerkst, dass du heute etwas geschafft hast, von dem du gestern noch nicht wusstest, wie es gehen soll. Glück ist oft da, nur manchmal übersehen wir es, weil wir so auf das nächste Problem fixiert sind.

Und dennoch!

Manchmal fühlt es sich wie ein Klischee an, wenn wir hören: „Das Glück liegt im Kleinen." Als ob wir das nicht wüssten. Natürlich schätzen wir die Momente, in denen unser Kind uns anlacht, in denen etwas Unerwartetes plötzlich funktioniert oder wir für einen Augenblick wirklich tief durchatmen können. Wir können es eigentlich nicht mehr hören, wenn man uns darauf hinweist. Denn eigentlich sind wir sogar Weltmeister darin geworden, Kleinigkeiten zu sehen und zu schätzen.

Trotzdem sehnen wir uns aber nach dem „größeren Glück", das Gefühl von Leichtigkeit und Unbeschwertheit mit sich bringt. Wir wollen nicht ständig nur die gefühlten Trostpflaster. Wir wünschen uns Phasen, die länger sind als ein Lächeln, die uns durchatmen lassen, ohne dass wir direkt den nächsten Stolperstein erwarten.

Manchmal schleichen sich dann Gedanken ein wie: „Bin ich undankbar, weil mir die kleinen Momente nicht reichen?" Wir fühlen uns fast schuldig, weil wir wissen, dass es Menschen gibt, die sich genau solche kleinen Lichtblicke wünschen. Aber diese Sehnsucht nach dem größeren Glück hat nichts mit Undankbarkeit zu tun. Sie entsteht oft aus der schlichten Tatsache, dass wir merken, wie uns die Puste ausgeht. Es ist diese tiefe, menschliche Sehnsucht nach anhaltender Unbeschwertheit und nach dem damit verbundenen Gefühl.

Diese Sehnsucht schließt die kleinen Momente nicht aus. Sie macht sie nicht weniger wertvoll. Aber sie erinnert uns daran, dass wir uns auch nach mehr sehnen dürfen, nach einem Gefühl, das länger anhält und uns durchatmen lässt.
Es ist in Ordnung, beides in sich zu tragen: die Dankbarkeit für die kleinen Glücksmomente und gleichzeitig das Bedürfnis nach etwas Größerem, nach einer tieferen Sicherheit, die uns den Rücken stärkt und die wir häufig mit Glück verbinden.
Die kleinen Momente können uns Kraft geben, wenn wir müde sind. Sie können uns daran erinnern, dass es auch im Chaos Augenblicke gibt, die wunderbar sind und die uns dankbar machen. Gleichzeitig dürfen wir uns erlauben, von diesen kleinen Momenten aus weiterzugehen und uns zu fragen: Was brauche ich, um diese Phasen von Glück und Sicherheit auszudehnen?

Einen großen Teil für das Empfinden von Glück spielen übrigens deine Werte und damit werden wir uns in diesem Buch noch ausführlicher beschäftigen.
Jeder Schritt, den wir in Richtung Selbstfindung gehen, kann uns diesem Ziel näherbringen. Sie kann ein Schritt sein, dieses nachhaltigere Glück zu entdecken. Nicht, weil sie die Umstände ändert, die uns fordern, sondern weil sie uns hilft, uns selbst besser zu verstehen. Was macht uns auf eine Weise glücklich, die uns wirklich erfüllt? Sind da vielleicht noch andere Dinge außer Leichtigkeit und Unbeschwertheit? Was liegt dahinter verborgen, zu dem wir keinen Zugang (mehr) haben? Welches „SelbstBewusstsein" liegt alle dem zugrunde?

Wenn wir uns besser kennen, wenn wir uns erlauben, unsere Wünsche ernst zu nehmen, unseren eigenen Bedürfnissen Raum zu geben und wenn wir uns mit positiven Mitmenschen umgeben, dann können wir diese Sehnsucht nach dem längeren Glück auch ein Stück weit stillen. Wir erkennen vielleicht, dass es nicht nur an den äußeren Umständen liegt, sondern auch daran, wie wir uns selbst begegnen. Und das Schöne daran? Je mehr wir uns mit uns selbst beschäftigen, desto klarer wird, was uns wirklich glücklich macht und wie wir das in unseren oft herausfordernden Alltag einbauen können. Es geht nicht darum, dass du alles auf den Kopf stellen musst. Es geht darum, zu spüren, dass du inmitten dieses intensiven Lebens nicht nur funktionierst, sondern auch lebst. Du darfst glücklich sein, auch wenn gerade nicht alles perfekt läuft. Du darfst dir Momente gönnen, in denen du dich selbst wahrnimmst. Und du darfst diese Momente genießen, ohne schlechtes Gewissen. Und du darfst auch mehr wollen, und das auch ohne schlechtes Gewissen.

Vielleicht ist Glück nicht die Abwesenheit von Herausforderungen, die wir uns so häufig wünschen, sondern etwas anderes. Ich bin sicher, dass wir das herausfinden können.

Was ein starkes Selbst bedeutet

Ich hoffe, dass meine Zeilen dir dabei helfen, zufriedener, gelassener und vielleicht auch ein bisschen versöhnter mit der Welt zu sein. Falls ich mit dem kleinen Abstecher in die Philosophie eine Tür geöffnet habe, hoffe ich, dass es nicht zu schwer wiegt, sondern dir im Gegenteil ein bisschen Leichtigkeit und eine neue Perspektive auf deine eigene Entwicklung gebracht hat.

Zum Abschluss dieses Kapitels greife ich den Gedanken des Selbst-Bewusstseins im Elternsein noch einmal ganz persönlich auf. Was bedeutet es, ein starkes und klares Selbst zu entwickeln, während wir für unsere Kinder da sind?
Für mich bedeutet es vor allem, mich immer wieder daran zu erinnern, dass ich mehr bin als nur „die Mutter von...". Ich bin eine

Frau mit eigenen Träumen, Bedürfnissen und manchmal auch ziemlich verrückten Ideen, die ich nicht einfach ignorieren sollte, nur weil der Alltag so fordernd ist.

Aber ich weiß auch, wie schwer das manchmal ist. Wenn du täglich in all den Anforderungen steckst, die das Leben mit sich bringt, gebeutelt vom emotionalen Auf und Ab, kann es sich anfühlen, als würden deine eigenen Wünsche und Bedürfnisse immer weiter in den Hintergrund rücken. Plötzlich ist die belanglose Frage „Und was machst du so?" nicht mehr so leicht zu beantworten und bringt uns ins Straucheln.

Ein starkes Selbst zu finden, bedeutet nicht, immer stark sein zu müssen. Es heißt nicht, dass wir keine schwachen Momente haben dürfen oder dass wir immer alles perfekt im Griff haben sollten. Ein starkes Selbst ist eins, das sich erlaubt, auch mal müde zu sein, zu zweifeln, unsicher zu sein und trotzdem weiterzumachen. Es ist ein Selbst, das den Mut hat, ehrlich zu sich selbst zu sein, auch wenn das manchmal bedeutet, die eigenen Grenzen anzuerkennen und Teile in sich zu entdecken, die neu, spannend, verstörend und rebellisch sind.

Ein starkes Selbst bedeutet außerdem, die kleinen Momente des Glücks zu sehen und zu genießen, sich aber trotzdem zu erlauben, weiter nach dem Glück zu suchen, das wir uns wünschen, und zu erforschen, was es noch im Leben geben könnte, das uns gelassen und zufrieden macht. Es ist kein Ausdruck von Undankbarkeit, sondern von Dynamik, Neugier und dem Streben nach positiver Veränderung, die uns allen gut tut.

Wahrscheinlich gibt es keine abschließende Antwort auf die Frage nach dem „Selbst", und vielleicht ist das auch gut so. Die bisherigen Überlegungen in diesem Kapitel können dir trotzdem helfen, immer wieder innezuhalten und dich zu fragen: „Wo stehe ich gerade? Wer bin ich heute?" Vielleicht kannst du für dich nach und nach einen Weg finden, das auch in die komischsten, skurrilsten und vor allem die Momente einzubauen, in denen du, wie ich, manchmal denkst: „Das versteht doch keine Sa*!"

Ich habe diesen Teil bewusst an den Anfang des Buches gestellt. Weil wir uns im Alltag oft keine Zeit nehmen, um über solche Fragen nachzudenken: Was will ich wirklich? Welche Entscheidungen treffe ich aus Überzeugung, und welche nur, weil ich glaube, dass ich es „so tun sollte"?

Vielleicht hilft dir auch das Gedankenexperiment mit den Diagnosekriterien weiter: Was sind deine Eigenheiten, deine besonderen Bedürfnisse, deine Art zu kommunizieren? Es geht nicht darum, Antworten zu erzwingen, sondern neugierig auf dich selbst zu bleiben und dir immer wieder bewusst zu machen, dass deine Entwicklung als Elternteil und als Mensch niemals abgeschlossen ist.

Viel Freude beim Weiterlesen, beim Betrachten einiger Themen aus verschiedenen Blickwinkeln und beim Entdecken von spannenden Details über dich selbst auf deiner Heldenreise.

4 Ein besonderer Weg und drei häufige Hürden

In den folgenden Unterkapiteln schauen wir uns genauer an, was denn anders ist in unserem Leben und es benennen, damit du dich darin wiederfinden kannst und gesehen fühlst. Dabei lässt es sich nicht vermeiden, hin und wieder Vergleiche anzustellen, die wir ja eigentlich hinter uns lassen möchten. Doch manchmal sind gerade diese vergleichenden Gedanken notwendig, um uns selbst in unserer besonderen Situation besser annehmen zu können.

Es geht nicht darum, das eigene Leben gegen ein anderes aufzuwiegen, sondern darum, einen klareren Blick auf unsere eigene Realität zu bekommen. Denn wie oft hören wir: „Das ist bei uns auch so" oder „Das kenne ich auch." oder ziemlich paradox: „Ich weiß man kann das nicht vergleichen, aber bei mir ist das auch so."

Und dann beginnt das leise Zweifeln: Ist es wirklich so anders? Reagiere ich über? Was mache ich falsch? Diese Äußerungen, die uns manchmal so erschöpfen, können verunsichern und uns tatsächlich glauben lassen, dass wir irgendetwas falsch machen, weil es anderen ja genauso geht.

Aber wir dürfen uns sehen. Wir dürfen unser Leben mit all seinen Facetten betrachten und anerkennen, dass es in vielerlei Hinsicht anders ist. Und ja, manchmal braucht es diese Vergleiche, um deutlich zu machen: Nein, unser Weg ist nicht derselbe. Das ist nicht übertrieben, und das ist kein Jammern. Es ist unsere Wahrheit.

Diese Unterschiede zu benennen, hilft auch dabei, uns selbst nicht klein zu machen und zu erkennen, dass es völlig in Ordnung ist, dass unser Leben anders verläuft, dass es mehr fordert, mehr Geduld und mehr Energie und viel mehr Fülle, die so wunderbar sein kann. Du hast es verdient, gesehen und respektiert zu werden.

Außerdem möchte ich in diesem Kapitel über drei häufige Hürden sprechen, die so viele von uns nur zu gut kennen: Angst, Erschöpfung oder auch das Gefühl, in einem Pflege-Burnout festzustecken, und unsere Schuldgefühle, die uns einfach nicht loslassen. Diese drei sind bei vielen von uns wie ungebetene Gäste, die sich in unseren Alltag schleichen und es sich bequem machen, ohne dass wir es merken. Sie nagen an unserer Kraft und an unserer Zuversicht. Wir reden selten offen darüber, deshalb ist es hier an der Zeit, dass du dich auch in diesen Aspekten gesehen fühlst und nicht denkst, dass es dir alleine so geht.

Ich möchte mit dir hinschauen, diese Gefühle benennen und auch mal laut aussprechen, was uns oft gefangen hält. Es geht nicht darum, uns damit abzufinden oder uns runterzuziehen. Wir werden uns anschauen, wie wir mit diesen Gefühlen umgehen können, wie wir sie entschärfen und ihnen die Macht nehmen, die sie manchmal über uns haben.

Ich bin überzeugt, dass vieles dafür spricht, diesen Schritt zuerst zu gehen, bevor wir uns dem zuwenden, was und wie wir unser Leben leichter und widerstandsfähiger und vor allem freier gestalten können. Wenn du aber das Gefühl hast, dass du dich im Moment lieber nicht den Herausforderungen stellen möchtest und auch nicht das Bedürfnis hast, vieles von dem, was dein Leben gelegentlich schwer macht, direkt zu lesen und dich damit gesehen zu fühlen, dann spring doch gleich in das fünfte Kapitel. Komme dann zu einem anderen Zeitpunkt hierher zurück.

Warum dein Leben wirklich anders ist

Viele von uns kennen diese Situation nur zu gut: Du sitzt vielleicht bei einem Elternabend, in einer Krabbelgruppe oder im Gespräch mit anderen Müttern und Vätern und plötzlich fällt dieser Satz: „Ach, wir sind ja auch alle fremdbestimmt, wir können ja auch nicht mehr machen, was wir wollen, weil wir uns um unsere Kinder kümmern müssen."

Und während das vielleicht nett und verbindend gemeint ist, fühlt es sich für uns oft wie ein kleiner Stich ins Herz an. Es relativiert, was unser Alltag wirklich bedeutet, was unser Leben mit einem autistischen Kind so grundlegend anders macht.

Oder man sitzt bei einer Feier und jemand sagt: „Jetzt, wo die Kinder aus dem Haus sind, können wir wieder reisen und unser Leben genießen." Und plötzlich spürt man die Leere im Raum, weil diese Option für uns einfach nicht existiert. Denn für uns gibt es oft kein „aus dem Haus", kein Ende der intensiven Betreuung. Vielleicht sitzen wir daneben und denken an die vielen Nächte, in denen wir wach bleiben, weil unser erwachsenes Kind unruhig ist oder nicht schlafen kann. Oder an die unzähligen Arztbesuche, die weiterhin Teil unseres Lebens bleiben, weil unser Kind chronische Begleiterkrankungen hat. Oder du denkst daran, dass du dich weiterhin innerhalb der Familie absprechen musst, weil dein Kind nie allein gelassen werden kann und es schwer ist, Assistenz zu finden.

Wenn andere Eltern sich darüber freuen, dass ihre Kinder jetzt eigenständig wohnen und eigene Wege gehen, sind wir vielleicht damit beschäftigt, einen neuen Wohnplatz zu organisieren, der möglichst viele Bedürfnisse abdeckt und trotzdem nah genug ist, um im Notfall schnell zur Stelle zu sein. Oder wir müssen feststellen, dass es solche Möglichkeiten in unserer Umgebung überhaupt nicht gibt. Oder wir müssen die Frage aushalten: „Warum lebt dein erwachsenes Kind immer noch bei euch?" und erklären zum hundertsten Mal, dass es sehr viel Unterstützung benötigt, um selbstbestimmt zu leben.

Während andere Eltern stolz erzählen, dass ihre Kinder mit dem Studium fertig sind und einen tollen Job ergattert haben, sehen wir uns mit der Realität konfrontiert, dass unsere Kinder auf dem Arbeitsmarkt kaum eine Chance haben und wir jeden Tag für sie kämpfen müssen, sei es um eine passende Förderstätte oder Werkstatt oder um eine Unterstützung, die es ihnen ermöglicht, in ihrer Freizeit an der Gesellschaft teilhaben zu können.

Auch wenn wir eigentlich gut damit zurechtkommen, ein anderes Leben zu führen, treffen uns diese Situationen trotzdem ganz oft, weil sie uns daran erinnern, dass unser Leben eine grundsätzlich andere Dynamik hat. Diese Begegnungen unterstreichen auf vermeintlich nebensächliche Art und Weise, dass es nicht damit getan ist, die

Kinder großzuziehen, sondern dass unsere Verantwortung oft weit über die Jahre hinausgeht, in denen andere Eltern sich langsam wieder auf sich selbst besinnen können. Es geht nicht nur um ein paar Jahre, sondern oft um ein ganzes Leben, in dem wir für unsere Kinder auf eine besondere Art und Weise da sind, sie begleiten, unterstützen und uns für sie einsetzen, ein Leben, das eben anders ist.

Das auszusprechen, bedeutet nicht sich zu beklagen oder schwarz zu malen. Viele Gesprächspartner empfinden es allerdings so, weil sie durch die Schilderungen unseres Alltags überfordert sind. Aber es ist unsere Realität und diese verdient es, respektiert und anerkannt zu werden.

Ich kann mich noch gut an ein Treffen erinnern, bei dem ich gefragt wurde, was in den Nächten passiert, in denen Niklas nicht schläft und warum wir auch wach bleiben müssen und warum er sich nicht selbst in seinem Zimmer beschäftigen würde. Ich begann zu erklären und sah in entsetzte Gesichter, obwohl ich überhaupt noch nicht ansatzweise geschildert hatte, was diese Nächte beinhalten.

Das war ein Schlüsselmoment für mich, in dem ich begriff, dass viele Personen mit unserer Realität tatsächlich überfordert sind, weil es ihren Erfahrungshorizont übersteigt und sie es einfach nicht besser wissen können. Und manchmal auch, weil sie es nicht wissen wollen, da es die heile Welt, in der sie leben, ins Wanken bringen könnte.

Elternsein bedeutet für alle, sich einzuschränken, Kompromisse einzugehen und Verantwortung zu tragen. Aber was wir erleben, geht darüber hinaus. Wenn du zum Beispiel mit deinem Kind auf dem Spielplatz bist und plötzlich ein Meltdown kommt, dann ist das keine „normale" Situation mehr, kein Wutausbruch, den andere auch kennen, wie manchmal angemerkt wird. Es ist ein Moment, in dem du das Gefühl hast, die Welt steht still, während um dich herum alles weiterläuft (abgesehen davon, dass viele dann anfangen, uns anzustarren). Ein Moment, in dem du dich isoliert fühlst, weil die meisten nicht verstehen, was gerade passiert oder warum dein Kind auf diese Weise reagiert und warum du tust, was du tust oder eben nicht tust, um zu deeskalieren.

Wir müssen Auto- und Fremdaggressionen händeln, auch wenn wir schon alles versucht haben, um sie zu verhindern und andere unbedarft trotzdem fragen: „Kann man denn da nichts machen?"

Wir lernen zu akzeptieren, dass unsere Kinder keine Freundschaften wie andere haben oder dass es keine einfachen Spielverabredungen oder spontanen Ausflüge gibt, die das Familienleben bunt und abwechslungsreich machen.

Wir lernen mit alltäglicher Diskriminierung umzugehen, sei es offen oder subtil, wenn Menschen uns seltsam anschauen oder gar anfeinden, weil unser Kind nicht „funktioniert" wie erwartet.

Unser Alltag erfordert oft eine viel größere Portion Geduld, Gelassenheit und Flexibilität. Wenn dein Kind stundenlang an einer besonderen Routine festhält, die es nicht aufgeben kann, weil es in seiner Wahrnehmung sonst den Halt verliert, dann kostet das Energie und Nerven. Wenn Kommunikation nicht über Worte läuft, sondern über Zeichen, Bilder oder unzählige Versuche, das Richtige zu erraten, was dein Kind gerade braucht, dann ist das nicht einfach nur anstrengend, es ist eine völlig andere Dimension des Elternseins.

Es sind diese Sätze wie „Das ist bei uns auch so" oder „Das macht mein Kind auch", die den tiefen Unterschied zwischen unserem Leben und dem anderer Eltern verwischen. Wenn du versuchst zu erklären, dass dein Kind aufgrund seiner sensorischen Empfindlichkeiten kein einziges Lebensmittel mit bestimmten Texturen isst, und jemand sagt: „Ach, das kenne ich, meiner isst auch kein Gemüse", dann ist das zwar gut gemeint, aber es geht an unserer Realität vorbei. Unser Alltag ist oft so viel komplexer, als dass man ihn mit den üblichen Herausforderungen des Elternseins vergleichen könnte.

Eltern von erwachsenen Kindern wissen, dass die Aufgaben nicht weniger, sondern oft sogar noch mehr und intensiver werden. Wir begleiten unsere Kinder weiter durchs Leben, bei alltäglichen Aufgaben, bei Entscheidungen, die für andere selbstverständlich erscheinen, bei jedem Arztbesuch und jeder neuen Diagnose. Wir kümmern uns um die Beantragung und Organisation von Assistenz, Wohnmöglichkeiten oder Beschäftigung, und das alles, während wir selbst älter werden und die Kraftreserven schrumpfen.

Die ständigen Vergleiche, die oft so unbedacht daher kommen, tun weh. Sie übersehen, dass unser „Fremdbestimmtsein" eine völlig andere Qualität hat. Es geht nicht darum, ein paar Jahre eingeschränkt zu sein, sondern dies oft ein lebenslanger Prozess ist. Ein Prozess, der uns nicht nur körperlich, sondern auch emotional und mental viel abverlangt. Es geht um die Akzeptanz eines komplett neuen Lebenskonzepts, das nicht nur unsere Zeit, sondern unser gesamtes Wesen fordert.

Und ja, es ist schwer, das zu erklären, ohne dass es wie eine Beschwerde klingt, denn natürlich lieben wir unsere Kinder. Aber es ist auch eine Realität, die nicht einfach mit einem „das geht uns allen so" abgetan werden sollte. Es tut weh, wenn unser Alltag mit all seinen Besonderheiten und Herausforderungen so heruntergespielt wird. Wenn die Andersartigkeit unserer Situation einfach als „normales Elternsein" abgetan wird, fühlen wir uns oft noch mehr allein, unverstanden und manchmal auch wütend.

Das steht hier nun nicht alles schwarz auf weiß, um dich herunterzuziehen, sondern damit du bestätigt bekommst, dass es völlig in Ordnung ist und absolut legitim, dass du es als anders empfindest und dass niemand das Recht hat, dies zu bagatellisieren.

Es ist auch in Ordnung, dass es uns hin und wieder trifft, wenn jemand den Finger in die Wunde legt. Es bedeutet nicht, dass wir unsere Kinder weniger lieben oder mit unserem Leben nicht klarkommen würden.

Was viele nicht verstehen: Es tut nicht weh, weil es ist, wie es ist. Was wirklich schmerzt, ist das Nicht-gesehen-werden und die Ignoranz vieler Mitmenschen.

Es geht nicht darum, uns als „ärmer dran" darzustellen oder im Selbstmitleid zu versinken. Es geht darum, dass du dich in deiner besonderen Lebenssituation annehmen und sehen darfst. Dass du spüren darfst: Deine Erfahrungen sind real, deine Herausforderungen sind anders. Es ist wichtig, dass wir uns nicht kleinreden lassen, weder von anderen noch von uns selbst.

Es geht darum, dass wir uns selbstbewusst darin behaupten können und auch mal den Mut haben zu sagen: „Nein, das ist nicht wie bei dir, und es ist auch nicht einfach das Gleiche." Es ist völlig legitim, klar zu machen, dass unser Leben seine ganz eigenen Herausforderungen hat, die nicht vergleichbar sind.

Und es ist ebenso in Ordnung, sich diesen Raum zu nehmen, stolz auf unsere Kinder zu sein und darauf, wie wir uns diesen Herausforderungen stellen, und sich nicht kleinreden zu lassen. Wir dürfen unser Leben mit all seinen Facetten anerkennen und für das stehen, was es ist.

Anderen die eigene Situation erklären

Es ist unglaublich schwer, all das anderen zu vermitteln. Denn schnell laufen wir Gefahr, den Eindruck zu erwecken, wir würden alles schwarz malen oder nur noch herumjammern. Genau das wollen wir aber nicht. Wir wollen gesehen werden und Unterstützung bekommen, wo nötig und wo es uns und unseren Kindern zusteht.

Wie oft habe ich mir den Kopf darüber zerbrochen, wie ich auf die gut gemeinte, freundliche Nachfrage antworten soll: „Und wie geht es euch? Wie läuft es so mit deinem Kind?"

Ich weiß oft nicht, wie ich es beschreiben soll. Wie erkläre ich jemanden, dass unser Alltag immer eine Gratwanderung zwischen Freude und Erschöpfung, zwischen Lachen und Weinen, zwischen dem Gefühl, alles im Griff zu haben, und der absoluten Überforderung ist?

Es fühlt sich an, als würde ich ständig nach den richtigen Worten suchen, die weder zu dramatisch noch zu verharmlosend sein sollen. Ich möchte nicht, dass andere denken, mein Leben sei nur schwer und traurig, denn das ist es nicht. Wir haben wunderbare Momente und ich fühle mich durch meine beiden Kinder reich beschenkt.

Aber ich will auch nicht so tun, als sei alles in bester Ordnung. Oft hilft es, ehrlich zu sagen: „Es ist kompliziert." Vielleicht erkläre ich, dass es gute Tage gibt, an denen alles läuft, und dann die Tage, an denen nichts klappt.

Manchmal ist es meiner Erfahrung nach tatsächlich besser, die Realität für sich zu behalten, weil es zu schwer und damit belastend ist, die richtigen Worte zu finden. Viele Dinge lassen sich einfach nicht in einer kurzen Antwort erklären und manches kann man ohnehin nur verstehen, wenn man es selbst erlebt hat.

Vielleicht hilft es, eine Balance zu finden, indem man die Realität teilt, aber auch die schönen Seiten nicht verschweigt. Ich sage oft, dass wir jeden Tag lernen müssen, flexibel zu sein, dass wir Pläne machen und sie zehnmal ändern. Dass unser Leben unvorhersehbar ist, aber dass wir daran auch wachsen, geduldiger werden und lernen, Dinge aus einer anderen Perspektive zu sehen.

Womöglich ist die ehrlichste Art, es zu erklären, indem man sagt, dass man manchmal selbst nicht genau weiß, wie man all das in Worte fassen soll, weil es so viele widersprüchliche Gefühle und Erlebnisse gibt, die miteinander verflochten sind.

Ganz häufig ist es für mich besser, einfach mit einem Lächeln „Es ist kompliziert" zu sagen und bei den kleinen Momenten der Freude zu bleiben, die für uns so viel bedeuten. Wenn dann jemand wirkliches Interesse hat, dann wird sie oder er nachfragen und dann können wir immer noch mehr erzählen. Das ist der Weg, den ich manchmal gehe. Einfach, weil ich nicht immer die Kraft habe, all das zu erklären, weil ich merke, wie schwer es ist, die Balance zu halten zwischen Ehrlichkeit und dem Bedürfnis, die anderen und auch mich selbst nicht zu überfordern.

Sicherlich gibt es noch andere und für euch passendere Wege, vielleicht entscheiden sich manche dafür, immer alles offen auf den Tisch zu legen, ganz direkt und ungeschönt. Und das ist genauso in Ordnung. Ich bin sicher, da gibt es kein „richtig" oder „falsch". In jedem Fall hoffe ich, dass meine Gedanken hier ein bisschen Inspiration geben können, um den eigenen Umgang damit zu finden.

Lass und mal genauer hinsehen

Nachdem wir uns angeschaut haben, wie schwer es manchmal sein kann, unsere Realität anderen verständlich zu machen, möchte ich nun einen Schritt weitergehen. Wir schauen uns die Themen an, die sich nicht einfach durch ein klärendes Gespräch oder eine gute Haltung lösen lassen. Es gibt Ängste, die sich festsetzen, wir sind oft körperlich und mental erschöpft, so als ob sich eine bleierne Decke über uns legt, und einige von uns werden von Schuldgefühlen geplagt. Kennst du diese ungebetenen Gäste auch? Mal mehr, mal weniger? Und in unterschiedlicher Kombination?

Ich weiß, es ist nicht einfach, sich diesen Gefühlen zu stellen. Oft fühlt es sich sicherer an, sie zu ignorieren oder kleinzureden, in der Hoffnung, dass sie von selbst verschwinden. Doch du weißt sicherlich genauso gut wie ich, dass das auf Dauer nicht funktioniert.
Diese Gefühle sind tief in uns verwurzelt und sie sind da, um gesehen und anerkannt zu werden, weil sie ein Teil von uns sind. Manchmal braucht es dann auch weitaus mehr, wie den Austausch mit anderen, die ähnliche Erfahrungen gemacht haben, oder auch professionelle Unterstützung, die uns hilft, neue Wege zu finden.
Bevor wir uns also den konstruktiven Teilen des Buches zuwenden, möchte ich dich ermutigen, mit mir auf den nächsten Seiten gemeinsam hinzuschauen, was bei dir wirklich da ist.
Es ist ein mutiger Schritt, sich all dem zu stellen und offen anzusehen, was uns bewegt und manchmal so sehr belastet. Aber genau dieser Schritt ist notwendig, um Raum für Veränderungen zu schaffen. Erst wenn wir ehrlich zu uns selbst sind und Dinge auch mal klar ausgesprochen haben, anstatt sie immer nur diffus in uns hin und her zu bewegen und wegzudrücken, um weiter funktionieren zu können, werden wir sie überwinden.
Ich möchte dich einladen, diesen Weg mit mir zu gehen und zu verstehen, was uns hemmt und zu entdecken, wie wir mit mehr Leichtigkeit und neuen Perspektiven weitergehen können.

Umgang mit Angst

Lass uns mit einem Thema beginnen, das mich und wahrscheinlich viele von uns begleitet: die Angst. Ich kenne sie gut. Sie schleicht sich manchmal ganz leise in unser Leben, klopft spätabends an, wenn wir versuchen, zur Ruhe zu kommen. Sie lauert in den kleinen Momenten, wenn wir uns fragen, ob wir wirklich alles tun, was unsere Kinder brauchen, oder ob wir etwas übersehen. Sie wird plötzlich laut, wenn wir an die Zukunft denken, an all die Dinge, die wir nicht kontrollieren können, und die Ungewissheiten, die vor uns liegen. Und sie macht sich bemerkbar, wenn wir befürchten, dass etwas Schlimmes passiert ist, sobald das Telefon klingelt.

Diese Angst ist nicht immer laut und dramatisch. Oft kommt sie eher schleichend und leise, wie ein ständiges Hintergrundrauschen. Es fühlt sich auch zeitweise wie ein Schleier an, der sich über alles legt, uns blockiert oder uns darin hemmt, sich unbeschwert und leicht zu fühlen. Es sind nicht nur die großen, existenziellen Fragen, die uns Angst machen, sondern auch diese kleinen, hartnäckigen Sorgen, die sich manchmal zu einem riesigen Berg auftürmen. Diese Angst ist wie ein ständiger Begleiter, der oft unser Denken und Fühlen bestimmt.

Ich möchte mit dir in diesem Kapitel genauer hinschauen: Woher kommt diese Angst, die uns oft fest im Griff hat? Was macht sie so mächtig? Welche Ängste schleppen wir mit uns herum und wie können wir lernen, mit ihnen umzugehen, ohne dass sie uns auf Dauer beherrschen?

Denn eines ist klar: Unsere Ängste haben eine Funktion. Sie wollen uns auf Gefahren hinweisen, uns schützen, uns aufmerksam machen. Ohne das Gefühl der Angst in dieser Welt, würde es keine Menschen mehr geben, weil unsere Vorfahren schon in jede Gefahrensituation getappt und ausgelöscht worden wären. Aber oft wird sie so übermächtig, dass sie uns daran hindert, frei zu atmen, Entscheidungen zu treffen und den nächsten Schritt zu gehen.

Deshalb möchte ich mit dir gemeinsam herausfinden, wie wir die Angst als das erkennen, was sie ist – ein Gefühl, das zwar berechtigt sein kann, aber nicht unser gesamtes Leben bestimmen darf.

Ich möchte an dieser Stelle aber auch klar sagen: Ich bin keine Therapeutin und wenn du das Gefühl hast, dass deine Ängste überhandnehmen und dich in deinem Alltag stark beeinträchtigen, dann wird dieses Kapitel allein nicht ausreichen, um dir weiterzuhelfen, zumal das Thema viel zu komplex ist, um es auf ein paar Seiten erschöpfend zu behandeln. Es gibt Momente, in denen es wichtig ist, sich professionelle Unterstützung zu suchen, sei es durch eine Therapeutin, einen Therapeuten oder andere Fachleute, die sich mit Angststörungen auskennen.

Ich habe selbst an einem Punkt gestanden, an dem ich nicht mehr weiterwusste und habe mir Hilfe geholt. Das war genau die richtige Entscheidung für mich. Deshalb möchte ich dir einfach anbieten, von meinen Erfahrungen und weiteren Schilderungen zu lesen und zu schauen, was vielleicht für dich passt und was du für dich mitnehmen kannst. Aber ich weiß auch, dass es manchmal mehr braucht als ein Buch oder die Ratschläge von jemandem, der einen ähnlichen Weg gegangen ist. Hab den Mut, dir genau die Unterstützung zu holen, die du brauchst, denn das ist kein Zeichen von Schwäche, sondern Ausdruck deiner Stärke.

Gesichter der Angst

Angst hat viele Gesichter im Leben von Eltern, deren Kinder so besondere Bedürfnisse haben wie unsere.

Da ist die Angst vor der Zukunft, Gedanken darüber, wie die nächsten Jahre aussehen werden: Wird das Kind irgendwann selbstständig leben können? Wer wird da sein, um es zu unterstützen, wenn wir Eltern nicht mehr da sind? Diese und weitere Fragen können eine solche Wucht haben, dass sie einem den Atem nehmen und nächtelang wach halten. Sie erzeugen ein Gedankenkreisen, das schwer zu durchbrechen ist, weil die Antworten oft ungewiss bleiben.

Dann gibt es Existenzängste, die immer wieder auftauchen, wenn der Alltag uns an die eigenen Grenzen bringt. Die leisen, stetigen Sorgen darüber, ob genug Zeit, Energie oder auch finanzielle Mittel vorhanden sind, um alle Anforderungen und Bedürfnisse zu erfüllen.

Was wird geschehen, wenn die eigene Berufstätigkeit aufgrund der Betreuungssituation nicht mehr möglich ist? Was passiert, wenn die eigene Gesundheit nicht mehr mitspielt und man selbst ausfällt? Es sind keine Ängste, die sich durch schnelle Lösungen beruhigen lassen; sie hängen oft wie ein Schatten über uns und lassen sich nicht einfach abstreifen.

Besonders stark ist die Angst um unsere Kinder. Gerade wenn dein Kind nonverbal ist, wird die Unsicherheit zur ständigen Begleiterin. Es ist die Sorge, Wichtiges zu übersehen, sei es ein gesundheitliches Problem oder ein emotionaler Schmerz, den dein Kind nicht ausdrücken kann. Diese Angst nagt ständig und fühlt sich an wie ein endloses Rätselraten. Woher kommen die Symptome? Warum gibt es plötzlich Veränderungen im Verhalten? Was steckt hinter den Momenten, in denen das Kind offensichtlich leidet, aber nicht erklären kann, was genau los ist? Diese Art der Angst fordert heraus, stets wachsam zu sein und auf jede noch so kleine Veränderung zu achten.

Dann ist da die soziale Angst, die sich in verschiedenen Situationen bemerkbar macht: die Furcht, nicht verstanden oder ausgegrenzt zu werden oder als die überbesorgte Mutter dazustehen. Situationen wie Elternabende oder Treffen mit anderen Eltern können zu einer großen Herausforderung werden, weil oft das Gefühl entsteht, dass die eigenen Sorgen und Nöte nicht verstanden oder abgetan werden. Die Sorge, dein Kind könnte nicht akzeptiert werden, wie es ist, bringt die ständige Notwendigkeit mit sich, erklären zu müssen, warum es sich so verhält, wie es sich verhält. Diese Art der Angst führt bei einigen von uns dazu, sich zurückzuziehen und weniger teilzuhaben.

Und schließlich gibt es die kleinen, alltäglichen Ängste, die oft unbemerkt bleiben, aber sich im Laufe der Zeit ansammeln und dann schwer wiegen können. Die Sorge, eine falsche Entscheidung zu treffen, nicht genug zu sein, etwas zu übersehen, all diese kleinen Ängste schweben konstant über uns und verschwinden selten vollständig. Sie sind die unsichtbare Last, die man jeden Tag mit sich herumträgt, die aber oft erst bemerkt wird, wenn sie plötzlich zu viel werden und das Gefühl der Überforderung dominiert.

Vielleicht kennst du das: Diese Ängste spielen sich nicht nur im Kopf ab, sondern greifen auch auf den Körper über. Da ist das Herzrasen, wenn die Gedanken plötzlich in einem Tempo kreisen, das kaum zu stoppen ist. Oder die schlaflosen Nächte, in denen die Sorgen wie eine endlose Schleife immer wieder durch den Kopf gehen und dich wachhalten. Vielleicht spürst du auch, wie sich ein Kloß im Magen bildet, ein Stich durch deinen Bauch geht oder deine Schultern sich verspannen, als würdest du eine unsichtbare Last tragen. Die Angst kann sich in kaltem Schweiß äußern, in flacher Atmung oder einem Druck auf der Brust. Manchmal fühlt es sich an, als würde sie dich lähmen, jede Bewegung schwerer machen, als würdest du gegen unsichtbare Widerstände ankämpfen.

Auch wenn sie unangenehm sind und sich manchmal beängstigend anfühlen, bedeuten diese körperlichen Reaktionen in der Regel nicht, dass du krank bist oder dir gesundheitliche Sorgen machen musst. Sie sind vielmehr das Ergebnis deines ständigen Einsatzes, deiner Sorge und der vielen Gedanken, die du dir machst.

Natürlich ist es wichtig, achtsam zu sein und auf die Signale deines Körpers zu hören, aber oft helfen schon kleine Veränderungen wie Atemübungen, Bewegung oder kurze Pausen, um die Anspannung ein wenig zu lösen. Solltest du jedoch merken, dass diese körperlichen Reaktionen dich dauerhaft belasten oder zu stark werden, ist es sinnvoll, ärztlichen Rat einzuholen. Es geht nicht darum, die Anzeichen zu ignorieren, sondern sie einzuordnen und zu wissen, dass sie in den meisten Fällen einfach eine plausible Antwort auf die vielen Herausforderungen sind, die du tagtäglich meisterst.

Quellen der Angst

Vielleicht fragst du dich manchmal, woher all diese Ängste kommen, warum sie sich so festsetzen und einfach nicht verschwinden wollen. Auch ich habe oft das Gefühl, dass die Angst mich ohne Vorwarnung wie eine Welle überrollt. Bei der Akzeptanz meiner Ängste hat mir unter anderem geholfen, mir klarzumachen, dass ich früher nicht so war, auch nicht bei meinem ersten Kind und dass es gute Gründe dafür gibt und ich nicht einfach eine Hypochonderin oder ähnliches geworden bin. Oft gibt es tieferliegende Gründe, die uns vielleicht nicht immer sofort bewusst sind.

Da sind zum einen unsere eigenen Erfahrungen, die uns immer wieder einholen können. Vielleicht hattest du selbst einmal das Gefühl, die Kontrolle zu verlieren, als Unerwartetes passierte. Solche Erlebnisse hinterlassen Spuren. Es kann ein Moment gewesen sein, in dem plötzlich klar wurde, dass nichts im Leben wirklich sicher ist, und diese Erkenntnis trägt die Angst mit sich, dass es jederzeit wieder passieren könnte. Diese „Was, wenn…?" – Gedanken lassen uns oft nicht los und können die Angst noch verstärken.

Dann ist da der gesellschaftliche Druck, den viele von uns nur zu gut kennen. Die leisen, manchmal auch lauten Erwartungen von außen, wie man als Mutter oder Vater zu sein hat, wie das Leben „normalerweise" aussehen sollte. Vielleicht hast du auch schon diese Blicke gespürt, wenn dein Kind in der Öffentlichkeit anders reagiert, und du fühlst, wie dich die Augen der anderen mustern. Es ist schwer, nicht das Gefühl zu haben, sich ständig erklären zu müssen. Diese Erwartungen von außen können uns ganz schön verunsichern und die Angst nähren, nicht zu genügen oder falsch zu sein.

Und dann gibt es noch persönliche Erwartungen, die wir an uns selbst haben. Dieser innere Anspruch, immer stark zu sein, nichts falsch zu machen, alles im Griff zu haben. Oft merkt man nicht, wie sehr man sich selbst unter Druck setzt. Was, wenn wir diesen Ansprüchen nicht gerecht werden? Was, wenn wir schwach sind oder Fehler machen? Die Angst, nicht gut genug zu sein, lauert oft im Hintergrund und kann uns manchmal regelrecht lähmen.

Unsere eigene Geschichte spielt ebenfalls eine große Rolle. Jeder von uns hat seine Vergangenheit, seine eigenen Wunden und Erinnerungen. Vielleicht gab es in deiner Kindheit Momente, in denen du das Gefühl hattest, nicht gut genug zu sein, oder

Erfahrungen, die dir gezeigt haben, dass du auf dich allein gestellt bist. Diese alten Verletzungen tauchen in stressigen Zeiten oft wieder auf und verstärken die Ängste, die wir jetzt haben. Die Angst, die Kontrolle zu verlieren, es nicht zu schaffen, all das kann tief in uns verwurzelt sein und immer wieder hochkommen.

Und schließlich ist da die ständige Unsicherheit im Alltag. Wenn du ein autistisches Kind begleitest, ist kaum ein Tag vorhersehbar. Ein plötzlicher Meltdown in der Öffentlichkeit, eine unerwartete Reaktion auf eine Veränderung, gesundheitliche Probleme, die nicht klar einzuordnen sind, diese täglichen Herausforderungen können die Angst immer wieder neu entfachen. Es ist schwer, sich sicher zu fühlen, wenn man ständig auf der Hut sein muss und nie genau weiß, was als Nächstes kommt. Der Alltag mit unseren Kindern ist geprägt von Unsicherheit und ständigen Anpassungen. Nichts ist wirklich planbar, und oft ist es ein ständiges Lernen und Ausprobieren. Es gibt Tage, an denen man einfach nicht weiß, was als Nächstes kommt.

All diese Quellen der Angst sind eng miteinander verwoben. Es ist, als ob sie ein unsichtbares Netz spannen, das uns gefangen hält. Aber zu wissen, woher diese Ängste kommen, kann der erste Schritt sein, sie zu entwirren.
Vielleicht hilft es dir zu wissen, dass es absolut in Ordnung ist, dir selbst einzugestehen, dass diese Ängste da sind, sie sind nicht unbegründet oder falsch. Sie gehören zu deiner Erfahrung, deiner Geschichte und deiner Realität. Diese Ängste zeigen, dass du da bist, dass du dich kümmerst und dass du nicht aufgibst. Und das macht dich stark, auch wenn es sich nicht immer so anfühlt.

Angst als Schutz und Hindernis

Vielleicht hast du schon mal erlebt, dass Angst nicht nur etwas Schlechtes ist, sondern auch ein Schutzmechanismus, der uns auf Gefahren aufmerksam macht. Sie kann wie ein innerer Alarm sein, der uns warnt, wenn etwas nicht stimmt, zum Beispiel wenn eine Situation riskant oder bedrohlich ist.

In diesen Momenten ist die Angst tatsächlich hilfreich, denn sie sorgt dafür, dass wir wachsam sind, dass wir aufmerksam bleiben und nicht unüberlegt handeln. Vielleicht kennst du das Gefühl: Du betrittst mit deinem Kind einen Raum, und in dir zieht sich alles zusammen. Du spürst, dass hier eine Situation entstehen könnte, die für dein Kind schwierig wird, zu viele Menschen, zu viel Lärm, zu viel Unvorhersehbares. Dein Bauchgefühl meldet sich sofort, und du wirst wachsam, beobachtest genau, schaust nach Fluchtwegen, bereit, schnell zu reagieren, wenn es nötig sein sollte.

Oder womöglich weißt du wie es ist, wenn dein Kind sich plötzlich anders verhält, ein ungewohntes Zucken, ein Blick, der dir fremd vorkommt. Da ist diese leise Stimme in dir, die sagt: „Etwas stimmt nicht." Es mag auf Außenstehende übervorsichtig wirken, aber du weißt, dass es dieses Bauchgefühl schon oft war, das dich frühzeitig gewarnt hat und dir die Zeit gegeben hat, zu reagieren, bevor die Situation eskaliert ist.

Die Angst hilft in solchen Momenten, deine Sinne zu schärfen und auf die feinen Signale zu achten, die andere vielleicht übersehen würden. Dein Bauchgefühl macht dich aufmerksam und lässt dich einen Schritt zurücktreten, um die Lage einzuschätzen und um sicherzustellen, dass du alles im Blick hast. Dieses Gefühl ist es, das dich innehalten lässt, bevor du eine Entscheidung triffst. Das ist die gesunde Seite der Angst, die uns beschützt und uns immer wieder daran erinnert, auf unser Gefühl zu hören und aufmerksam zu sein.

Aber Angst kann auch zu einem Hindernis werden. Es gibt Zeiten, in denen sie uns nicht schützt, sondern uns regelrecht blockiert. Sie baut Mauern auf, wo keine sein müssten, und lässt uns vor Herausforderungen zurückschrecken, die wir angehen könnten.

Der Unterschied zwischen gesunder Vorsicht und lähmender Angst ist oft schwer zu erkennen, vor allem, wenn wir uns in ständiger Alarmbereitschaft befinden. Bestimmt kennst du es, wenn du dich unsicher fragst, ob deine Angst gerade berechtigt ist oder ob sie dich nur daran hindert, den nächsten Schritt zu wagen oder einfach mal unbeschwert durch den Tag zu gehen.

Es ist wichtig, diesen Unterschied zu erkennen: Die gesunde Angst hilft uns, uns zu schützen, während die lähmende Angst uns gefangen hält. Sie hindert uns daran, weiterzugehen, sie flüstert uns zu, dass wir nicht genug wissen, nicht genug können, nicht stark genug sind.

Manchmal merken wir nicht, dass die Angst uns zurückhält, weil wir so sehr an das Gefühl gewöhnt sind. Sie kann sich in den kleinen Entscheidungen des Alltags zeigen oder in der Angst, Fehler zu machen, die wir dann nicht mehr rückgängig machen können.
Deshalb geht es darum, ehrlich hinzuschauen und zu fragen: Ist das wirklich ein Schutz, den ich gerade brauche, oder ist es eine Angst, die mich lähmt und davon abhält, mutige Schritte zu gehen? Es ist nicht immer einfach, das herauszufinden, und manchmal brauchen wir Zeit und Geduld, um diesen Unterschied zu erkennen. Aber es lohnt sich, diesen Blick zu schärfen, denn die Angst, die uns nur bremst, hat es nicht verdient, die Kontrolle zu übernehmen. Und der erste Schritt dazu ist, sie zu bemerken und zu verstehen, wann sie uns wirklich schützt und wann sie uns im Weg steht.

Umgang mit der Angst

Es gibt so viele Facetten der Angst, und jeder von uns erlebt sie anders. Hier kann ich nur einen kleinen Einblick geben und einige Ansätze vorstellen, die hilfreich sein könnten. Die folgenden Strategien und Ideen sind keine umfassende Lösung, aber vielleicht findest du hier etwas, das dir hilft, deinen eigenen Weg zu gehen und dann an anderen Stellen weiter zu recherchieren.

Gerade im Alltag mit einem autistischen Kind, der oft unvorhersehbar und fordernd ist, kann Achtsamkeit helfen, den Moment bewusster wahrzunehmen und sich nicht von den Sorgen über die Zukunft überwältigen zu lassen. Vielleicht versuchst du es einmal mit einer kurzen Übung, bei der du dich für ein paar Minuten nur auf deinen Atem konzentrierst, vier Sekunden einatmen, acht Sekunden ausatmen. Diese kleine Pause kann schon Wunder wirken, wenn der Tag chaotisch ist und du das Gefühl hast, dass dir alles über den Kopf wächst. Atemübungen sind hilfreich, wenn die Angst ganz plötzlich kommt, etwa in Situationen, die dein Kind überfordern oder in denen du dich hilflos fühlst.

Ich habe neulich lernen dürfen, dass das Beruhigen des Körpers dazu beiträgt, die Gedanken in den Griff zu bekommen. Denn genauso wie deine Angstgedanken körperliche Symptome wie zum Beispiel Herzklopfen oder Schwitzen auslösen, ist es umgekehrt der Fall, dass das Beruhigen deines Körpers die Gedanken ruhiger werden lassen kann. Faszinierend, es braucht Übung, aber versuch es mal.

Auch kognitive Techniken können nützlich sein, weil es allzu häufig passiert, dass wir uns in Gedanken über das „Was-wäre-wenn" verlieren. Kennst du das Gefühl, wenn sich diese Gedanken wie ein Sturm zusammenbrauen und immer größer werden? Eine Möglichkeit ist, diese Gedanken aktiv zu hinterfragen: „Was spricht dafür, dass das wirklich passiert?" oder „Was würde ich tun, wenn es tatsächlich so kommt?" oder „Was ist das Schlimmste, das passieren kann?"

Manchmal hilft es, die Gedanken aufzuschreiben, um sie klarer zu sehen und sich von ihnen zu distanzieren. Das kann dich dabei unterstützen, die Angst in ihre Schranken zu weisen.

Vielleicht hast du schon mal erlebt, dass ein offenes Gespräch mit jemandem, der dich versteht, die Angst plötzlich kleiner macht. Alleine schon das Aussprechen bestimmter Sorgen und Gedanken kann deine Wahrnehmung und dein Empfinden dazu verändern. Am schönsten ist es, wenn du dafür einen guten Zuhörer bzw. eine gute Zuhörerin findest. Diese Person muss nicht sofort mit guten und weisen Ratschlägen aufwarten, sondern einfach nur zuhören.

Besonders im Leben mit einem behinderten Kind hilft es, sich mit anderen Eltern auszutauschen, die ähnliche Erfahrungen machen. Du wirst merken, dass du nicht allein bist, dass andere ähnliche Sorgen und Ängste haben und dass das Teilen dieser Gefühle stärkt. Ob in einer Selbsthilfegruppe, bei einem Treffen mit anderen Eltern oder online in Foren, diese Verbindungen werden dir das Gefühl geben, dass du nicht alleine durch diese Herausforderungen gehst.[3]

Diese Gedanken und Strategien sind nur ein erster Schritt, um mit der Angst umzugehen. Es gibt keine perfekte Lösung. Manchmal braucht es Zeit, manchmal braucht es mehr Unterstützung, aber was auch immer du fühlst, du musst es nicht allein tragen. Es gibt Wege, die Angst zu verstehen und ihr Stück für Stück die Macht zu nehmen. Und das ist schon der erste Schritt in eine Richtung, die dir und deinem Kind mehr Freiheit und Raum geben kann.

Leben mit einem Teil der Angst

Wahrscheinlich klingt es ungewöhnlich, aber eine weitere Strategie kann sein, einen Teil der Angst zu akzeptieren, ohne ihr die Macht über dein Leben zu geben. In unserem Alltag gibt es so viele Dinge, die wir nicht kontrollieren können. Angst zu spüren, heißt nicht, dass wir schwach sind oder dass wir versagen, sondern dass wir uns kümmern und aufmerksam sind.
Es kann helfen, sich zu erlauben, Angst zu fühlen, ohne gegen sie anzukämpfen. Vielleicht sagst du dir: „Ja, da ist sie wieder die Angst. Sie darf da sein, aber sie dominiert nicht alles." Es ist in Ordnung, Angst zu spüren, aber du musst ihr nicht erlauben, die Oberhand zu gewinnen. Sie darf mit am Tisch sitzen, aber sie entscheidet nicht, was als Nächstes passiert.

Wie können wir damit leben, dass ein Teil dieser Unsicherheiten und Ängste unsere ständigen Begleiter sein werden, ohne dass sie uns blockieren oder die Freude am Leben nehmen?
Ein Schritt könnte sein, Ängste als eine Art inneren Kompass zu betrachten, der uns zeigt, was uns am Herzen liegt. Wenn die Angst aufkommt, frage dich: Was genau macht mir gerade Sorgen, und warum? Was könnte ich daraus lernen, das mir im Alltag oder im

---

[3] Auf Ellas Blog findest du als geschützte Community das Forum plus für Eltern autistischer Kinder.

Umgang mit meinem Kind hilft? Manchmal kann es hilfreich sein, die Angst als einen Lehrmeister zu sehen, der uns auf wichtige Dinge aufmerksam macht, die wir vielleicht noch besser verstehen oder angehen können.

Eine weitere Möglichkeit ist, sich bewusst auf positive Momente zu konzentrieren. Was lief heute gut, trotz aller Herausforderungen? Welche kleinen Erfolge gab es, welche Momente der Freude? Diese positiven Augenblicke bewusst wahrzunehmen und zu schätzen, kann einen Gegenpol zu Ängsten bilden und helfen, ein inneres Gleichgewicht zu finden. Es kann ein Lächeln deines Kindes sein, ein Moment der Ruhe oder das Gefühl, etwas geschafft zu haben, was gestern noch unmöglich schien. Manchmal vergessen wir das bei allen Sorgen und Ängsten und dabei gibt es allerhand in deinem Leben, das du dem entgegensetzen kannst, da bin ich sicher.
Es ist auch absolut in Ordnung, sich an manchen Tagen zu erlauben, nicht alles im Griff zu haben. Es gibt Zeiten, in denen es hilfreich ist, sich Pausen zu gönnen, Zeiten, in denen wir uns nicht ständig Sorgen machen, sondern auch mal loslassen dürfen, sei es für eine Stunde oder einen Nachmittag. Es geht nicht darum, die Angst zu besiegen, sondern zu lernen, mit ihr zu leben, ohne dass sie unsere Zuversicht nimmt.
Mache dir außerdem klar, dass du Vertrauen in dich selbst und in dein Kind haben darfst. Ihr werdet gemeinsam Wege finden, auch wenn es schwer ist. Und mache dir immer wieder bewusst, dass es in Ordnung ist, nicht alle Antworten zu haben und die Dinge auch mal auf sich zukommen zu lassen.

Und sicherlich ist es auch eine Frage der Akzeptanz. Die Akzeptanz, dass unser Leben anders ist, nicht immer planbar und oft unvorhersehbar. Das wird immer so bleiben und es bringt nichts, dagegen anzukämpfen. Den Kampf werden wir mit Sicherheit verlieren.
Die Unsicherheiten sind nicht unsere Feinde, sondern Teil dieses besonderen Lebens. Und inmitten dieser Unsicherheiten können wir unseren Weg gehen, uns immer wieder neu orientieren und lernen, was wirklich wichtig ist. Aber ich weiß auch, dass das leichter gesagt

als getan ist. Es klingt oft so schön, „die Unsicherheiten anzunehmen", aber in der Realität ist es ein ständiger Balanceakt, der nicht leicht ist. Ich selbst bin auch noch dabei, das zu lernen, immer wieder.

Vielleicht hilft es, sich vor Augen zu halten, dass diese Unsicherheiten uns auch Wichtiges beibringen können. Sie fordern uns heraus, flexibler zu sein, uns neu zu erfinden und manchmal kreative Lösungen zu finden, auf die wir sonst nie gekommen wären.

Unsicherheiten lehren uns, geduldiger zu sein, vor allem mit uns selbst. Sie zeigen uns, dass es in Ordnung ist, nicht immer Antworten zu haben und dass es auch okay ist, sich einfach mal auf das Ungewisse einzulassen. Ich glaube, wir können lernen, darauf zu vertrauen, dass wir durchkommen, auch wenn der Weg oft nicht klar ist. Und dieses Vertrauen, das wir langsam in uns selbst und in unsere Kinder aufbauen, wird uns helfen, weiterzugehen, auch wenn wir nicht genau wissen, wohin.

Manchmal sind es gerade diese unsicheren Momente, die uns dazu zwingen, auf unser Bauchgefühl zu hören und mutige Entscheidungen zu treffen. Entscheidungen, die wir uns vielleicht nie zugetraut hätten, wenn alles planbar und sicher wäre.

Ich bin überzeugt, dass wir die Leichtigkeit, die wir uns so sehr wünschen, auch finden werden. Wir werden lernen, die Unsicherheiten zu akzeptieren, ohne dass sie uns ständig aus der Bahn werfen. Und wir werden auch die kleinen Momente feiern, in denen wir es geschafft haben, einfach mal loszulassen, zu lachen und den Moment zu genießen, trotz allem, was noch kommen mag.

Vielleicht hilft dir auch diese bildliche Vorstellung: Lass deine Angst ruhig mit am Tisch sitzen, hör ihr zu, denn sie kann wertvolle Argumente haben. Aber allzu oft spielt sie sich zu sehr in den Vordergrund und nimmt ihren Job, dich vor allem und jedem zu warnen, zu ernst. Dann sag ihr, dass sie da sitzen bleiben kann, aber den Schnabel halten soll.

Hilfe bei Angststörungen

Manchmal reicht es nicht aus, sich alleine mit seinen Ängsten auseinanderzusetzen. Es gibt Momente, in denen es sinnvoll und wichtig ist, professionelle Hilfe in Anspruch zu nehmen. Vielleicht ist es so, dass die Angst nicht mehr nur gelegentlich auftritt, sondern zu einem ständigen Begleiter wird, der dich im Alltag immer mehr einschränkt. Wenn du merkst, dass sie dich davon abhält, das zu tun, was du möchtest oder musst, wenn sie dir den Schlaf raubt oder deine Gedanken unaufhörlich kreisen lässt, ohne dass du alleine aus diesen Spiralen herausfindest, dann könnte es an der Zeit sein, sich professionelle Unterstützung zu holen.

Umgang mit Erschöpfung

Kommt dir das bekannt vor? Du funktionierst Tag für Tag, weil es einfach sein muss, weil niemand anderes all die Dinge für dich erledigen kann. Aber gleichzeitig spürst du, wie die Energie immer weniger wird, wie du innerlich leer läufst, während die Aufgaben um dich herum immer mehr zu werden scheinen. Diese körperliche, geistige und emotionale Erschöpfung ist das, was viele als Pflege-Burnout bezeichnen.

Was ist Pflege-Burnout?

Pflege-Burnout ist mehr als nur das Gefühl, müde zu sein. Es ist eine tiefe Erschöpfung, die dich so auslaugt, dass du das Gefühl hast, nichts mehr geben zu können. Du bist einfach nur leer. Vielleicht fragst du dich manchmal, wie du den nächsten Tag schaffen sollst, wenn alles schon heute so schwer ist. Es ist nicht einfach nur eine Phase, die vorbeigeht, sondern ein Zustand, in dem du dich gefangen fühlst, weil die Verantwortung und die Pflege deines Kindes einfach nicht weniger werden.

Diese Erschöpfung kommt nicht plötzlich. Sie baut sich über die Jahre auf, während du ständig für dein Kind da bist, dich kümmerst, planst und organisierst. Alles andere wird dabei hintenangestellt, vor allem du selbst.

Vielleicht hattest du mal gedacht, dass es leichter wird, dass sich der Alltag wieder einspielt und du mehr Luft zum Atmen hast. Aber wenn wir ehrlich sind, wissen wir, dass das oft nicht so ist. Stattdessen fühlt es sich oft an, als würdest du ohne echte Pausen, ohne Raum zum Durchatmen und Zeit für dich nur noch im Überlebensmodus funktionieren.

Und dann kommen noch die Stimmen von außen, die uns einreden wollen, dass es ihnen genauso geht. „Alle Eltern sind doch erschöpft", sagen sie, „das ist doch normal." Und wir nicken vielleicht sogar, weil wir uns selbst oft nicht mehr glauben wollen, dass unsere Situation wirklich anders ist. Es ist fast, als würden wir uns selbst sabotieren, indem wir diesen Vergleichen Raum geben, obwohl wir tief in uns wissen, dass es nicht vergleichbar ist und dass unser Alltag, unsere Herausforderungen viel mehr sind als nur normale Erschöpfung.

Aber genau das macht es so schwer, sich selbst einzugestehen, dass es eben nicht reicht, einfach „nur weiterzumachen" und „weiter durchhalten" zu müssen. Manchmal dürfen und müssen wir anerkennen, dass Selbstfürsorge kein Luxus, sondern eine Notwendigkeit ist.

Die Anzeichen von Pflege-Burnout

Oft schleichen sich die Anzeichen so langsam ein, dass wir sie nicht bewusst wahrnehmen. Vielleicht fängt es damit an, dass du schlechter schläfst, schneller gereizt bist oder dich emotional ausgelaugt fühlst. Aber wir schieben das schnell auf den Stress des Alltags und die vielen To-Dos. Dass das vielleicht schon die ersten Anzeichen eines Burnouts sind, wollen wir uns nicht eingestehen.

Schließlich funktioniert man doch irgendwie weiter, oder? Und solange wir das schaffen, scheint es nicht so schlimm zu sein.

Vielleicht erkennst du dich in dem einen oder anderen wieder: diese Müdigkeit, die nicht verschwindet, egal wie viel du schläfst. Die ständige Überforderung, die selbst an den Tagen da ist, an denen nicht viel passiert. Es sind nicht nur die körperlichen Zeichen wie Rücken- oder Kopfschmerzen, sondern auch die emotionale Leere, die sich breitmacht. Du funktionierst, aber du fühlst kaum noch etwas. Die Freude über kleine Erfolge deines Kindes, die dich früher stolz gemacht haben, scheint zu verblassen. Alles fühlt sich an wie ein weiterer Punkt auf deiner endlosen To-Do-Liste.

Dann gibt es noch die Gedankenspiralen. Das Gefühl, dass alles zu viel ist, dass sich nie etwas ändern wird. Dass es egal ist, wie sehr du dich bemühst, es reicht nie. Du fühlst dich allein, isoliert von einer Welt, die nicht versteht, wie viel Kraft es dich kostet, durch jeden Tag zu kommen. Und dann gibt es noch die vielen Kleinigkeiten, die dazu beitragen, wie bürokratische Kämpfe, um notwendige Hilfen und

Therapien durchzusetzen, und Sorgen, dass du vielleicht Wichtiges übersehen könntest. Wenn dein Kind nonverbal ist, kennst du sicher diese Unsicherheit, ob du wirklich immer erkennst, was gerade los ist.

Es kann auch sein, dass du dich zunehmend niedergeschlagen fühlst. Das Leben, das dir früher Freude gemacht hat, erscheint dir jetzt oft sinnlos oder erdrückend. Dinge, die dir früher Spaß gemacht haben, verlieren ihre Bedeutung. Ob es ein Hobby ist oder Treffen mit Freunden, plötzlich erscheint alles belanglos und du hast keine Energie mehr, daran teilzuhaben. Es kann sein, dass du dich weiter zurückziehst. Vielleicht hast du einfach keine Lust mehr, soziale Kontakte zu pflegen oder dich mit anderen zu verabreden. Selbst einfache Gespräche kosten plötzlich zu viel Kraft.

Auch Kleinigkeiten bringen dich schneller zur Weißglut. Vielleicht reagierst du gereizter, als du es normalerweise tun würdest, und fragst dich hinterher, warum du so schnell frustriert warst.
Und dann merkst du, dass du auch deine eigenen Bedürfnisse vernachlässigst. Du gehst seltener zum Arzt, isst vielleicht unregelmäßiger oder sorgst nicht mehr so gut für deine eigene Gesundheit. All das sind mögliche Zeichen, dass etwas aus dem Gleichgewicht geraten ist.

Wenn du eines oder mehrere dieser Anzeichen bei dir bemerkst, ist es wichtig, ehrlich zu dir selbst zu sein. Es bedeutet nicht, dass du schwach bist, sondern dass dein Körper und deine Seele dir Signale senden, weil du überlastet bist. In solchen Momenten ist es entscheidend, sich Hilfe zu suchen und Schritte zu unternehmen, bevor das Burnout dich vollständig überwältigt.
Such dir kompetente Ansprechpartner, die dir dabei helfen, die Gründe für deine Beschwerden herauszufinden, um dir dann weiterhelfen zu können.

Was du tun kannst

Viele von uns haben gelernt, nach außen stark zu wirken, um nicht als überfordert zu gelten. Wir halten die Fassade gegenüber den meisten Menschen aufrecht, weil wir nicht wollen, dass andere sehen, wie schwer es manchmal wirklich ist. Vielleicht hast du auch schon gehört: „Wow, du machst das alles so toll!" Und obwohl es nett gemeint ist, fühlt es sich manchmal wie ein Stich an, weil niemand wirklich sieht, was passiert.

Es gibt auch eine gesellschaftliche Tendenz, Burnouts und insbesondere Pflege-Burnout nicht ernst genug zu nehmen. Oft wird unsere Situation mit der von anderen Eltern verglichen, und es heißt: „Ja, Kinder zu haben ist für alle anstrengend." Dass unsere Situation doch ganz anders ist, wird oft nicht wirklich verstanden. Und so relativieren wir sogar selbst unser eigenes Erleben, statt es ernst zu nehmen. Vielleicht denkst du dir auch manchmal: „Ich darf doch gar nicht so erschöpft sein, mein Kind braucht mich." Diese innere Stimme, die uns sagt, stark sein zu müssen, hält uns davon ab, auf uns selbst zu achten.

Es ist wichtig, ehrlich zu sich selbst zu sein und anzuerkennen, wenn dein Burnout anklopft. Aber das bedeutet nicht, dass es dein Leben bestimmen muss. Du kannst diese schwierige Zeit als Teil deiner Reise akzeptieren, aber gleichzeitig Schritte gehen, um wieder mehr Raum für dich zu schaffen.

Die üblichen, klassischen Ratschläge wie „Gönn dir eine Pause" oder „Mach mal einen Spaziergang" sind für uns oft nicht umsetzbar. Die Realität lässt das einfach nicht zu, was nicht bedeutet, dass wir es nicht wollen, sondern dass es schlichtweg nicht geht. Aber das heißt nicht, dass es keine Möglichkeiten gibt, für sich zu sorgen.

Vielleicht braucht es einen neuen Ansatz, der besser zu unserem Alltag passt. Eine Möglichkeit könnte sein, kleine Inseln der Ruhe zu schaffen, die wirklich machbar sind. Statt den Druck zu spüren, direkt etwas Großes zu unternehmen, könntest du damit beginnen, dir eine geführte Meditation oder einen kurzen Audioimpuls anzuhören, während dein Kind schläft oder seiner Routine nachgeht. Solche

Angebote gibt es in Hülle und Fülle, online oder in Apps. Sie können in wenigen Minuten erstaunlich viel bewirken.

Auch Kurse, die du von zu Hause aus absolvieren kannst, könnten eine wertvolle Unterstützung sein. Es gibt Programme zu Stressbewältigung, Entspannungstechniken oder kreative Kurse, die dir die Möglichkeit geben, einen Moment für dich zu nehmen, ohne das Haus verlassen zu müssen. Diese kannst du flexibel in deinen Alltag integrieren, sei es am Abend, wenn dein Kind zur Ruhe kommt, oder sogar in einer Pause während des Tages.

Es gibt mittlerweile eine Vielzahl von Angeboten, die speziell auf die Bedürfnisse von Menschen zugeschnitten sind, die durch ihre Pflege- oder Betreuungsaufgaben besonders gefordert sind. Viele dieser Programme sind online verfügbar und bieten die Möglichkeit, flexibel und ohne zusätzlichen Zeitdruck an der eigenen Entlastung und Resilienz zu arbeiten.

Zum Beispiel gibt es digitale Präventionsprogramme, die sich auf die seelische Gesundheit konzentrieren. Ein bekanntes Beispiel ist ein Online-Training, das von Krankenkassen in Zusammenarbeit mit Universitäten entwickelt wurde. Solche Programme zielen darauf ab, durch gezielte Übungen und Inhalte emotionale Stärke zu fördern und stressige Situationen besser zu bewältigen. Mit ein wenig Recherche nach Begriffen wie „digitale Prävention Pflege" oder „Resilienztraining online" lassen sich solche Angebote leicht finden.[4]

Auch der Ansatz des therapeutischen Schreibens hat in den letzten Jahren an Bedeutung gewonnen. In Deutschland gibt es Kliniken, die kostenfreie Programme anbieten, bei denen Schreiben als Mittel genutzt wird, um sich mit den eigenen Gefühlen auseinanderzusetzen und Burnout vorzubeugen. Begriffe wie „therapeutisches Schreiben Burnout" können helfen, solche Angebote aufzuspüren.

Für diejenigen, die mehr praktische Unterstützung suchen, gibt es online verfügbare Pflegekurse, die nicht nur Informationen zum

---

[4] Im sechsten Kapitel befassen wir uns noch ausführlicher mit dem wichtigen Thema Resilienz und wie wir sie fördern können.

Pflegealltag bieten, sondern auch Tipps zur Selbstfürsorge und Burnout-Prävention beinhalten. Diese sind oft kostenfrei und flexibel abrufbar, sodass sie gut in einen vollen Alltag integriert werden können. Begriffe wie „Pflegekurs online kostenlos" oder „Selbstfürsorge Pflege" können hier hilfreich sein.

Auch Achtsamkeit und Meditation können Wege sein, um Stress abzubauen und neue Kraft zu tanken. Hier bieten sich Achtsamkeits-Apps an, die geführte Meditationen, Atemübungen und Entspannungstechniken enthalten.

Wer eine tiefergehende Begleitung sucht, kann sich auch nach Online-Coachings oder Webinaren zum Thema Stressbewältigung und Burnout-Prävention umsehen.

Ein weiterer Ansatz ist es, gezielt nach Momenten zu suchen, in denen du auch gemeinsam mit deinem Kind etwas für deine eigene Entlastung tun kannst. Wenn dein Kind gern draußen ist, könntest du versuchen, diesen Spaziergang bewusster wahrzunehmen, nicht als weiteres To-Do, sondern als Chance, die Natur zu erleben, die frische Luft zu genießen und dich selbst dabei zu spüren. Es geht nicht darum, große Schritte zu machen, sondern um kleine Momente, die für euch beide gleichermaßen wohltuend sein können.

Vielleicht hilft es dir auch, dir vorzustellen, dass jede Form von Selbstfürsorge nicht nur dir zugutekommt, sondern auch deinem Kind. Wenn du dir die Zeit nimmst, ein wenig Kraft zu tanken, bist du besser in der Lage, mit den Herausforderungen des Alltags umzugehen. Es ist keine Frage von Egoismus, sondern von Notwendigkeit.

Und wenn du das Gefühl hast, dass dir der Austausch mit anderen Eltern guttut, dann suche nach Online-Communities oder Plattformen, auf denen du Unterstützung findest. Auch kurze, digitale Treffen oder das Lesen von Erfahrungen anderer können helfen, dich weniger allein zu fühlen.

Es gibt keine perfekte Lösung, die für alle passt. Aber vielleicht gibt es etwas, das genau für dich funktioniert. Wichtig ist, dass du weißt: Selbstfürsorge muss nicht perfekt oder umfangreich sein, sie darf so sein, wie sie für dich und deinen Alltag machbar ist.

Es gibt keinen festen Weg, um wieder zu mehr Balance und Wohlbefinden zu finden. Wähle für dich, was sich gut anfühlt und zu deinem Alltag passt.

Wenn du merkst, dass du alleine nicht weiterkommst, dann erlaube dir, professionelle Hilfe in Anspruch zu nehmen. Eine Therapie, Beratung oder andere unterstützende Angebote können dir helfen, wieder Kraft zu schöpfen und den Blick klarer zu bekommen. Und bitte, sieh das nicht als ein Zeichen von Versagen. Im Gegenteil: Es ist verantwortungsvoll und zeigt, wie sehr du dich um dein Kind und um dich selbst kümmerst.

Umgang mit Schuldgefühlen

Schuldgefühle gehören zum Alltag von vielen Eltern behinderter Kinder, manchmal leise im Hintergrund, fast unbemerkt, manchmal so laut und erdrückend, dass sie uns den Atem rauben.

Sie sind da, wenn wir uns fragen, ob wir genug tun, ob wir die richtigen Entscheidungen treffen oder ob wir geduldig genug sind. Und vielleicht kennst du das Gefühl auch: Du gibst dein Bestes, versuchst alles, um für dein Kind da zu sein, und trotzdem schleicht sich dieser Gedanke ein, dass es nicht ausreichend ist.

Diese Schuldgefühle sind oft unsere Begleiter. Sie hängen wie eine unsichtbare Wolke über uns und lassen uns selten zur Ruhe kommen. Das Schwierige dabei ist, dass diese Gefühle oft auf einer Ebene stattfinden, die Außenstehende nicht wirklich verstehen. Manchmal fühlt es sich fast absurd an, wenn andere uns bewundern und sagen, wie stark wir sind. Denn tief in uns toben Zweifel, innere Kämpfe und diese leise, aber immer präsente Stimme, die sagt: „Aber reicht das wirklich? Könntest du nicht noch mehr tun?"

Die Bewunderung von außen trifft oft nicht den Kern dessen, was in uns vorgeht. Wir spüren eine Verantwortung, die so tief reicht, dass es unmöglich erscheint, ihr jemals vollständig gerecht zu werden.

Gesichter von Schuldgefühlen und Umgang mit ihnen

Schuldgefühle haben viele verschiedene Facetten und schleichen sich immer wieder in unseren Alltag ein.

Vielleicht kennst du das auch: Du fragst dich ständig, ob du wirklich alles richtig machst, ob du genug für dein Kind da bist. Manchmal sind diese Gedanken ganz leise im Hintergrund, fast unmerklich. Aber dann gibt es Tage, an denen sie mit voller Wucht auf dich einstürmen, als könnten sie dich erdrücken. Du fragst dich: „Müsste ich nicht mehr Geduld haben? Wieso bin ich nicht stärker?"

Diese innere Stimme, die dir sagt, dass du nicht genug bist, kann unglaublich laut werden, auch wenn du rational weißt, dass du dein Bestes gibst.

Und dann gibt es diese ganz speziellen Schuldgefühle, wenn du dir mal erlaubst, an dich selbst zu denken. Vielleicht nimmst du dir eine Pause, weil du einfach nicht mehr kannst. Aber kaum hast du dich hingesetzt, kommt die innere Unruhe: „Darf ich das überhaupt? Ist das nicht egoistisch?" Du weißt, dass du diese Pausen brauchst, um durchzuhalten, aber trotzdem fühlt sich jede Minute, die du für dich nimmst, wie ein kleiner Verrat an deinem Kind an.

Und damit beginnt dieser Teufelskreis: Du weißt, dass du Erholung brauchst, um gut für dein Kind da sein zu können, aber jedes Mal, wenn du dir eine Auszeit nimmst, fühlst du dich schuldig. Es ist ein ständiges Hin und Her.

Vielleicht kennst du auch diese tieferen Schuldgefühle, die aufkommen, wenn du über die Zukunft nachdenkst. Wirst du immer für dein Kind da sein können? Was passiert, wenn du es nicht mehr schaffst? Hast du wirklich alles getan, um deinem Kind die besten Chancen im Leben zu geben? Diese Fragen nagen an uns, auch wenn wir uns sicher sind, dass wir alles tun, was in unserer Macht steht.

Besonders belastend ist es, wenn du das Gefühl hast, dass du die Bedürfnisse deines Kindes nicht immer richtig verstehst, vor allem, wenn es nonverbal ist. Diese Momente, in denen du einfach nicht herausfinden kannst, was dein Kind braucht, obwohl du so genau spürst, dass es unglücklich ist. Du siehst die Frustration deines Kindes und du möchtest alles tun, um ihm zu helfen, aber es gelingt dir einfach nicht.

In diesen Momenten kann sich die Schuld fast erdrückend anfühlen: „Warum verstehe ich es nicht? Wieso kann ich nicht besser helfen?" Rational wissen wir, dass wir nicht alles richtig machen können, aber dieses Gefühl bleibt trotzdem.

Und dann gibt es noch die Schuldgefühle, die viele von uns nie laut aussprechen, die aber trotzdem in uns schlummern. Manche von uns fragen sich insgeheim, ob sie schuld an der Behinderung ihres Kindes sind. Vielleicht fragst du dich: „Habe ich in der Schwangerschaft etwas falsch gemacht? Hätte ich irgendetwas anders machen können?" Diese Gedanken sind schwer, und oft wissen wir, dass sie keinen wirklichen Grund haben. Aber trotzdem kommen sie immer wieder hoch, weil wir verzweifelt nach einer Antwort suchen, selbst wenn es keine gibt.

Schuldgefühle entstehen nicht einfach so. Sie sind oft eng mit unserer tiefen Verantwortung und der Liebe zu unseren Kindern verknüpft. Wir wollen alles richtig machen, das Beste für unser Kind tun und das führt zwangsläufig zu diesen bohrenden Fragen. Es ist leicht, sich in einer Gesellschaft, die Perfektion und Leistung fordert, unzulänglich zu fühlen. Fehler machen scheint keine Option zu sein, schon gar nicht im Elternsein.

Hinzu kommen die ständigen Vergleiche mit und von anderen Eltern. Vielleicht merkst du, wie du dich innerlich fragst, warum es bei anderen so viel einfacher aussieht, warum sie scheinbar weniger überfordert sind. Auch das kann Schuldgefühle auslösen, dabei vergessen wir oft, dass unsere Situation nicht vergleichbar ist, auch nicht die Situationen von Eltern mit Kindern im Autismus-Spektrum. Viele von uns haben spezielle Herausforderungen, die nicht jeder verstehen kann.

Außerdem sind es oft die Erwartungen, die von außen an uns herangetragen werden, die Vorstellung, dass Eltern immer geduldig, stark und unermüdlich sein müssen. Wer diesem Bild nicht entspricht, hat schnell das Gefühl, zu versagen.

Manchmal sorgen wir auch selbst für unsere Schuldgefühle, weil wir von uns erwarten, immer die richtigen Antworten parat zu haben, stets Geduld zu bewahren und immer alles perfekt zu managen, aber das ist nicht realistisch. Niemand kann das.

Wer sagt, dass Eltern perfekt sein müssen? Wo steht geschrieben, dass wir immer alles richtig machen müssen?

Schuldgefühle positiv umlenken

Schuldgefühle gehören für viele Eltern autistischer Kinder fast schon zum Alltag. Und manchmal machen wir tatsächlich etwas falsch oder haben das Gefühl, es irgendwie verbockt zu haben. Vielleicht haben wir einen Moment nicht aufgepasst, eine unpassende Reaktion gezeigt oder etwas gesagt, das wir später bereuen. Vielleicht waren wir nicht diplomatisch genug, um in einem Gespräch etwas zu erreichen oder konnten ein wichtiges Missverständnis nicht auflösen. Aber weißt du was? Das macht uns nicht zu schlechten Eltern.

Kein Elternteil – wirklich keines – macht immer alles richtig. Wichtig ist, wie wir damit umgehen. Können wir die Situation reflektieren und uns fragen: „Was kann ich daraus mitnehmen? Wie kann ich es beim nächsten Mal besser machen?" Und vor allem: Können wir uns selbst die Hand reichen und sagen: „Ich habe mein Bestes gegeben und das reicht."?

Schuldgefühle wollen uns oft etwas sagen. Sie zeigen uns, dass uns unser Kind wichtig ist und dass wir bemüht sind, die Dinge so gut wie möglich zu machen. Aber wenn wir uns von diesen Gefühlen beherrschen lassen, helfen wir weder uns noch unserem Kind. Ein Weg, damit umzugehen, ist, diese Gefühle anzunehmen, ohne sie sofort zu bewerten oder zu bekämpfen. Zu sagen: „Okay, da ist es wieder, dieses nagende Gefühl. Aber ich muss mich nicht von ihm steuern lassen."

Vielleicht hilft es dir, mit jemandem darüber zu sprechen, einem Freund, einer Freundin, einer Therapeutin oder auch in einer Eltern-Selbsthilfegruppe. Oft merken wir erst im Austausch mit anderen, dass wir nicht allein sind und auch andere mal einen schlechten Tag haben oder Fehler machen.

Es ist wichtig, erst einmal zu erkennen, dass Schuldgefühle nichts anderes sind als Gedanken und Emotionen, die durch Erwartungen entstehen, Erwartungen von außen und vor allem die, die wir an uns selbst stellen. Frag dich mal: Wessen Maßstab erfülle ich da gerade nicht? Ist es überhaupt mein eigener? Oder versuche ich, einem Ideal gerecht zu werden, das ich niemals hinterfragt habe? Oft erkennen wir, dass wir uns selbst zu einem Perfektionismus treiben, der uns nur lähmt.

Wenn du dich von Schuldgefühlen überrollt fühlst, stell dir vor, du würdest diese Gedanken einem guten Freund erzählen. Was würde er zu dir sagen? Wahrscheinlich etwas wie: „Das stimmt so nicht, du machst doch schon alles, was du kannst." Sei dir selbst dieser gute Freund.

Manchmal hilft es, diese Gedanken ganz bewusst zu relativieren. Schreib sie auf und stelle ihnen eine andere Perspektive gegenüber. Zum Beispiel: „Ich bin schuld, dass mein Kind heute einen Meltdown hatte." Und daneben könntest du schreiben: „Die Situation war für mein Kind zu viel, ich habe mein Bestes getan, um es zu begleiten. Mehr kann ich nicht tun." Diese Übung kann dir helfen, den Druck zu lindern, den du dir selbst machst.

Auch das Gespräch mit anderen Eltern kann Wunder wirken. Wenn du dich mit Menschen austauschst, die ähnliche Erfahrungen machen, wirst du schnell merken, dass du nicht allein bist. Oft kann das Wissen, dass andere Eltern ähnliche Gefühle durchleben, sehr entlastend sein. Gemeinsam könnt ihr Strategien entwickeln, wie ihr mit diesen Gefühlen umgehen könnt, und euch gegenseitig ermutigen.

Vergiss nicht: Du bist viel mehr als deine Schuldgefühle. Du bist ein Mensch, der liebt, sich einsetzt und gibt. Und diese Gefühle definieren dich nicht. Du darfst sie fühlen, ohne ihnen die Kontrolle zu überlassen. Und du darfst dich selbst mit all deinen Gefühlen annehmen, so wie du bist. Denn du bist genau das Elternteil, das dein Kind braucht. Du bist genug. Viel mehr als genug.

Du hast es geschafft

Du hast es bis hierher in diesem Buch geschafft, und das ist eine riesige Leistung, weil es keine einfachen Themen waren, mit denen wir uns beschäftigt haben. Nimm dir einen Moment, um das wirklich anzuerkennen. Es ist nicht selbstverständlich, sich so intensiv mit sich selbst, mit den eigenen Gefühlen und mit all den Herausforderungen auseinanderzusetzen, die unser Leben mit einem autistischen Kind so besonders machen. Du hast dir die Zeit genommen, dir über dich selbst Gedanken zu machen, dich deinen Ängsten, der Erschöpfung und den Schuldgefühlen zu stellen, das erfordert Mut. Ich weiß, dass das kein leichter Weg ist. Manchmal fühlt es sich an, als würde man mit jedem Schritt neue Hürden entdecken, die einem im Weg stehen. Aber dass du diese Schritte gehst, zeigt, wie viel Kraft und Stärke in dir stecken.

Vielleicht hast du beim Lesen gemerkt, dass dich manches tief berührt und dass es dir schwerfiel, weiterzulesen, weil du dich in vielen Situationen wiedergefunden hast. Und genau deshalb ist es so wichtig, dass du bis hierher durchgehalten hast. Du hast dir erlaubt, ehrlich mit dir selbst zu sein, deine Gefühle anzusehen und sie anzunehmen. Das ist ein riesiger Schritt auf dem Weg zu mehr Leichtigkeit.

Aber vielleicht fragst du dich auch: Wie geht es jetzt weiter? Wie kann man zwischen all den Herausforderungen und Belastungen, die der Alltag mit sich bringt, Leichtigkeit finden?
Es mag wie ein Widerspruch klingen, aber genau darum geht es im nächsten Kapitel. Denn trotz all der Schwere, die uns manchmal begleitet, gibt es Möglichkeiten, wieder mehr Selbstbestimmung und Raum für uns selbst zu schaffen und das fängt oft mit ganz kleinen Schritten an.

5 Ansätze für mehr Leichtigkeit und Selbstbestimmung

Nach den intensiven letzten Kapiteln richten wir nun den Blick nach vorne. Hier findest du einen Wendepunkt, an dem es darum geht, wie wir trotz oder womöglich sogar wegen der Hürden, die uns immer wieder begegnen, zu mehr Leichtigkeit und Selbstbestimmung finden können.

Vielleicht fühlt sich das zunächst an wie ein schwer erreichbares Ziel. Aber genau darum soll es hier gehen: Wie schaffen wir es, den Druck ein Stück weit zu verringern, uns selbst mehr Freiräume zu geben und Entscheidungen zu treffen, die uns und unseren Kindern guttun?

Es geht nicht darum, perfekte Lösungen zu finden oder einen festgelegten Weg zu gehen. Es geht um die kleinen Schritte, die uns zurück zu uns selbst führen, zu einem Leben, das auch aus Momenten der Selbstbestimmung und Leichtigkeit besteht.

In diesem Kapitel möchte ich mit dir Ansätze erkunden, die dir helfen können, wieder mehr zu deinem „Selbst" zu finden, mit dem wir uns am Anfang des Buches so intensiv beschäftigt hatten.

Wir werden uns anschauen, wie du deine Werte als Fundament für deine Entscheidungen nutzen kannst, warum es manchmal Mut braucht, unkonventionelle Wege zu gehen, und wie du deine Selbstbestimmung und die deines Kindes stärken kannst.

Es geht darum, dich zu ermutigen, alte Muster zu hinterfragen, Hilfe anzunehmen und die Resilienz zu stärken, die dich auch in stürmischen Zeiten trägt.

Es ist nicht immer leicht, den Alltag mit all seinen Anforderungen zu bewältigen, und oft verlieren wir dabei uns selbst aus den Augen. Dieses Kapitel soll dich darin bestärken, deinen eigenen Weg zu finden, der zu dir passt und der dir und deinem Kind mehr Freiheit und Leichtigkeit schenkt und mit so wenig Fremdbestimmung wie möglich auskommt.

Du hast schon so viel geschafft, und ich bin sicher, dass du auch auf diesem Weg Schritt für Schritt weiterkommen wirst.

Werte als Fundament

Werte können uns Orientierung geben, ohne dass wir sie unbedingt bewusst wahrnehmen. Sie sind wie ein Fundament oder vielleicht besser wie ein unsichtbarer innerer Kompass, der uns in die richtige Richtung lenkt. Das tut er vor allem dann, wenn alles um uns herum hektisch und chaotisch ist. Aber genau wie unser „Selbst", das wir im Laufe dieses Buches schon näher beleuchtet haben, sind auch unsere Werte nichts Statisches. Sie können sich verändern, mit uns wachsen und sich an neue Lebensumstände anpassen.

Im Alltag mit einem behinderten Kind kann es leicht passieren, dass unsere Werte unscheinbarer werden oder in den Hintergrund treten. Die täglichen Herausforderungen, die vielen Therapien und die unendlichen To-do-Listen bringen uns oft dazu, nur zu funktionieren und die eigenen Prioritäten aus den Augen zu verlieren. Manchmal übernehmen auch die Erwartungen anderer die Führung: „Du solltest dies tun" oder „Das wird von dir erwartet", solche Ratschläge verunsichern uns und lassen uns zweifeln, ob wir unseren eigenen Weg überhaupt noch richtig einschätzen.

Es ist schon verrückt, oder? Gerade in dieser besonderen Lebenssituation bräuchten wir unsere Werte mehr denn je. Sie können uns Halt geben, uns dabei helfen, Entscheidungen zu treffen, die sich richtig anfühlen, und uns zeigen, was wirklich wichtig ist.

Aber genau dann, wenn wir sie am meisten brauchen, verschwimmen sie manchmal, werden leiser oder gehen im Chaos des Alltags unter. Wir funktionieren einfach, weil wir müssen. Und dabei verlieren wir oft aus den Augen, was uns überhaupt antreibt.

Mit der Zeit merken wir vielleicht, dass sich unsere Werte verschieben, ohne dass wir es bewusst wahrgenommen haben. Plötzlich stellt man sich Fragen wie: „Was war mir früher wichtig? Was ist es heute?"

Das passiert nicht selten in Phasen, in denen unser Leben sich komplett verändert. Und auch Werte dürfen sich verändern, genauso wie wir uns verändern. Doch das bedeutet auch, dass wir uns die Zeit nehmen sollten, sie immer wieder bewusst zu hinterfragen, um uns

nicht in den Erwartungen anderer oder in den endlosen Aufgaben des Alltags zu verlieren.
Und genau dazu möchte ich dich jetzt einladen.

Vielleicht fragst du dich, ob es wirklich nötig ist, sich inmitten des ohnehin schon anstrengenden Alltags auch noch mit Werten zu beschäftigen. Ich verstehe das gut, wer hat schon die Energie, sich bei all den Aufgaben, Herausforderungen und Verpflichtungen auch noch in eine Selbstreflexion zu stürzen?
Aber genau da liegt der Punkt: Gerade weil unser Alltag so fordernd ist, können uns unsere Werte den Halt geben, den wir so dringend brauchen.
Unsere Werte sind wie unsichtbare Leitlinien, die uns helfen, auch in turbulenten Zeiten den eigenen Weg zu erkennen. Sie erinnern uns daran, wer wir wirklich sind und was für uns wichtig ist, ohne dass es uns von außen vorgegeben wird. Wenn du dir deiner Werte bewusst wirst, schaffst du eine Grundlage, die dich auch dann stützt, wenn alles um dich herum ins Wanken gerät. Und das ist eine echte Stärke in einer Lebenssituation, in der so viel Unvorhersehbares auf uns zukommt. Es lohnt sich also wirklich, sich die Zeit dafür zu nehmen.
Im Laufe dieses Buches haben wir bereits über unser „Selbst" gesprochen, darüber, wie schwer es oft ist, die eigene Identität zu bewahren, wenn der Alltag so schwierig ist.
Wir haben über Ängste, Erschöpfung und Schuldgefühle gesprochen. Wenn wir jetzt über unsere Werte nachdenken, dann geht es darum, eine Orientierung zu finden, die uns in diesen schwierigen Momenten weiterhilft. Werte geben dir nicht nur Klarheit in Entscheidungen, sie geben dir auch die Kraft, authentisch zu bleiben und dich nicht von den Erwartungen anderer überdecken zu lassen. Das kommt auch besonders im Kapitel zum Tragen, in dem wir uns mit Systemen und Fachkräften auseinandersetzen, die uns immer wieder herausfordern.

Vielleicht denkst du, dass es zu kompliziert ist oder dass du gar nicht weißt, wo du anfangen sollst. Aber das Schöne daran ist: Du musst nicht alles sofort wissen. Es geht nicht darum, eine perfekte Liste zu erstellen, sondern darum, kleine Schritte zu gehen. Deine Werte sind schon da und warten nur darauf, von dir entdeckt zu werden. Du wirst sehen, dass es spannend ist und eine befreiende Wirkung hat, sich klar darüber zu werden, was dir wirklich wichtig ist, so komisch das jetzt auch klingen mag.

Also, lass uns gemeinsam loslegen! Mach dir bewusst, was für dich wirklich zählt. Du wirst sehen, es lohnt sich, denn du gewinnst nicht nur Klarheit, sondern auch die Freiheit, Entscheidungen zu treffen, die wirklich zu dir und deinem Leben passen.

Was sind deine Werte?

Wie kannst du deine persönlichen Werte für dich ermitteln?

Es ist nicht so kompliziert, wie es vielleicht klingt. Nimm dir ein wenig Zeit, setz dich an einen ruhigen Ort und überlege, was dir im Leben wirklich wichtig ist und schreibe auf, was dir in den Sinn kommt. Ich kenne es selbst sehr gut, dass ich manchmal denke, super hilfreiche Gedanken zu haben, die ich bestimmt nie wieder vergessen werde. Und dann sitze ich schon am nächsten Tag da und kann mich nicht mehr erinnern, was genau ich mir überlegt hatte.

Nimm dir daher das Notizbuch, zu dem ich am Anfang des Buches angeregt hatte, und schreibe deine Gedanken auf.

Hilfreich können bei deiner Gedankenreise folgende Impulse sein:

Frage dich: Was gibt mir Kraft?

Wann fühlst du dich stark?

Was gibt dir auch an schwierigen Tagen Energie?

Vielleicht ist es deine tiefe Verbindung zu deinem Kind, vielleicht ist es deine Fähigkeit, trotz aller Herausforderungen ruhig zu bleiben.

Wenn du dich auf diese Momente konzentrierst, kannst du erkennen, welche Werte dahinterstehen. Vielleicht sind es Liebe, Geduld oder Gelassenheit oder ganz andere, die du für dich noch nicht benannt hast.

Denke an Momente, in denen du dich im Einklang mit dir selbst gefühlt hast.

Erinnere dich an Situationen, in denen du das Gefühl hattest: „Ja, genau das bin ich!"

Vielleicht hast du eine Entscheidung getroffen, bei der du dich ganz sicher gefühlt hast, weil sie aus deinem Herzen kam.

Oder es gab einen Moment, in dem du deine eigenen Grenzen klar abgesteckt hast, weil du wusstest, was dir wirklich wichtig ist.

Diese Situationen zeigen dir, welche Werte du schon lebst.

Spiele mit Gegensätzen: Was ist dir absolut *nicht* wichtig?

Manchmal ist es leichter, die Dinge aufzuzählen, die man auf keinen Fall will. Zum Beispiel weißt du vielleicht ganz sicher, dass du nicht nach außen perfekt wirken möchtest, sondern dass dir Authentizität viel wichtiger ist.

Oder du weißt, dass du die Erwartungen anderer nicht erfüllen willst, weil du gelernt hast, dass es nicht deine Aufgabe ist, ständig Erklärungen für dein Leben und das deines Kindes abzugeben.

Durch solche Überlegungen kannst du deine Werte leichter herausfiltern.

Mache eine „Was würde ich niemals aufgeben?" – Liste.

Auch in den stressigsten Momenten gibt es Dinge, die du nie aufgeben würdest, Dinge, die dir immer wichtig bleiben, egal wie sehr sich die äußeren Umstände ändern.

Schreibe diese Dinge auf. Vielleicht ist es die Sicherheit deines Kindes, deine Verbindung zu ihm oder deine eigene Integrität. Vielleicht geht es dabei vor allem um eure Gesundheit?

Indem du diese Liste erstellst, wirst du merken, was für dich wirklich unverzichtbar ist.

Führe ein Werte-Tagebuch.

Schnapp dir dein Notizbuch und schreib über Situationen, die dich im Alltag bewegt haben, positiv wie negativ.

Was hat dich frustriert oder traurig gemacht?

Was hat dir Freude bereitet oder dich stolz gemacht?

Wenn du diese Erlebnisse notierst, wirst du mit der Zeit Muster erkennen. Diese emotionalen Momente zeigen oft, welche Werte dir wirklich am Herzen liegen.

Reflektiere deine Vorbilder.

Denke an Menschen, die du bewunderst oder toll findest. Das kann jemand aus deinem Umfeld sein, aber auch eine öffentliche Person.
Frag dich: Welche Eigenschaften oder Handlungen dieser Person inspirieren dich?
Welche Werte leben sie, die du vielleicht auch in deinem Leben haben möchtest?
Manchmal spiegeln uns unsere Vorbilder genau das, was wir selbst als wertvoll empfinden.

Durchdenke ein „Worst Case" – Szenario.

Stell dir vor, du stehst in einer extrem schwierigen Situation und es gibt keinen eindeutigen „richtigen" oder „falschen" Weg.
Was würdest du tun, wenn du ohne Druck von außen nur auf dich selbst hörst?
Dieses Gedankenexperiment kann dir zeigen, welche deiner Werte wirklich stark sind, besonders dann, wenn du zwischen verschiedenen Optionen abwägen musst.

Bedenke deine Zeit.

Schau dir an, wofür du am meisten Zeit und Energie investierst. Oft zeigt unsere Zeitnutzung ziemlich genau, was uns unbewusst wichtig ist, selbst wenn wir es noch nicht so klar benennen können.
Wenn du merkst, dass du viel Zeit für gewisse Aufgaben oder Menschen aufwendest, frag dich, ob das mit deinen Werten übereinstimmt oder ob du etwas ändern möchtest.

Visualisiere deine Zukunft.

Stell dir deine Zukunft vor.
Wie möchtest du leben?
Welche Werte möchtest du im Alltag umsetzen und an dein Kind weitergeben?

Diese Zukunftsvision hilft dir, Klarheit darüber zu gewinnen, welche Werte für dich den Weg weisen sollen.

Blicke auf Wendepunkte zurück.
Denke an die großen Wendepunkte in deinem Leben zurück, zum Beispiel den Moment, als du die Diagnose deines Kindes erhalten hast.
Solche Schlüsselmomente zeigen oft, welche Werte tief in dir verankert sind, weil sie dich dazu gebracht haben, Entscheidungen zu treffen.

Frage eine vertraute Person.
Manchmal hilft es, einen lieben Menschen zu fragen, was er oder sie an dir schätzt und für welche Eigenschaften du in ihren Augen stehst. Oft sehen andere Dinge in uns, die wir selbst vielleicht nicht bemerken, weil wir im Alltag so sehr funktionieren müssen.

Noch ein paar Tipps für deine Gedankenreise:

Nimm dir kleine Momente der Ruhe, um zu reflektieren.
Du brauchst keine langen Auszeiten, um dir über deine Werte klar zu werden. Nimm dir kleine Pausen im Alltag, vielleicht während einer ruhigen Tasse Tee, einem kurzen Spaziergang, im Auto oder während dein Kind schläft. Diese Momente reichen oft schon aus, um über das nachzudenken, was dir wirklich wichtig ist, denn du musst natürlich keinesfalls alle Fragen auf einmal beantworten.

Schreibe deine Werte auf und hänge sie an einen Ort, den du oft siehst.
Nimm dir bewusst die Zeit, deine Werte einmal klar aufzuschreiben. Wenn du das getan hast, hänge die Liste an einen Ort, an dem du sie immer wieder siehst, zum Beispiel im Küchenschrank, am Spiegel oder in deinem Kalender. Es ist eine Erinnerung daran, wer du bist und was dir wirklich wichtig ist, wenn der Alltag mal wieder chaotisch wird.

Sprich mit anderen darüber.

Manchmal hilft es, mit anderen Eltern oder vertrauten Menschen über deine Werte zu sprechen. Es kann überraschend sein, welche Einblicke du gewinnst, wenn du deine Überlegungen teilst.

Der Austausch mit Menschen, die ähnliche Erfahrungen machen, kann dir dabei helfen und sogar inspirieren, deine Werte noch klarer zu erkennen und zu benennen.

Vorschläge für Werte, die du für dich entdecken könntest:

Liebe: Sie ist die Basis all unserer Entscheidungen. Sie ist die Kraft, die uns jeden Tag weitermachen lässt, auch wenn es schwer ist.

Geduld: Gerade im Alltag mit meinem autistischen Kind möchte ich geduldig bleiben, auch wenn Dinge manchmal länger dauern, als wir es uns wünschen.

Gelassenheit: Ich möchte auch in herausfordernden Situationen gelassen bleiben, um innerlich ruhig zu sein und klar denken zu können.

Verantwortung: Ich trage eine große Verantwortung, und es ist wichtig, das nicht nur als Last, sondern als Ausdruck meiner Liebe und Fürsorge zu würdigen.

Achtsamkeit: Ich möchte den Moment bewusst wahrnehmen und nicht immer an morgen denken. Das hilft mir, die kleinen Erfolge und schönen Augenblicke zu sehen.

Verlässlichkeit: Für mein Kind und für mich selbst da zu sein, ist für mich ein fester Wert, denn Stabilität und Sicherheit sind im Alltag von großer Bedeutung.

Selbstbestimmung: Ich möchte mein Kind und auch mich selbst dazu ermutigen, Entscheidungen zu treffen, die für uns richtig sind. Das ist ein Zeichen von Vertrauen und Stärke.

Freiheit: Ich möchte mein Leben gestalten dürfen, selbst wenn die äußeren Umstände es oft erschweren.

Respekt: Ich möchte mir selbst und anderen gegenüber Respekt zum Ausdruck bringen, auch wenn es schwer fällt. Ich möchte das auch dann, wenn wir auf Unverständnis oder Vorurteile stoßen.

Dankbarkeit: Ich möchte die kleinen Momente der Freude schätzen, auch wenn die Tage herausfordernd sind.

Vertrauen: Ich möchte darauf vertrauen, dass wir unseren Weg finden, selbst wenn es schwierig ist. Ich möchte mich auf meine Intuition verlassen können.

Kreativität: Ich möchte auch unkonventionelle Lösungen für Herausforderungen finden.

Beständigkeit: In einem Alltag, der oft unvorhersehbar ist, ist Beständigkeit ein wichtiger Wert für mich, um den Überblick zu behalten und Stabilität zu schaffen.

Gerechtigkeit: Mir ist wichtig, dass ich für mein Kind einstehe, wenn es notwendig ist. Das ist ein Zeichen von Mut und Selbstachtung.

Mut: Ich möchte immer wieder den Mut finden, neue Wege zu gehen, auch wenn sie unsicher sind. Das zeigt, dass wir bereit sind, uns für das einzusetzen, was uns wichtig ist.

Glaubwürdigkeit: Es ist mir wichtig, dass meine Worte und Taten übereinstimmen und dass andere sich darauf verlassen können, dass ich ehrlich und zuverlässig bin.

Privatsphäre: Ich brauche Räume, in denen ich mich zurückziehen und einfach nur ohne Erwartungen von außen ich selbst sein kann.

Struktur: Ein klarer Plan gibt mir Sicherheit im oft chaotischen Alltag und hilft, den Überblick zu behalten, besonders bei der Organisation rund um mein Kind.

Vertrauen: Vertrauen ist die Basis jeder Beziehung. Ohne Vertrauen wäre es unmöglich, meinem Kind oder mir selbst den nötigen Raum zu geben.

Zufriedenheit: Zufriedenheit bedeutet für mich, kleine Erfolge und Momente des Friedens zu schätzen, auch wenn nicht immer alles perfekt ist.

Ausgeglichenheit: Die Balance zwischen all den Anforderungen zu finden und dabei nicht selbst auf der Strecke zu bleiben, ist ein Wert, den ich anstrebe.

Freundlichkeit: Mit Freundlichkeit im Umgang mit anderen möchte ich ein Umfeld schaffen, das Wärme und Mitgefühl ausstrahlt.

Harmonie: Mir ist wichtig, dass in meinem Umfeld ein friedliches Miteinander herrscht und Konflikte respektvoll gelöst werden können.

Mitgefühl: Ich möchte nicht nur die Gefühle meines Kindes, sondern auch die meiner Mitmenschen wahrnehmen und respektieren.

Solidarität: Gemeinsam schaffen wir mehr, ob in der Familie oder in der Gemeinschaft mit anderen Eltern, Solidarität stärkt uns alle.

Perfektion: Obwohl es manchmal eine Herausforderung ist, strebe ich danach, Dinge so gut wie möglich zu machen, ohne dabei die eigenen Grenzen zu vergessen.

Anerkennung: Es ist mir wichtig, gesehen zu werden, nicht nur für meine Leistungen, sondern auch für den Weg, den ich gehe.

Zuversicht: Hoffnung gibt mir Kraft, auch in schwierigen Zeiten daran zu glauben, dass es wieder besser wird.

Humor: Ein Lachen kann in den herausforderndsten Momenten Wunder wirken und hilft mir, die Dinge leichter zu nehmen.

Selbstvertrauen: Ich möchte an mich selbst und meine Fähigkeiten glauben, um die Herausforderungen im Alltag mit Zuversicht anzugehen.

Wissen: Es ist mir wichtig, immer weiter über mich selbst, über mein Kind und über das Leben zu lernen, um uns bestmöglich zu unterstützen.

Nimm dir die Zeit, deine Werte zu entdecken. Sie sind es, die dir die Richtung weisen, wenn der Weg unklar ist. Sie helfen dir dabei, Entscheidungen zu treffen, die sich stimmig anfühlen und geben dir innere Stärke, selbst in den schwierigsten Momenten.

Kompromisse und unkonventionelle Entscheidungen

Sehr gut! Du hast dir die Zeit genommen, um deine Werte herauszuarbeiten und das ist schon ein richtig großer Schritt.

Vielleicht hattest du schon ein paar Aha-Momente, in denen du gemerkt hast, welche Werte dir wirklich am Herzen liegen. Oder du bist noch dabei, das für dich zu klären.

Bleib dran. Du wirst sehen, wie gut es sich anfühlt, wenn du Entscheidungen treffen kannst, die wirklich zu dir und deinem Leben passen und du dir dessen absolut bewusst bist. Und du wirst auch besser mit Kompromissen umgehen können, denn natürlich ist es nicht so, dass wir immer unsere Werte durchsetzen können.

Und deshalb kommt jetzt die spannende Frage: Wie kannst du sie im Alltag leben und sie als Grundlage für deine Entscheidungen nutzen, auch wenn von außen oft andere Erwartungen an dich herangetragen werden? Denn das sind ja Situationen, die uns allen wohlbekannt sind.

Es gibt Momente, in denen es uns schwerfällt, unseren eigenen Weg zu gehen. Das ist vor allem dann der Fall, wenn uns von außen vorgegeben wird, wie wir als Eltern handeln sollten. Kennst du das? Gut gemeinte Ratschläge, wie du dein Kind „besser fördern" oder „konsequenter erziehen" könntest. Oder diese Sätze, die uns oft das Gefühl geben, nicht genug zu tun: „Das machen doch alle Eltern so." Aber genau hier liegen die Herausforderung und die Chance: Wir dürfen uns erlauben, unkonventionelle Entscheidungen zu treffen, weil unsere Lebenssituation eben nicht der Norm entspricht.

Die Werte, die du für dich herausgearbeitet hast, können dir dabei helfen, auch in schwierigen Situationen den richtigen Kurs zu finden. Sie sind dein innerer Anker, der dich daran erinnert, was dir wirklich wichtig ist.

Wenn du vor einer Entscheidung stehst, sei es eine kleine Alltagsentscheidung oder eine große, die das Leben deines Kindes betrifft, frage dich: Passt das, was ich vorhabe, zu meinen Werten? Stehe ich wirklich dahinter, oder mache ich es nur, weil es von mir erwartet wird? Wenn du erst einmal damit begonnen hast, deine Entscheidungen auf dieser Basis zu treffen, wirst du spüren, wie befreiend es sein kann, sich nicht mehr von außen lenken zu lassen.

Manchmal fühlt es sich allerdings so an, als hätten wir keine Wahl und dass unsere Werte überhaupt keine Rolle spielen. Die äußeren Stimmen sind laut und plötzlich scheint jeder zu wissen, was „richtig" und „falsch" für unser Kind ist. Besonders in Momenten, in denen wir auf Fachkräfte, Behörden oder andere Institutionen angewiesen sind, kann es sich anfühlen, als ob uns die Entscheidungsfreiheit aus der Hand genommen wird. Vielleicht kennst du diese Situationen auch, wenn du das Gefühl hast, andere würden mehr über das Leben deines Kindes bestimmen als du selbst.
Und ja, das ist schwer. Es tut weh, wenn man das Gefühl hat, dass die eigene Meinung nur bedingt zählt oder man sich den Entscheidungen anderer beugen muss, selbst wenn es sich falsch anfühlt.
Aber hier ist der Punkt: Auch wenn wir manchmal keine komplette Entscheidungsfreiheit haben, heißt das nicht, dass wir unsere Werte aufgeben müssen. Diese bleiben unser Anker und unser innerer Kompass, der uns durch solche Situationen trägt.
Es ist völlig in Ordnung, in diesen Momenten Frust, Ohnmacht oder sogar Wut zu spüren. Das sind verständliche Gefühle, und sie zeigen, wie sehr wir für unser Kind da sein wollen. Aber auch in den Momenten, in denen wir uns den Umständen fügen müssen, können wir kleine, aber bedeutsame Entscheidungen treffen, die uns das Gefühl geben, dass wir unseren Werten treu bleiben. Vielleicht können wir nicht alles kontrollieren, aber wir steuern, wie wir damit umgehen und welche Haltung wir einnehmen und wie wir uns Personen gegenüber verhalten.

Suche für solche Situationen Verbündete. Menschen, die deine Werte teilen und dich darin unterstützen, auch in schwierigen Machtverhältnissen einen Weg zu finden, der sich für dich und dein Kind gut oder nach und nach besser anfühlt. Diese Menschen können dir helfen, das Gefühl von Selbstbestimmung zurückzugewinnen, auch wenn die Umstände alles andere als ideal sind.

Sei nachsichtig mit dir selbst. Du machst so viel, und das ist oft mehr, als andere von außen überhaupt sehen oder verstehen. Manchmal geht es nur darum, das Beste aus den Gegebenheiten zu gestalten und sich bewusst zu machen, dass auch kleine Schritte zählen.

Authentisch sein trotz Erwartungen

Vielleicht hast du auch schon die Erfahrung gemacht, dass deine Entscheidungen immer wieder hinterfragt werden. „Warum machst du das so? Warum hast du das in dieser Weise entschieden?" Solche Fragen drängen uns oft in eine Ecke, in der wir uns erklären müssen. Aber genau hier liegt auch die Chance, authentisch zu sein.
Denn das bedeutet, auch in schwierigen Momenten zu sich selbst zu stehen. Es bedeutet, deinen Weg zu leben, auch wenn die gesellschaftlichen Erwartungen eine andere Richtung vorgeben. Natürlich ist das leichter gesagt als getan, wenn wir auf Ablehnung oder Unverständnis stoßen oder andere Personen mehr Entscheidungsgewalt haben.
Aber sich treu zu bleiben, ist eine der wichtigsten Ressourcen, die wir haben. Es stärkt nicht nur uns selbst, sondern auch die Beziehung zu unserem Kind, selbst wenn wir in Situationen geraten, in denen es nicht gelingt. Kinder spüren, wenn wir authentisch sind. Sie merken, wenn wir uns verstellen oder unsicher sind, und das überträgt sich nicht selten auf sie.

Echt zu sein zeigt sich auch im Alltag, und zwar in den kleinen Momenten. Das kann die Art sein, wie wir mit unserem Kind sprechen, wie wir uns selbst eine Pause gönnen oder wie wir unseren Tag gestalten. Sei, wie du wirklich bist, ohne ständig darüber nachzudenken, wie es von außen wahrgenommen wird. Daraus entstehen dann die Momente, in denen du deinem Gefühl folgst und merkst, dass du genau das Richtige tust, auch wenn es nicht dem entspricht, was andere von dir erwarten.
Natürlich braucht es Mut dafür, aber es lohnt sich. Denn wenn wir in Übereinstimmung mit unseren Werten leben und Entscheidungen

treffen, die für uns richtig sind, gewinnen wir etwas, das uns niemand nehmen kann: innere Zufriedenheit (auch wenn es Rückschläge gibt) und das Gefühl, das Richtige für uns und unser Kind zu tun.

Und damit ist jetzt alles paletti? Naja, das wäre zu viel versprochen. Die eigenen Werte zu leben, hat viel mit Selbstbestimmung und Freiheit zu tun und diese neu zu entdecken, kann sich zu einem richtigen Abenteuer entwickeln. Das schauen wir jetzt noch genauer an.

Selbstbestimmung und Freiheit wiederfinden

Selbstbestimmung – dieses Wort klingt nach einer großen Idee, fast schon unerreichbar, wenn man mitten im Alltag mit einem autistischen Kind steckt. Doch genau das ist es, was uns Kraft gibt: sowohl unserem Kind als auch uns selbst Freiräume zu schaffen, in denen wir Entscheidungen treffen können.
Wir fühlen uns schnell fremdbestimmt, denn es gibt so viele äußere Einflüsse, so viele Verpflichtungen und oft das Gefühl, dass der Alltag uns diktiert, was zu tun ist. Umso wichtiger ist es, diese kleinen, aber bedeutsamen Entscheidungen zu erkennen und aktiv zu nutzen. Denn Selbstbestimmung bedeutet nicht, dass alles immer perfekt läuft oder dass wir in jedem Moment die volle Kontrolle über unser Leben haben. Es geht vielmehr um die kleinen Momente, in denen wir bewusst sagen können: „Das entscheide ich jetzt, weil es zu mir und meiner Familie passt."

In diesem Buch geht es um dich als Elternteil und darauf konzentrieren wir uns gleich wieder. Aber bestimmt fragst du dich auch, wie du deinem Kind Selbstbestimmung ermöglichen kannst.
Autistinnen und Autisten erleben oft, dass über ihren Kopf hinweg entschieden wird. Das schwächt ihr Selbstvertrauen und führt dazu, dass sie sich hilflos fühlen. Wenn sie jedoch eigene Entscheidungen

treffen können, stärkt das ihr Selbstbewusstsein und ihre Unabhängigkeit. Gerade für Menschen mit hohem Unterstützungsbedarf ist es entscheidend, so viele Optionen wie möglich zur Selbstbestimmung zu geben. Es mag aufwändiger sein, aber es verbessert ihre Lebensqualität und das Gefühl von Selbstwirksamkeit enorm.

Im Alltag können schon kleine Entscheidungen einen großen Unterschied machen: Welche Kleidung wird getragen? Welches Spiel soll gespielt werden? Indem du deinem Kind diese Freiheiten gibst, stärkst du sein Vertrauen in die eigenen Fähigkeiten. Dabei helfen oft einfache Hilfsmittel wie Bilder, Gebärdensprache oder Tagespläne, wenn zum Beispiel verbale Kommunikation schwierig ist. Diese Visualisierungen machen den Alltag greifbarer und geben Sicherheit.

Natürlich braucht es Zeit und Geduld. Vielleicht kommt es dir so vor, als würde eine Entscheidung ewig dauern. Aber dieser Raum ist wichtig. Und ja, nicht immer ist Zeit für lange Entscheidungsprozesse. Du kannst Optionen begrenzen, um es einfacher zu machen. Wichtig ist, dass dein Kind spürt: seine Wünsche und Entscheidungen zählen. Jede getroffene Entscheidung, jeder kleine Erfolg ist wertvoll. Und auch Fehler sind Teil des Lernprozesses. Zeige deinem Kind, dass es in Ordnung ist, Fehler zu machen, das nimmt den Druck, dass immer alles sofort klappen muss. Wichtig ist, dass eine Assistenz hilft, ohne die Eigenständigkeit zu erdrücken. Gut abgestimmte Unterstützung gibt deinem Kind die Freiheit, selbstbestimmt zu handeln, während in den Bereichen geholfen wird, wo es nötig ist. Auf diese Weise ist Selbstbestimmung auch mit eingeschränkter Selbständigkeit möglich.

Selbstbestimmung ist ein Weg voller kleiner Schritte. Jeder dieser Schritte zählt und stärkt dein Kind und auch dich. Und damit sind wir wieder bei dir.

Denn was ist mit dir und deiner Selbstbestimmung?

Ein Punkt, den wir Eltern oft übersehen, besser gesagt: verlernt haben: unsere eigene Selbstbestimmung.

Es kann so leicht passieren, dass wir uns vollkommen auf die Bedürfnisse unseres Kindes fokussieren und dabei vergessen, dass auch wir Freiräume und Entscheidungen für uns selbst brauchen. Wann hast du das letzte Mal etwas nur für dich entschieden, möglichst auch noch ohne schlechtes Gewissen und ohne dabei die Bedürfnisse deines Kindes, die endlosen To-do-Listen oder den Kalender im Blick zu haben?

Vielleicht ist es eine Kleinigkeit wie die Zeit am Morgen, die du nur für dich nimmst, um einen Kaffee in Ruhe zu trinken. Oder ein Spaziergang, den du bewusst allein machst, um den Kopf frei zu bekommen. Solche kleinen Momente der Freiheit erinnern uns daran, dass wir selbst auch noch da sind, dass wir nicht nur funktionieren müssen, sondern auch das Recht haben, uns um uns selbst zu kümmern. Bei einigen von uns geht die Fremdbestimmung so weit, dass wir nicht mehr schlafen dürfen, wenn wir es dringend nötig haben (und das über Jahrzehnte), dass wir nicht alleine auf Toilette gehen können und es nicht möglich ist, Freunde einzuladen oder zu telefonieren, wenn wir es gerne möchten, weil unser Kind das nicht akzeptiert.

Ich kenne dieses Auf und Ab der Gefühle, das damit verbunden ist, nur zu gut. Es gibt Tage, da fühlt man sich gefangen als würde einem alles entgleiten. Da ist diese Wut, die Enttäuschung, die sich plötzlich breitmacht, weil man das Gefühl hat, alles dreht sich nur um das Kind und nie um einen selbst. Und dann kommt dieser Gedanke: „Warum kann ich nicht einfach mal tun, was ich will?"

In solchen Momenten ist es unglaublich schwer, nicht in den Strudel aus Frust und Resignation zu geraten. Man will stark sein, da sein und trotzdem kocht es innerlich.

Das zuzugeben ist kein Scheitern, sondern ein Zeichen dafür, dass wir lebendige Menschen mit eigenen Bedürfnissen sind. Und ja, manchmal tut es gut, diese Wut einfach mal rauszulassen. Schrei in dein Kissen, geh` in den Wald und lass die Gefühle raus, oder höre deinen Lieblingssong und tanze als gäbe es kein morgen. Hauptsache, es befreit dich für einen Moment.

Was mir in solchen Situationen manchmal hilft, ist die Gewissheit: „Meine Gedanken sind frei." Selbst wenn ich gerade mitten im Chaos stecke, kann ich gedanklich für eine Weile flüchten. Ich stelle mir vor, ich sitze für ein paar Minuten an meinem Lieblingsort. Oder ich stelle gedanklich etwas Verrücktes an oder tue etwas, das ich mich in der Realität niemals trauen würde. Gedanklich kannst du überall hingehen, das gibt dir eine Freiheit, die uns keiner nehmen kann.

Manchmal helfen kleine, praktische Schritte. Vielleicht schnappst du dir eine Aufgabe, die nichts mit deinem Alltag zu tun hat. Pflanze eine Blume, sortiere ein Regal, streiche eine Wand in einer verrückten Farbe. Etwas, das du selbst bestimmen kannst, was nur deins ist und das Gefühl von Selbstbestimmung zurückbringt.

Ein anderer Tipp: mache Dinge mal anders, brich aus Mustern aus und nimm dir kleine Freiheiten. Vielleicht ist es die Freiheit, einen anstrengenden Tag einfach mal anders zu gestalten, indem du alle Regeln über Bord wirfst und tust, was Spaß macht. Oder die Freiheit, einen Termin abzusagen, weil du spürst, dass dein Kind und du gerade eine Pause braucht.

Diese kleinen Freiheiten geben uns das Gefühl, dass wir selbst mitbestimmen und uns nicht kompromisslos allen Umständen und Vorgaben fügen müssen.

Und auch, wenn es paradox klingt: Selbstbestimmung bedeutet manchmal, sich bewusst für das Chaos zu entscheiden. Anzunehmen, dass es okay ist, wenn nicht alles perfekt ist und all die Besserwisser auszublenden. In dem Moment entscheidest du, nicht zu erziehen, nicht neue Strukturen einzuführen, nicht zu therapieren, nicht zu optimieren, nicht dies und das, was „man" so machen muss zu tun. Du entscheidest selbst, was bleiben darf und was nicht.

Selbstbestimmung bedeutet in erster Linie, sich ernst zu nehmen. Es ist kein Luxus, sich Raum für eigene Entscheidungen zu nehmen, sondern eine Notwendigkeit. Denn nur wenn wir uns selbst die Freiheit zugestehen, auf unsere Bedürfnisse zu hören und manchmal „Nein" zu sagen, können wir die Kraft finden, auch für unser Kind da zu sein.

Selbstbestimmung bedeutet allerdings nicht, die komplette Kontrolle über alles zu haben und tun und lassen zu können, was man will. Mit dieser Annahme würden wir schnell wieder frustriert in der Ecke sitzen, denn es ist nun mal nicht wegzudiskutieren, dass wir manchen

Zwängen unterlegen sind, ob wir möchten oder nicht. Entscheidend ist, wie wir mit ihnen umgehen und welche Haltung wir dazu entwickeln.

Natürlich ist das nicht immer leicht und oft stehen wir uns selbst mit hohen Ansprüchen, die wir an uns stellen, durch alte Muster, die uns blockieren, oder durch die innere Stimme, die uns ständig sagt, dass wir mehr tun müssten und uns nicht „falsch" verhalten dürfen im Weg. Manchmal scheint es fast unmöglich, all diese Erwartungen und Verpflichtungen abzuschütteln.

Der erste Schritt ist es, diese inneren Hürden zu erkennen und sie zu reflektieren. Dann können wir nach und nach trotz aller Umstände, die uns tatsächlich, aber häufig auch nur vermeintlich einschränken, Stück für Stück Freiheit zurückerobern.

Im nächsten Kapitel wollen wir uns deshalb genau anschauen, wie wir diese innere Selbstsabotage durchbrechen können und wie wir uns selbst dabei unterstützen, nicht immer die eigenen Bedürfnisse hintenanzustellen.

Selbstsabotage durchbrechen

Selbstsabotage ist ein Thema, das ich sehr gut kenne. Auch wenn ich tief in meinem Inneren weiß, dass eine Veränderung notwendig wäre, fühlt es sich oft so an, als würde man in einem inneren Kampf feststecken: Einerseits weiß man, dass der aktuelle Zustand nicht gut für sich selbst oder das Kind ist, andererseits hält die Angst davor, etwas zu verändern, fest.

Vielleicht kennst du das auch: Du stehst vor einer Entscheidung, die eine deutliche Verbesserung bringen könnte, doch deine Gedanken beginnen, dich zu sabotieren. Da sind diese Stimmen, die dir sagen: „Was, wenn es nicht besser wird?" oder „Was, wenn ich mich irre?" oder „Was, wenn ich es nicht schaffe?" Es ist dieses unsichtbare Netz, das uns festhält, uns vor dem Sprung zu Anderem zurückschrecken lässt, selbst wenn wir wissen, dass der Status quo nicht gut ist.

Gerade wenn Werte wie Sicherheit und Stabilität stark in deinem Leben verankert sind, kann es noch schwieriger sein, eine Veränderung anzustoßen. Wir haben uns im Laufe des Buches bereits mit der Frage beschäftigt, wie wir unsere eigenen Werte leben und authentisch bleiben können. Selbstbestimmung, Freiheit und Authentizität, das sind alles Themen, die wir hier gemeinsam beleuchtet haben. Aber genau an diesem Punkt kann es kompliziert werden, denn wie passt zum Beispiel die Sehnsucht nach Sicherheit zu dem Mut, Neues zu wagen?

Es geht oft nicht darum, große Risiken einzugehen oder radikale Veränderungen durchzusetzen, sondern darum, sich zu erlauben, kleine Schritte zu machen. Doch auch das kann schwierig sein, wenn wir uns ständig selbst ein Bein stellen. Es sind oft kleine, unbewusste Gedanken, die uns sabotieren, wie zum Beispiel: „Das ist zu viel Aufwand", „Was werden die anderen sagen?" oder „Ich mache das später, wenn ich mehr Zeit habe." Oder auch „Was, wenn ich Wichtiges übersehe?" Diese Gedanken klingen vernünftig, aber sie können genau die kleinen Stimmen der Selbstsabotage sein, die uns davon abhalten, zu wachsen, uns zu entfalten und Entscheidendes zu verändern.

Es ist schwer, diese Gedanken zu erkennen, wenn wir sie lange Zeit als Schutzmechanismus genutzt haben. Oft sind sie ein Ausdruck unserer Unsicherheit, unseres Wunsches nach Kontrolle und Stabilität. Aber genau hier liegt der Schlüssel: Wir dürfen uns erlauben, diese Gedanken zu hinterfragen. Nicht immer sind sie die „Wahrheit", auch wenn sie sich so anfühlen und sich an unserem Tisch breit gemacht haben, als würden sie vollkommen selbstverständlich dorthin gehören.

Ein Gedankenexperiment, das mir geholfen hat, ist, mir vorzustellen, wie ich reagieren würde, wenn ich eine liebe Freundin in der gleichen Situation sehe. Würde ich ihr sagen: „Lass es lieber bleiben, das ist zu riskant"? Oder würde ich sie ermutigen, kleine Schritte zu wagen? Oft sind wir mit uns selbst viel strenger als mit anderen und das ist genau die Stelle, an der Selbstsabotage leichtes Spiel mit uns hat.

Was uns helfen kann, sind konkrete Schritte, um diese Selbstsabotage zu durchbrechen. Zum Beispiel, indem wir unsere Entscheidungen bewusst an unseren Werten ausrichten. Wenn einer deiner Werte Sicherheit ist, frage dich: „Wie kann ich diese Entscheidung so treffen, dass sie meinem Bedürfnis nach Sicherheit gerecht wird, aber dennoch Raum für Veränderung lässt?" Vielleicht bedeutet das, erst einmal kleine Schritte zu machen, bevor man sich auf größere Veränderungen einlässt. Vielleicht bedeutet es aber auch, sich von der Vorstellung zu lösen, dass alles perfekt sein muss, bevor du einen neuen Weg einschlägst.

Oder wenn zu deinen Werten „Kreativität" und „Ordnung" gehören, kann sich das auch gehörig in die Quere kommen. Vielleicht darfst du dich fragen, inwieweit ein gewisser Grad an Ordnung deine Kreativität erst recht beflügeln kann.

So ist es häufig spannend, vermeintlich gegensätzliche Werte und Haltungen zu hinterfragen und aus ihnen Neues zu stricken, das Ausdruck deiner Freiheit und Selbstbestimmung ist.

Manchmal gibt es Menschen, die genau wissen, wie sie unsere Selbstsabotage aktivieren können. Sie kennen unsere Schwachstellen und Trigger und nutzen sie, manchmal bewusst, manchmal unbewusst, zu ihrem Vorteil. Es reicht ein Kommentar, der an unserer Erziehungsfähigkeit oder Fürsorge kratzt, und schon kommen wir ins Grübeln: „Mache ich wirklich genug? Bin ich zu nachgiebig? Sollte ich strenger sein?" Solche Zweifel sind perfekte Nährböden für Selbstsabotage, weil sie genau an dem Punkt ansetzen, an dem wir uns ohnehin schon oft unsicher fühlen. Und damit öffnen wir unserem Gegenüber Tür und Tor für Beeinflussung und Manipulation, die womöglich nicht mehr mit unseren Werten und Überzeugungen kompatibel ist.

Ich kenne das sehr gut. Es ist, als würde eine innere Stimme sofort anspringen und sagen: „Vielleicht haben sie ja recht. Vielleicht siehst du etwas nicht oder du machst wirklich einiges falsch." Plötzlich beginnt das Gedankenkarussell, und die Unsicherheit wächst, obwohl wir genau wissen, dass wir uns Tag für Tag den größten Herausforderungen stellen und unser Bestes geben.

Diejenigen, die am lautesten Kritik üben oder in der Mehrheit sind oder die vermeintlich bessere fachliche Expertise haben, sind nicht diejenigen, die automatisch Recht haben.

Gerade in Situationen, in denen wir das Gefühl haben, dass andere unsere Entscheidungen oder unser Handeln in Frage stellen, müssen wir auf unsere Werte und Überzeugungen zurückgreifen. Nur weil jemand eine Schwachstelle bei uns trifft, bedeutet das nicht, dass seine Meinung mehr Gewicht hat als unsere eigene. Es ist völlig in Ordnung, sich abzugrenzen und für sich einzustehen.

Das ist leichter gesagt als getan, ich weiß. Doch genau hier können wir lernen, uns bewusst zu machen, wann wir in die Selbstsabotage abrutschen und warum. Wenn wir spüren, dass wir getriggert werden, können wir einen Schritt zurückgehen und uns fragen: „Warum trifft mich das jetzt so? Was brauche ich gerade wirklich? Was fühlt sich für mich richtig an?" Statt uns von Zweifeln überrollen zu lassen, dürfen wir uns erlauben, wieder zu uns selbst zurückzukehren und das bedeutet manchmal, den Lärm von außen einfach auszublenden. In einem weiteren Schritt könnten wir uns dann auch fragen: „Warum sagt mein Gegenüber das? Welches *seiner* Bedürfnisse liegt dem zugrunde?" Das hilft manchmal dabei, ein konstruktives Gespräch zu führen, aber dazu kommen wir später noch ausführlicher.

Hilfe in Anspruch nehmen

Nachdem wir nun ein Gefühl dafür bekommen haben, wie oft uns Selbstsabotage im Weg steht und dass andere manchmal genau wissen, welche Knöpfe sie drücken müssen, um unsere Unsicherheiten zu verstärken, kommt ein weiterer entscheidender Punkt: Hilfe annehmen. Wenn du es gewohnt bist, immer alles selbst zu stemmen, fühlt sich das wahrscheinlich wie ein Eingeständnis an, nicht stark genug zu sein.

Doch genau darin liegt deine wahre Stärke, wenn du dir selbst zugestehst, dass du in manchen Bereichen Unterstützung brauchst. Hilfe zu holen bedeutet nicht, dass wir versagen. Es bedeutet, dass wir uns genug wertschätzen, um uns selbst und unsere Kinder zu entlasten.

Ich weiß, dass das oft schwer zu akzeptieren ist, gerade weil vielen von uns allzu oft das Gefühl vermittelt wird, dass wir in unserer Rolle als Eltern „versagen", wenn wir nicht alles alleine hinbekommen. Aber genau das ist der Punkt, an dem wir die Kontrolle zurückgewinnen und aktiv sagen können: „Ich darf mir Hilfe holen. Ich muss nicht alles alleine schaffen."

Wer möchte schon gerne zugeben, dass man etwas nicht schafft? Ich glaube, das finden die wenigsten von uns schön. Denn schließlich sind wir diejenigen, die für unsere Kinder, unsere Familie, und für uns selbst stark sein müssen. Das Bild der "Superhelden-Eltern", die alles im Griff haben, ist allgegenwärtig. Aber ehrlich gesagt: Superhelden sind zwar beeindruckend, aber sie sind auch einsam. Und genau das ist der Punkt, an dem wir uns fragen sollten: Ist es wirklich notwendig, alles alleine zu tragen?

Es gibt diese unausgesprochene Erwartung, dass wir als Eltern behinderter Kinder irgendwie übermenschlich sein sollten. Wir müssen geduldig, stark, moralisch absolut integer und unermüdlich sein. Aber das ist eine Illusion. Niemand, wirklich niemand kann alles allein bewältigen, ohne irgendwann an seine Grenzen zu stoßen.

Um Hilfe zu bitten, ist kein Zeichen von Schwäche. Im Gegenteil, es erfordert Mut und Stärke, sich einzugestehen, dass man Unterstützung braucht und sich zu erlauben, diese auch anzunehmen.

Es gibt Zeiten, in denen man sich einfach nur allein fühlt. Das Leben mit einem autistischen Kind kann so fordernd sein, dass man denkt, niemand könnte wirklich verstehen, wie es einem geht. Ich würde das an manchen Tagen einfach gerne rausschreien (und mache es auch). Gerade in solchen Momenten ist es unglaublich wichtig, sich zu erinnern, dass du nicht allein bist und wie wichtig es ist, sich mit anderen Familien zu verbinden.

Vielleicht denkst du: „Wer kann das schon wirklich nachvollziehen?" oder „Ich habe doch sowieso keine Zeit und Energie, mich mit anderen Eltern zu vernetzen." Aber genau diese Verbindungen können eine echte Kraftquelle sein. Es gibt Menschen, die in ähnlichen Situationen sind wie du und die die gleichen Fragen, Sorgen und auch kleinen Erfolge erleben.

Wichtig ist es, sich mit solchen Menschen zu umgeben, mit denen man zwar Sorgen teilen kann, wo wir darüber hinaus aber auch miteinander lachen können (und häufig entwickelt sich ein ganz spezieller Humor) und wir konstruktiv und lösungsorientiert miteinander sprechen. Nur immer Sorgen wälzen führt natürlich nicht dazu, dass wir uns dadurch besser fühlen. Achte daher gut darauf, welche Menschen dir wirklich gut tun und welche eher andere Werte und Haltungen leben, als du selbst. Krafträuber in deinem Leben brauchst du nicht.

Eine wunderbare Möglichkeit, um diese Verbindung zu anderen Eltern zu finden, ist mein geschützter Online-Mitgliederbereich *Forum plus*. Dort treffen sich Eltern, die das Leben mit einem autistischen Kind aus erster Hand kennen. Du wirst eine Gemeinschaft finden, die sich gegenseitig stärkt, Mut macht und genau versteht, was es bedeutet, immer wieder neue Kraft zu schöpfen. Hier bist du nicht allein, sondern inmitten von Menschen, die dieselben Herausforderungen und Erfolge erleben wie du. Es ist ein Ort, an dem du dich öffnen kannst, ohne das Gefühl zu haben, dich ständig erklären zu müssen. Es ist von zuhause aus, Tag und Nacht erreichbar. Und das ist so viel wert!

Natürlich entwickeln sich Online-Angebote mit der Zeit weiter, und es ist möglich, dass sich auch das *Forum Plus* eines Tages verändert oder vielleicht nicht mehr in der jetzigen Form angeboten wird, je nachdem, wann du dieses Buch liest. Doch im Moment ist es eine wunderbare Gelegenheit, dich mit anderen Eltern auszutauschen, die ähnliche Herausforderungen erleben wie du. Nutze diese Chance, solange sie besteht, denn solche Verbindungen sind unbezahlbar – gerade, wenn du dich verstanden und unterstützt wissen möchtest.[5]

Vielleicht wünschst du dir aber auch Kontakte vor Ort, Menschen, die du persönlich treffen kannst. Das kann unglaublich wertvoll sein. Vielleicht gibt es bei dir in der Nähe Selbsthilfegruppen oder

---

[5] Aktuell (2025) findest du das Forum bei www.ellasblog.de

Elternstammtische. Solche Treffen bieten oft genau das, was du brauchst: echten Austausch und das Gefühl, dass du nicht alleine bist. Es lohnt sich, diesen Schritt zu gehen. Manchmal reicht schon ein Gespräch mit jemandem, der die gleichen Höhen und Tiefen erlebt, um wieder Hoffnung zu schöpfen. Vielleicht findest du dort nicht nur Trost, sondern auch ganz praktische Tipps und Ideen, wie du Herausforderungen meistern kannst. Oft kommen die besten Ratschläge von anderen Eltern, die gerade genau da stehen, wo du bist oder diese Lebensphase schon hinter sich gelassen haben.

Und wenn es so etwas noch nicht gibt? Warum nicht den Mut fassen, selbst eine Gruppe ins Leben zu rufen? Manchmal reicht schon eine kleine Initiative, um Gleichgesinnte zusammenzubringen. Vielleicht gibt es in deiner Stadt oder Region weitere Menschen, die genau wie du nach einem Netzwerk suchen. Sei mutig, nimm die Sache in die Hand, du wirst erstaunt sein, wie viel positive Resonanz kommen kann.

Vielleicht kennst du darüber hinaus das Gefühl, dass es leichter ist, alles selbst zu machen, anstatt jemand anderen um Hilfe zu bitten. Oft denken wir, dass es weniger Aufwand bedeutet, wenn wir es selbst tun, weil das Erklären und Einweisen einer anderen Person mehr Zeit und Energie in Anspruch nehmen könnte. Doch dieser Gedanke führt uns in eine Sackgasse. Wenn wir alles alleine machen, bleibt irgendwann keine Zeit mehr für uns selbst.

Es ist verständlich, dass viele von uns davor zurückschrecken, sich Unterstützung zu holen. Wir sind es gewohnt, alles selbst in der Hand zu haben, weil wir unser Kind am besten kennen und uns als die Expertinnen und Experten für seine Bedürfnisse sehen. Gerade bei einem behinderten Kind, das besondere Betreuung erfordert, fällt es schwer, die Verantwortung an jemand anderen abzugeben. Manchmal haben wir auch das Gefühl, dass andere es einfach nicht „richtig" machen. Aber ich habe gelernt, dass „anders" nicht immer „falsch" bedeutet – im Gegenteil, es kann eine Bereicherung sein, sowohl für uns als auch für unser Kind.

Wenn wir jemandem vertrauen und uns die Unterstützung holen, die wir brauchen, entlasten wir uns nicht nur selbst, sondern schaffen auch Raum für unser Kind, andere Menschen und neue Erfahrungen kennenzulernen. Es kann sehr wertvoll sein, zu erleben, dass unterschiedliche Personen auf verschiedene Arten mit Herausforderungen umgehen. Diese Erfahrungen können dazu beitragen, dass unser Kind lernt, auch außerhalb der vertrauten Strukturen zurechtzukommen. Gleichzeitig gibt es uns die Möglichkeit, einmal durchzuatmen und uns selbst wieder aufzuladen.

Ich weiß, dass es für viele von uns schwer ist, diesen Schritt zu gehen. Es braucht Vertrauen, Geduld und oft auch die Bereitschaft, sich langsam heranzutasten. Vielleicht kennst du das auch: Das Gefühl, dass niemand in deinem Umfeld dein Kind so betreuen kann, wie du es tust. Aber es gibt Wege, das Vertrauen Schritt für Schritt aufzubauen. Es muss nicht von heute auf morgen passieren. Du kannst beginnen, indem du bei den ersten Treffen mit dabei bist, sodass dein Kind sich in deinem Beisein an eine neue Person gewöhnen kann. So kannst du auch beobachten, wie dein Kind auf die Betreuungsperson reagiert und ob es sich wohlfühlt.

Verhinderungspflege oder das Persönliche Budget sind wertvolle Möglichkeiten, um Entlastung zu organisieren. Du kannst damit Unterstützung erhalten, die dir Freiräume ermöglichen, um Kraft zu schöpfen. Diese Angebote sind nicht nur dazu da, um eine Lücke zu füllen, sondern sie helfen auch, wieder mehr Leichtigkeit und Selbstbestimmung in den Alltag zu bringen. Oft ist es nicht einfach, geeignete Personen zu finden, aber gib nicht auf. Es lohnt sich, wenn du nach und nach ein tragfähiges Netzwerk aufbaust. Es werden immer wieder neue Personen hinzukommen, während andere gehen. In Summe sind es Erfahrungen, die euch für die Zukunft sehr hilfreich sein können.
Manchmal ist es trotzdem nicht genug, sich nur auf das eigene Netzwerk zu verlassen. Es gibt diese Momente, in denen wir uns eingestehen müssen, dass wir allein nicht weiterkommen und dass es vollkommen in Ordnung ist, sich professionelle Unterstützung zu suchen. Und ich weiß, das ist nicht immer leicht, weil da diese Sorge ist, als „überfordert" oder „unfähig" abgestempelt zu werden. Aber genau das Gegenteil ist der Fall: Indem du dir Hilfe holst, übernimmst du Verantwortung für dich selbst und für dein Kind.

Ich kann auch gut nachvollziehen, wenn du schlechte Erfahrungen gemacht hast. Nicht jede Fachkraft ist sofort die passende, und manchmal haben wir das Gefühl, dass uns niemand wirklich versteht. Aber es gibt auch so viele wunderbare Menschen, die es wirklich gut meinen, die kompetent und einfühlsam sind und die dir und deinem Kind eine echte Stütze sein können.

Vielleicht magst du dir nochmal die Werte anschauen, die du in einem der vorherigen Kapitel für dich erarbeitet hast. Sie können eine wichtige Orientierung sein, wenn es darum geht, dass wir uns Unterstützung organisieren.

Wenn du beispielsweise den Wert der Selbstfürsorge oder Verantwortung für dich definiert hast, erinnere dich daran, dass es kein Widerspruch ist, um Hilfe zu bitten. Es ist ein Ausdruck dieser Werte. Freiheit und Selbstbestimmung können bedeuten, dass du bewusst entscheidest, wann und wo du Unterstützung suchst, um dir und deinem Kind den Raum zu geben, den ihr braucht.

Vielleicht spürst du den Wunsch nach Stabilität und genau deshalb ist es umso wichtiger, ein tragfähiges Netzwerk aufzubauen, das dir dabei hilft, diesen Wert zu leben.

Wenn du den Wert der Gemeinschaft schätzt, dann erinnere dich daran, dass es eine Bereicherung ist, sich mit Gleichgesinnten zu verbinden, sei es online oder vor Ort.

Letztlich geht es darum, einen Einklang zu finden zwischen deinen Werten und den notwendigen Schritten, die dir und deinem Kind mehr Leichtigkeit und Freiheit bringen. Die Überwindung von Hemmungen und Stolpersteinen ist kein Rückschritt, sondern ein wichtiger Teil dieses Weges. Lass dich dadurch nicht entmutigen.

6 Wege zur Resilienz im Alltag

Resilienz. Ein Begriff, den wir oft in Artikeln, Gesprächen oder in gut gemeinten Ratschlägen hören. Aber was bedeutet Resilienz eigentlich? Ich könnte nun verschiedene Definitionen zitieren, möchte aber lieber beschreiben, was es in unserem Kontext bedeutet. Im Kern beschreibt Resilienz die Fähigkeit, schwierige Lebenssituationen zu bewältigen, ohne daran zu zerbrechen. Es ist die psychische Widerstandskraft, die uns nach einem Rückschlag wieder aufstehen oder gar nicht erst hinfallen lässt, die uns hilft, mit Stress umzugehen und in Krisen einen klaren Kopf zu behalten. Manchmal wird Resilienz auch als Fähigkeit beschrieben, den Mut nicht zu verlieren, selbst wenn der Weg steinig ist.

Doch Resilienz ist nicht nur eine Fähigkeit, die wir einfach „haben" oder nicht. Viele Experten sehen Resilienz vielmehr als einen Prozess, also als ein dynamisches Zusammenspiel aus Erfahrungen, inneren Stärken und äußeren Unterstützungen. Sie entwickelt sich im Laufe des Lebens, wächst mit uns und passt sich immer wieder an die Umstände an. Niemand ist von Natur aus resilient, es ist etwas, das wir Schritt für Schritt aufbauen können.

Dabei ist Resilienz mehrschichtig. Es geht um die innere Stabilität, die uns durch stürmische Zeiten trägt, aber auch um die Flexibilität, uns an neue Situationen anzupassen. Resilienz zeigt sich, wenn wir nach einem schwierigen Tag trotzdem wieder aufstehen, wenn wir in einer Krise nach Lösungen suchen oder wenn wir die Fähigkeit entwickeln, auf uns selbst zu vertrauen.

Was Resilienz besonders macht, ist, dass sie nicht nur aus einer einzigen Stärke besteht. Sie ist vielmehr ein Zusammenspiel vieler Faktoren: zum Beispiel Optimismus, Problemlösefähigkeiten, Selbstvertrauen und auch das Wissen, dass wir nicht allein sind. Sie entsteht aus den Ressourcen, die wir in uns tragen, und den Menschen, die uns unterstützen.

Für mich ist Resilienz auch die Kunst, die eigene Haltung zu verändern. Es ist nicht immer leicht, aber Resilienz bedeutet, nicht in einem ständigen „Wann wird es besser?" zu verharren, sondern anzuerkennen, dass der Weg Teil des Lebens ist. Es geht nicht darum, Herausforderungen auszublenden oder zu leugnen, sondern darum, sie anzunehmen und daran zu wachsen.

Und vielleicht das Wichtigste: Resilienz ist keine Frage der Perfektion. Sie bedeutet nicht, immer alles unter Kontrolle zu haben oder niemals zu scheitern. Resilienz ist die Fähigkeit, sich trotz Rückschlägen weiterzuentwickeln, das Vertrauen in sich selbst nicht zu verlieren und die eigene Stärke zu entdecken.

Klingt alles ziemlich gut, oder? Resilienz als innere Stärke, als Prozess, als etwas, das uns trägt und wachsen lässt. Aber vielleicht fragst du dich jetzt: „Wie komme ich da hin? Wie entwickle ich diese Resilienz, wenn ich mich gerade eher erschöpft und kraftlos fühle?"

Das ist eine berechtigte Frage, und ich möchte dir hier keine theoretischen Lösungen präsentieren, die weit weg von deinem Alltag sind. Stattdessen schauen wir uns im nächsten Abschnitt an, wie du Schritt für Schritt deine Resilienz auf eine Weise stärken kannst, die zu dir und deinem Leben passt – und zwar ohne den Druck, dass es ein weiteres To Do auf deiner Liste ist.

Resilienz ist kein Ziel, das am Ende des Weges steht, sondern passt sich immer wieder an. Und das Schöne daran ist, dass es Freude macht, sobald du merkst, wie sich etwas bewegt, du kleine Fortschritte spürst und siehst, dass du stärker bist, als du vielleicht dachtest.

Wie du deine Resilienz stärken kannst

Zum Thema Resilienz gibt es ganze Bücher, und das aus gutem Grund, schließlich ist sie eine der wichtigsten Fähigkeiten, die wir entwickeln können, um im Alltag nicht unterzugehen.

Wir konzentrieren uns hier darauf, was uns als pflegende Angehörige autistischer Kinder wirklich helfen kann und was auch im täglichen Leben machbar ist. Resilienz ist für uns kein zusätzlicher Luxus, sondern eine unverzichtbare Quelle, aus der wir Kraft schöpfen können. Und weil Resilienz keine feste Eigenschaft ist, sondern wie ein Muskel gestärkt und gepflegt werden muss, möchte ich dir hier

Ansätze zeigen, die realistisch sind und die du sofort in dein Leben integrieren kannst.

Oft bleiben wir in Gedanken bei den vielen Anzeichen von Überlastung hängen, Schlafstörungen, anhaltende Erschöpfung, Reizbarkeit, um nur einige zu nennen. Aber wir legen jetzt den Fokus darauf, konkrete Schritte zu finden, die uns aus diesem Gefühl der Überforderung herausholen.

Diese Strategien können keine professionelle Unterstützung ersetzen, und wenn dich Symptome wie dauerhafte Niedergeschlagenheit oder starke körperliche Beschwerden beunruhigen, zögere bitte nicht, ärztliche Hilfe in Anspruch zu nehmen. Ein vertrautes Gespräch kann Klarheit bringen, dir Sicherheit geben und zeigen, dass du in dieser Situation nicht allein bist.

Ein erster Schritt, um deine Resilienz zu stärken, ist **Ehrlichkeit zu dir selbst.** Manchmal vergessen wir, wie viel wir eigentlich leisten und wie belastend diese Verantwortung ist. Es ist in Ordnung, wenn du dir eingestehst, dass das Leben, das du führst, fordernd und anstrengend ist. Das hat nichts mit Schwäche zu tun, sondern zeigt, wie stark du im Alltag bist. Überlege, ob dein Belastungsempfinden in letzter Zeit zugenommen hat, und frage dich, ob du vielleicht genauer hinschauen solltest.

Ich weiß, wie schwer es oft sein kann, die eigene Situation anzunehmen. Aber **Akzeptanz** bedeutet nicht, aufzugeben oder alles schönzureden. Es bedeutet, anzuerkennen, was unveränderbar ist, ohne ständig dagegen anzukämpfen. Wenn wir akzeptieren, dass unsere Lebenssituation anders ist, schaffen wir Raum für neue Perspektiven. Akzeptanz bringt Ruhe in unsere Gedanken, weil wir die Energie, die wir fürs Kämpfen brauchen würden, in andere Themen stecken können. Sie öffnet uns die Möglichkeit, Veränderungen anzugehen, die wirklich machbar sind. Und ja, auch Akzeptanz ist ein Prozess. Es ist keine Entscheidung von heute auf morgen, sondern ein schrittweises Lernen, das Leben so anzunehmen, wie es ist.

Lösungsorientiert zu **denken** und zu handeln bedeutet nicht, die Probleme zu ignorieren oder kleinzureden. Es bedeutet, den Blick nach vorne zu richten und kleine Schritte zu finden, die dich aus der Sackgasse führen können. Was kannst du jetzt tun, um die Situation ein kleines bisschen besser zu machen? Vielleicht sind es winzige Maßnahmen wie eine andere Herangehensweise an eine schwierige Aufgabe oder der Mut, ein unangenehmes Gespräch zu führen, das längst überfällig ist. Es geht nicht darum, alle Probleme auf einmal zu lösen, sondern darum, die Kontrolle über das zurückzugewinnen, was dir in diesem Moment möglich ist, und genau da anzusetzen.

Wenn du beginnst, selbst kleine Lösungen zu sehen, gewinnst du Stück für Stück mehr Zuversicht. Du zeigst dir selbst, dass es einen Weg gibt, auch wenn er vielleicht anders aussieht, als du es dir ursprünglich vorgestellt hast. Denk daran, dass es oft nicht der eine große Plan ist, der den Unterschied macht, sondern die kleinen Veränderungen im Alltag, die sich summieren und langfristig etwas bewirken.

Erlaube dir, mutig zu sein, auch wenn die Schritte klein erscheinen. Jedes Mal, wenn du handelst – und sei es noch so unscheinbar – beweist du, dass du etwas bewegen kannst. Genau das gibt dir die Kraft, weiterzugehen, und zeigt deinem Kind, dass es sich lohnt, auch in schwierigen Momenten nicht aufzugeben. Veränderung beginnt oft leise, aber sie ist möglich. Und genau das ist es, was dich immer wieder nach vorne bringen kann.

Eltern autistischer Kinder entwickeln oft eine unglaublich ausgeprägte Empathie für ihre Kinder. Wir spüren ihre Bedürfnisse, noch bevor sie sie äußern können, und richten unser Leben danach aus. Aber wie oft wenden wir diese **Empathie** auch auf und **für uns selbst** an? Wahrscheinlich viel zu selten.

Stell dir vor, du würdest mit einer Freundin sprechen, die genauso erschöpft, unsicher oder belastet ist wie du. Was würdest du ihr sagen? Vermutlich etwas Liebevolles, Unterstützendes und Ermutigendes. Warum also nicht auch zu dir selbst? Wir alle haben es verdient, mit den gleichen freundlichen Augen auf uns zu blicken, mit denen wir unsere Kinder oder Freunde sehen. Oft höre ich den Einwand, dass es schlicht keine **Zeit für Pausen** gibt. Der Gedanke ist verständlich, und ich kenne ihn selbst sehr gut. Aber Pausen müssen nicht lang und ausgedehnt sein, um ihre Wirkung zu entfalten. Schon ein paar Minuten, in denen du bewusst tief atmest, dich streckst, Musik hörst, unter einem Baum sitzt, einen Cappuccino trinkst oder eine kurze Meditationsübung machst, können die Gedanken beruhigen und dir helfen, kurz aus dem Strudel des Alltags auszubrechen.

Wenn du wartest, bis du Zeit für lange Pausen hast, den regelmäßigen Pilateskurs (den die Freundin besucht), das Yogaretreat (das die Nachbarin gebucht hat) oder den Kurzurlaub an der Ostsee (den eine Mutter aus der Schule angepriesen hat), wartest du vielleicht für immer. Die kleinen Pausen, die wir uns gönnen, sind die Basis, die uns im Alltag trägt und machen den Unterschied für uns. Und du kannst sie sofort umsetzen.

Welche kleine Auszeit würde dir gut tun? Was ist realistisch, um es in deinen Alltag zu integrieren?

Seien wir ehrlich: Als Eltern autistischer Kinder schieben wir **unsere eigene Gesundheit** oft ganz weit nach hinten. Es gibt immer etwas Wichtigeres in unserem Kopf und in unserem Alltag. Doch genau das rächt sich irgendwann, vielleicht nicht sofort, aber irgendwann. Deine Gesundheit ist nicht nur für dich, sondern auch für dein Kind wichtig. Denn wenn du körperlich und emotional erschöpft bist, fehlt dir auf Dauer die Kraft, all das zu leisten, was der Alltag von dir fordert.

Dabei geht es nicht um Perfektion oder große Veränderungen. Es müssen keine langen Sporteinheiten oder komplizierten Ernährungspläne sein. Schon kleine Schritte können einen Unterschied machen.

Denk auch an die Dinge, die du vielleicht schon länger vor dir herschiebst: Vorsorgeuntersuchungen, die du schon seit Monaten machen wolltest, oder ein Termin beim Arzt, den du immer wieder verschoben hast. Ja, ich weiß, das klingt wie eine weitere Aufgabe, die in den ohnehin vollen Alltag gequetscht werden muss. Aber genau diese Termine sind keine Zeitverschwendung, sondern ein Zeichen der Fürsorge für dich selbst. Wann hast du dich das letzte Mal um deine Gesundheit gekümmert? Möchtest du dir vielleicht gleich einen Termin eintragen?

Ich möchte dich daran erinnern: Du bist wichtig. Deine Gesundheit ist wichtig. Sich darum zu kümmern, ist kein Egoismus. Was könntest du heute für dich tun, das dir gut tut und dir zeigt, dass auch du auf deiner eigenen Liste ganz oben stehen darfst?

Manchmal hilft es, **Prioritäten** zu **setzen**. Es gibt Momente, in denen gedankliches Sortieren ein echter Freund sein kann. Wenn das Chaos überhandnimmt und du das Gefühl hast, nichts mehr unter Kontrolle zu haben, frag dich: „Was ist jetzt gerade wirklich wichtig?" Vielleicht ist es nur die nächste Mahlzeit, die organisiert werden muss, oder die Ruhepause, die du dringend brauchst. Alles andere kann warten.
Das bedeutet nicht, dass du deine Ansprüche aufgeben musst, sondern dass du lernst, mit dem zu arbeiten, was gerade da ist, dort wo deine Energie gerade am meisten gebraucht wird. Vielleicht ist es nicht das, was du dir gewünscht und vorgenommen hattest, aber es reicht, um den Tag zu schaffen. Und manchmal ist das mehr als genug.

Auch wenn wir uns das vielleicht manchmal wünschen, wird selten jemand kommen und unsere Situation von außen "reparieren". Es ist unsere Aufgabe, **Eigenverantwortung** zu **übernehmen**. Damit meine ich nicht, dass du alles alleine stemmen musst. Es geht darum, deinen Teil beizutragen und dir bewusst zu machen, wo du aktiv werden kannst und wo du Unterstützung brauchst.
Eigenverantwortung bedeutet, Entscheidungen zu treffen, die sich gut für dich anfühlen, auch wenn sie nicht immer von außen verstanden werden. Es bedeutet, zu erkennen, dass du nicht allen Erwartungen gerecht werden musst, sondern dass es in Ordnung ist, deinen eigenen Weg zu gehen.

Ebenso wichtig ist es, dir gezielt **Unterstützung** zu suchen. Gerade der Alltag kann uns schnell isolieren und uns das Gefühl geben, allein zu sein. Viele Eltern denken, dass ihre Probleme niemand versteht oder dass es sowieso niemanden gibt, der wirklich unterstützen kann. Doch Familie, Freunde und Freundinnen oder Selbsthilfegruppen können Halt geben, auch wenn es oft eine Herausforderung ist, sie zu finden. Wenn du schon schlechte Erfahrungen gemacht hast, gib nicht auf – es gibt Menschen, die bereit sind, zu helfen und deine Sorgen zu teilen. Manchmal sind unsere Mitmenschen unsicher, von sich aus Hilfe anzubieten. Sobald wir sie offen ansprechen, sind viele bereit zu helfen.

Ein stabiles **Netzwerk** gibt uns Eltern eine unersetzliche Stütze. Gib deshalb nicht auf, auch wenn weniger gute Erfahrungen hin und wieder dazu gehören. Lies dazu eventuell nochmal das Kapitel zum Thema „Hilfe annehmen".
Wen könntest du fragen? Mit wem hast du schon lange nicht mehr gesprochen? Welches bereits bestehende professionelle Netzwerk könntest du nutzen?

Bei allen Herausforderungen ist es entscheidend, **Grenzen** zu **setzen**. „Aber ich kann doch nicht alles einfach abblocken", höre ich oft. Nein, das musst du auch nicht. Doch wir haben häufig einen inneren Drang, alles selbst machen zu wollen, um für unser Kind bestmöglich da zu sein.
Tatsächlich ist es in Ordnung, Grenzen zu setzen und „Nein" zu sagen, wenn es zu viel wird. Dieses „Nein" ist kein Zeichen von mangelnder Fürsorge, sondern ein „Ja" zu dir selbst. Wenn du deine Grenzen erkennst und sie setzt, schaffst du eine stabile Basis, auf der du für dein Kind und für dich selbst da sein kannst.
Was wolltest du schon lange loswerden? Wo möchtest du in Zukunft „nein" sagen oder dir Bedenkzeit ausbitten, bevor du sofort „ja" sagst?

Eine der größten Fallen, in die wir als Eltern oft geraten, ist der Perfektionismus. Der Wunsch, alles perfekt zu machen, kann uns geradezu erdrücken und viele von uns fürchten, dass sie die Verantwortung nicht gerecht ausfüllen, wenn etwas nicht perfekt läuft. Dabei braucht dein Kind keine perfekte Unterstützung; es braucht liebevolle und präsente Eltern.
Der Mut, sich **vom Perfektionismus** zu **lösen**, bedeutet, die eigenen Anstrengungen zu würdigen und zu akzeptieren, dass „gut genug" oft wirklich ausreichend ist. Das Loslassen von Perfektionismus kostet am Anfang Überwindung, bringt aber auf Dauer eine große

Erleichterung. Ich muss gestehen, dass das für mich eine der schwersten Lektionen ist.

Was ist ganz ok in deinem Leben und muss nicht weiter verbessert werden? Wo kannst du zufrieden sein?

Resilienz wird auch dann gestärkt, wenn wir unsere **eigenen Erfolge würdigen**. Wir haben oft so viel zu tun, dass wir kaum Zeit finden, anzuerkennen, was wir bereits geschafft haben.

Vielleicht war es ein Moment, in dem du für dich selbst gesorgt hast, oder eine Situation, in der du gut auf dein Kind eingegangen bist. Oder du hast ein wirklich gutes und vermittelndes Gespräch führen können. Halte diese Erfolge fest, ob in Gedanken oder schriftlich, sie sind die positiven Rücklagen, die dir in schwierigen Zeiten Mut und Kraft geben.

Welchen kleinen Erfolg möchtest du für dich würdigen? Was hat gut geklappt?

Und vergiss nicht, auch **„Dates" mit dir selbst oder deinem Partner oder deiner Partnerin** zu planen. Für viele von uns klingt das nach Luxus oder einfach unrealistisch, aber kleine Momente für sich selbst oder ein Miteinander zu schaffen, ist keine Zeitverschwendung, sondern Selbstfürsorge. Plane feste Zeiten ein, in denen du dir selbst Gutes tust. Trage diese Dates mit dir oder auch gemeinsame Verabredungen in den Kalender ein, so wie du es bei einem vereinbarten Arzttermin tust.

Diese Auszeiten müssen keine großen Unternehmungen sein – es reicht, kleine Momente zu schaffen, in denen du dich um dich selbst kümmerst und deine Beziehung mit kleinen Gesten pflegst. Frage dich, was dir früher Freude gemacht hat, und integriere diese Dinge wieder in deinen Alltag, selbst wenn es nur für ein paar Minuten ist.

Was hat dir früher Spaß gemacht? Was möchtest du wieder zurück in deinen Alltag holen? Wann planst du das nächste Date mit dir? Wie könntest du einen achtsamen Abend mit deinem Partner bzw. deiner Partnerin gestalten?

Ein wichtiger Punkt auf dem Weg zu einer stärkeren Resilienz ist es auch, deine **Erwartungen anzupassen**. Gerade als Eltern autistischer Kinder erleben wir oft Enttäuschungen, sei es durch andere Menschen oder durch Situationen, die anders verlaufen, als wir gehofft hatten. Es kann traurig sein, die Erwartungen zurückzuschrauben, doch es schützt uns auch vor Enttäuschungen und Frust.

Und auch deine Erwartungen an dich selbst verdienen einen realistischen Blick. Setze dir erreichbare Ziele und freue dich über die kleinen Schritte, die ihr gemeinsam geht.

Wirst du regelmäßig enttäuscht? Möchtest du dazu deine Erwartungen überdenken? Wo erwartest du auch von dir selbst zu viel?

Ich weiß, dass **Zuversicht** manchmal wie ein ferner Stern wirkt, besonders wenn der Alltag dich mit Herausforderungen überschüttet. Aber Zuversicht ist nicht etwas, das wir uns verdienen müssen, sie ist eine Entscheidung.

Sie bedeutet, darauf zu vertrauen, dass wir einen guten Weg finden werden und dass es auch für unser Kind Entwicklungsmöglichkeiten gibt, auch wenn wir sie vielleicht aktuell noch nicht sehen. Vielleicht nicht immer sofort und genau so, wie wir es uns vorstellen, aber sie sind da. Wenn es dir schwerfällt, zuversichtlich zu sein, frag dich: „Was hat in der Vergangenheit schon funktioniert?" Schau auf die kleinen und großen Erfolge, die du und dein Kind erlebt habt. Auch wenn sie vielleicht anders aussehen als bei anderen Familien, sind sie ein Beweis dafür, dass Fortschritt möglich ist.

Alternativer Zugang ohne To-Dos

Zum Abschluss dieses Kapitels möchte ich dir noch einen anderen Zugang zur Resilienz eröffnen, einen, der sich nicht wie eine weitere Aufgabe auf deiner langen To-Do-Liste anfühlen soll. Denn ich weiß: Als Eltern autistischer Kinder leben wir in einem Alltag, der alles andere als planbar ist. Resilienz aufzubauen und für sich zu sorgen, klingt oft wie ein weiterer Punkt, den man noch in das bereits übervolle Leben hineinpacken soll. Aber was, wenn wir den Blickwinkel ändern? Was, wenn Resilienz keine Aufgabe wird, sondern uns unterstützt, entlastet und auch Freude bereiten kann?

Deinen Tag zu gestalten, bedeutet meistens, spontan auf das zu reagieren, was gerade passiert. Pläne sind oft nur Vorschläge, die von der Realität über den Haufen geworfen werden. Gerade diese ständige Flexibilität und Bereitschaft kostet viel Energie. Aber vielleicht liegt darin auch ein Schlüssel: Wenn wir wissen, dass Flexibilität zu unserem Leben gehört, dann können wir auch **für unsere Erholung und Kraftquellen eine neue, flexible Form finden**.

Statt dir jetzt Tipps wie „Mehr schlafen, Pausen einplanen und Entspannung üben" zu geben, lade ich dich alternativ dazu ein, kleine, flexible Momente für dich selbst in den Alltag zu schmuggeln, die dir wirklich guttun und dich nicht weiter belasten. Es geht dabei nicht darum, zusätzlich Zeit zu finden, sondern bewusst kurze Momente so zu gestalten, dass sie zu dem passen, was du ohnehin gerade tust. Vielleicht findest du darin einen Funken Neugier und Freude.
Ein konkretes Beispiel: Wenn du merkst, dass dein Kind gerade eine Beschäftigung gefunden hat und du für ein paar Minuten nicht gebraucht wirst, aber anwesend bleiben musst, mach dir nicht direkt Gedanken über die nächste Aufgabe, die du nebenbei erledigen könntest. Nimm diese Minuten wirklich nur für dich. Nimm dir eine Tasse Tee und atme tief durch. Es geht dabei um diese ganz kleinen, nicht planbaren Momente, die dir neue Kraft schenken. Gönne dir für einen kurzen Augenblick die Erlaubnis, dich gedanklich in etwas

zu vertiefen, das nichts mit den Anforderungen um dich herum zu tun hat.

Anders gesagt: Bestimmt kennst du die Momente, in denen du einfach „da sein" musst, ohne aktiv etwas tun zu können. Vielleicht bist du gerade dabei, dein Kind zu beruhigen oder wartest geduldig, bis es sich in einer Aktivität, die ihm Sicherheit gibt, geborgen fühlt. Oft fühlen wir uns in solchen Momenten so, als ob wir Zeit verschwenden, weil nichts „Produktives" passiert. Doch genau hier liegt ein Schatz verborgen: Unsere Gedanken sind frei, und auch wenn wir äußerlich einfach nur dasitzen, können wir innerlich tun, was uns stärkt und bereichert. Ich schreibe regelmäßig Blogbeiträge und auch Teile meiner Bücher in solchen Momenten, indem ich sie gedanklich vorsortiere. Das tut mir richtig gut, weil ich mich in der Situation nicht so „verhaftet" fühle.

Du könntest auch gedanklich an einen Ort gehen, an dem du dich wohlfühlst, sei es eine Bank im Wald, eine gemütliche Ecke in deinem Lieblingscafé oder einfach ein stiller, sonniger Fleck im Garten. Spüre die Ruhe, die dieser Ort dir bringt, und nimm dir ein paar Sekunden, um dich innerlich an diesen Platz zurückzuziehen. Auch wenn du äußerlich weiterhin präsent bist, kann dieser kurze gedankliche Ausflug dir neue Energie und Gelassenheit geben.

Es kann sein, dass dir das nicht gleich gelingt. Das ist dann nicht schlimm, denn es braucht ein bisschen Übung, um sich darauf einzulassen. Dann kann es aber zu einem richtigen Schatz werden.

Manchmal ist es auch schön, den Moment einfach so anzunehmen, wie er ist. Ohne etwas ändern zu wollen, ohne etwas zu müssen. Dein Kind braucht in diesen Momenten nicht mehr von dir als deine Nähe und deine Ruhe und vielleicht spürst du dabei, wie wertvoll das eigentlich ist.

Diese Zeiten, in denen wir scheinbar „nichts tun", können uns helfen, einen Schritt zurückzutreten. Sie geben uns die Chance, einfach da zu sein. Es geht natürlich nicht darum, alles zu genießen oder ständig dankbar zu sein, denn so fühlt sich unser Leben nicht an. Aber manchmal liegt in der Stille eine besondere Verbindung. Allein dein Dasein für dein Kind macht einen Unterschied. Und das ist alles andere als nichts.

Ein weiteres Beispiel ist, aus einer scheinbaren Routineaufgabe ein kleines Ritual für dich selbst zu machen. Verknüpfe eine tägliche Routine mit etwas Schönem. Vielleicht ist es vor dem morgendlichen Wecken deines Kindes möglich, wenn die Hektik des Tages noch nicht losgegangen ist, eine bewusste Atemübung zu machen oder fünf Minuten früher aufzustehen, um die erste Tasse Kaffee oder Tee des Tages in Ruhe zu genießen. Es ist eine Kleinigkeit, die große Wirkung haben kann.

Auch wenn du unterwegs bist, kannst du diese Momente bewusst nutzen. Zum Beispiel auf dem Weg zum Einkaufen oder während du Besorgungen machst oder wenn du dein Kind abholst. Du könntest dir eine kleine „Gedankenpause" einrichten, in der du dich bewusst an Schönes erinnerst oder dich auf etwas freust, das dir gut tut oder dabei Musik oder einen Podcast hörst. Diese inneren Pausen können wie kleine Oasen im Alltag wirken, die dich daran erinnern, dass dein Wohlbefinden zählt und dass auch du Aufmerksamkeit verdienst.

Ein weiteres Beispiel: Viele von uns kennen das Gefühl, ständig alles zu analysieren, um unser Kind besser zu verstehen und ihm gerecht zu werden. Eigentlich ist das super, aber das kann auch anstrengend sein. Erlaube dir, diese Denkprozesse auch mal zu stoppen und einfach nur im Moment zu sein, ohne alles verstehen zu müssen.

Manchmal kann das sogar befreiend wirken und mehr Energie geben, als du es erwartest. Wenn dein Kind nach einer turbulenten Phase gerade zur Ruhe gekommen ist und du einen Moment für dich hast, erlaube dir, einfach nur dazusitzen und zu spüren, ohne zu bewerten oder zu analysieren. Diese kleinen Momente der Ruhe können Wunder wirken und uns daran erinnern, dass wir nicht alles kontrollieren müssen.

Gerne möchte ich dir auch noch eine meiner Lieblingsideen mitgeben: „innere Komplimente" für das, was du täglich leistest. In den Momenten, in denen du das Gefühl hast, dass etwas richtig gut geklappt hat, aber auch, wenn du denkst, dass nichts vorangeht und der Alltag schwer wird, schenke dir selbst ein anerkennendes Wort in Gedanken (oder sprich es sogar laut aus). Das kann ganz einfach sein wie: „Du machst das wirklich gut" oder „Ich bin stolz darauf, wie ich das heute geschafft habe." Es mag ungewohnt sein, aber wenn du dir selbst regelmäßig positive Gedanken schenkst, stärkst du nicht nur dein Selbstwertgefühl, sondern auch deine Resilienz.

Es geht nicht darum, große Veränderungen zu erreichen oder das Leben umzukrempeln. Diese kleinen, bewussten Gedanken und inneren Rituale sind oft die wirklichen Helfer im Alltag. Sie kosten keine zusätzliche Zeit und keine Mühe, aber sie schenken dir innere Verbundenheit mit dir selbst, die du jeden Tag ein bisschen mehr stärken kannst. Gerade in unserer Rolle, die uns oft so viel abverlangt, sind diese Mini-Pausen wie kleine Erfrischungen.

Ich hoffe, dass dieser Ansatz dir eine neue Perspektive auf Resilienz gibt und vielleicht auch ein wenig Lust macht, etwas Kleines auszuprobieren, das dir gut tut und dir nicht mehr abverlangt, sondern mehr zurückgibt.

Lass dich nicht von den neuesten Trends und Hypes der Wellness- und Fittnessbranche unter Druck setzen. Lass dich nicht verunsichern, wenn andere sagen: „Aber du musst endlich mal wieder rauskommen", oder „Kennst du schon den neuesten Kurs im Studio xyz?" Für dich sind andere Dinge wichtig und das ist völlig in Ordnung so. Damit gibst du dich nicht mit weniger zufrieden, ganz im Gegenteil. Indem du dich auf das konzentrierst, was dir wirklich guttut, gewinnst du so viel mehr, als viele Menschen je bemerken. Du hakst nicht den nächsten Punkt auf deiner To-do-Liste ab, sondern schaffst Raum für echte Qualität. Du entscheidest dich bewusst dafür, was dir Kraft gibt und was dir wirklich wichtig ist. Das ist kein Verzicht, sondern eine Haltung, die tiefe Zufriedenheit bringen kann.

Ein weiterer wichtiger Schritt, um deine Resilienz zu stärken, ist, hinzusehen, mit wem du deine Zeit und Energie teilst, also mal genauer zu schauen, **welche sozialen Kontakte zu pflegst**.
Es tut gut, sich mit Menschen zu umgeben, die uns verstehen, die uns Raum geben, so zu sein, wie wir sind, und die bereit sind, uns in schwierigen Momenten zu unterstützen. Solche Beziehungen sind wie ein Sicherheitsnetz, das uns auffängt, wenn es nötig ist, und das uns gleichzeitig daran erinnert, dass wir nicht allein sind.

Aber leider sind nicht alle Kontakte so. Es gibt Menschen, die dir mehr nehmen, als sie dir geben. Vielleicht hast du solche Menschen in deinem Umfeld, die sich selbst und ihre eigenen Bedürfnisse in den Vordergrund stellen, ohne zu merken, dass auch du deine Belastungen und Herausforderungen hast.

Manchmal sind es auch Menschen, die nie gelernt haben, richtig zuzuhören. Sie zeigen oberflächliches Interesse, fragen vielleicht einmal nach, aber dann ist wochen- oder monatelang Funkstille.

Und dann gibt es die, die sich regelrecht in dein Leben „einnisten". Sie schätzen dich anfangs und drängen sich immer mehr in deinen Alltag, bis sie anfangen, dein Leben nach ihren Vorstellungen umzugestalten. Wenn du merkst, dass dich diese Menschen mehr belasten als bereichern, ist es wichtig, aktiv etwas zu ändern. Solche Beziehungen können dich psychisch und physisch erschöpfen.

Abstand zu schaffen, kann helfen. Das bedeutet nicht, sofort alle Kontakte abzubrechen, sondern bewusst weniger Zeit mit diesen Menschen zu verbringen. Lass dich nicht von jeder Nachricht oder Bitte sofort vereinnahmen, sondern nimm dir Zeit, in Ruhe zu überlegen, ob und wie du reagieren möchtest.

Wenn du mit manipulativen Menschen zu tun hast, die dich immer wieder dazu bringen, Dinge zu tun, die du eigentlich nicht willst, kann es hilfreich sein, deine Überzeugungen und Grenzen schriftlich festzuhalten. Ein kleiner Zettel, auf dem steht, was dir wichtig ist, kann dir in schwierigen Momenten helfen, standhaft zu bleiben.

Und vor allem: Erlaube dir, „nein" zu sagen. Nein zu Kontakten, die dir nicht guttun, nein zu Situationen, die dich überfordern, nein zu Erwartungen, die dich belasten. Du bist nicht dafür verantwortlich, was andere denken oder von dir erwarten. Die Menschen, die dir wichtig sind, werden dich nicht vorschnell verurteilen, sondern verstehen wollen, warum du so handelst.

Ich weiß natürlich, dass es Situationen gibt, denen wir uns nicht entziehen können, an dieser Stelle hier geht es darum, das einer Prüfung zu unterziehen, was wir sehr wohl selbst in der Hand haben.

Es ist auch wichtig zu akzeptieren, dass Beziehungen sich verändern. Manche Menschen begleiten uns nur für einen bestimmten Abschnitt unseres Lebens, und das ist in Ordnung. Es tut manchmal weh, solche Verbindungen loszulassen, aber es schafft Raum für neue Begegnungen und damit für Menschen, die wirklich zu dir und deinem Leben passen.

Und vielleicht magst du dich auch selbst fragen: War ich immer eine gute Freundin oder ein guter Freund? Habe ich selbst manchmal zu viel genommen und zu wenig gegeben? Das Hinterfragen des eigenen Verhaltens hilft dabei, Beziehungen bewusst und achtsam zu gestalten.

Am Ende geht es darum, dich auf die Menschen zu konzentrieren, die dir guttun, die dich unterstützen und bei denen ein Geben und Nehmen im Gleichgewicht ist. Solche Beziehungen sind nicht immer perfekt, auch sie haben Höhen und Tiefen. Aber sie geben dir die Kraft, die du brauchst, um deinen Alltag zu meistern, und erinnern dich daran, dass du nicht allein bist.

Wer tut dir wirklich gut? Gibt es Menschen, von denen du dich lösen möchtest, weil sie mehr nehmen als geben? Und wo könntest du dich öffnen, um neue, stärkende Kontakte in dein Leben zu lassen?

Balanceakt ohne schlechtes Gewissen

Na, wie geht es dir jetzt, nachdem du das alles gelesen hast?
Ich könnte mir vorstellen, dass sich ein Teil von dir bestärkt fühlt. Aber vielleicht ist da auch immer noch ein kleiner Zweifel, der leise fragt: „Kann ich das wirklich so umsetzen? Darf ich mir diese Pausen und diese Selbstfürsorge wirklich nehmen? Darf ich mich bewusst von Menschen verabschieden? Schaffe ich das überhaupt?"

Vielleicht kommt auch sofort das Gefühl auf, dass dein Kind immer an erster Stelle stehen muss und dass es egoistisch wäre, auf deine eigenen Bedürfnisse zu achten und dass du vielleicht Entscheidendes übersehen könntest, wenn du dich mehr um dich selbst kümmerst.

Und ich weiß natürlich, wie leicht es ist, sich in diesem Zwiespalt zu verlieren. Trotz allem, was wir uns sagen, und allem, was wir vielleicht schon wissen, meldet sich dieser Selbstzweifel immer wieder. Es ist, als würde er sich in endlosen Spiralen bewegen, kaum greifbar und trotzdem so real. Genau deshalb möchte ich hier nochmal an dich appellieren:

Du brauchst kein schlechtes Gewissen zu haben, wenn du dir selbst Zeit und Raum gibst. Denn deine Stärke und deine Ausgeglichenheit sind nichts weniger als ein Geschenk für dich *und* für dein Kind.
Ich weiß, wie es sich anfühlt, wenn das schlechte Gewissen laut wird, sobald man mehr für sich selbst tun möchte. Es ist, als würden wir unserem Kind etwas wegnehmen. Dieser Gedanke, dass jede Minute und jede Kraft nur unserem Kind gehören sollte, sitzt tief, weil unser Alltag oft so viel mehr Energie verlangt, als andere verstehen können. Dieser Balanceakt zwischen den Bedürfnissen unseres Kindes und unseren eigenen ist keine egoistische Entscheidung. Es ist ein kraftvoller, notwendiger Schritt, der uns langfristig stark macht.

Vielleicht kann es hilfreich sein, diesem vorlauten Selbstzweifel einfach mal einen Namen zu geben – Adelheid, Wilhelm oder Kuno oder was du möchtest. Stell dir vor, dieser Teil von dir drängt sich immer wieder nach vorn, mischt sich ungefragt ein und erinnert dich unermüdlich daran, dass du „doch für dein Kind da sein solltest" und „dass jetzt wirklich keine Zeit für eine Pause ist." Er meint es vielleicht gut, aber manchmal übertreibt er es auch und bringt dich damit ganz schön aus dem Gleichgewicht.
Wenn du ihm einen Namen gibst, wird es eventuell leichter, ihm freundlich, aber souverän die Grenzen aufzuzeigen. Du kannst sagen: „Hör mal, Kuno, ich weiß, dass du nur sicherstellen willst, dass ich gut für mein Kind sorge – und das tue ich. Aber jetzt bin ich dran. Jetzt brauche ich einen Moment für mich, und du darfst einfach mal den Rand halten."
Mir hilft es, mir das so vorzustellen (vielleicht erinnerst du dich daran, dass ich das im Zusammenhang mit Angstgefühlen weiter oben auch schon geschrieben hatte), weil dieser Zweifel dann nicht mehr so dominant und einschüchternd ist, sondern einfach nur ein kleiner, aufdringlicher Begleiter, den ich auch mal in die Schranken weisen kann. Er erinnert uns an unsere Verantwortung, aber er muss nicht immer das letzte Wort haben.

Wir dürfen unsere Energie mit Bedacht einsetzen, wir dürfen Pausen machen und wir dürfen auf uns selbst achten, ohne dabei zu denken, dass wir etwas Falsches tun. Es geht nicht darum, weniger zu lieben oder weniger für unser Kind da zu sein. Es geht darum, uns als wertvollen Teil zu sehen und unseren eigenen Bedürfnissen denselben Respekt entgegenzubringen. Denn wenn wir gestärkt sind, ist es viel leichter, ruhig und verlässlich da zu sein.

Und das Beste daran? Es tut nicht nur uns gut, sondern auch unserer Familie. Wenn wir uns erlauben, mal durchzuatmen und Kraft zu tanken, sind wir nicht nur entspannter, sondern oft auch glücklicher. Und das spüren unsere Kinder. Sie merken, wenn wir zufriedener sind und diese Zufriedenheit gibt ihnen ein Gefühl von Sicherheit und Stabilität. Glückliche Momente, die wir für uns schaffen, strahlen auf unsere Kinder, auf unsere Familie und auf unser gesamtes Umfeld aus.

7 Mit Fachkräften und Systemen umgehen

Die Zusammenarbeit mit Fachkräften und der Umgang mit den Systemen dahinter sind zwei unterschiedliche Herausforderungen, die ich hier gerne deutlich machen möchte. Dabei geht es nicht darum, jemanden in eine Schublade zu stecken, sondern darum, zu schauen, wie wir mit Menschen in ihren jeweiligen Rollen gut und konstruktiv ins Gespräch kommen können, um das Beste für unsere Kinder zu erreichen.

Unter Fachkräften verstehe ich die Personen, die meistens direkt mit uns und unseren Kindern arbeiten: Lehrkräfte, Therapeutinnen, Schulbegleiter oder Ärzte. Sie haben oft ein Gespür für die individuellen Bedürfnisse und Stärken unserer Kinder und können wertvolle Partner sein, wenn es um deren Förderung und Begleitung geht.

Mit Systemen meine ich größere Strukturen wie Bezirksämter, Jugendämter, Stadtverwaltungen, Krankenkassen oder andere Kostenträger. Hier geht es weniger um den direkten Kontakt zu unserem Kind, sondern vielmehr um Verwaltungsentscheidungen, die an Vorgaben, Budgets und Richtlinien gebunden sind. Diese Distanz zu den individuellen Lebensrealitäten kann manchmal schwierig und für uns sehr gewöhnungsbedürftig sein, weil die Gespräche sachlich und formal ablaufen müssen.

Das bedeutet jedoch nicht, dass innerhalb der Systeme keine Spielräume bestehen oder dass dort nicht auf die Bedürfnisse unserer Kinder eingegangen wird.

Ob wir mit Fachkräften oder Entscheidungsträgern innerhalb der Systeme umgehen – vom Ausgang der Gespräche hängt immer viel davon ab, wie gut wir vorbereitet sind, auf welche Personen wir treffen und wie wir das Miteinander gestalten.

Fachkräfte, die sich für unsere Kinder einsetzen und Sachbearbeiter, die die Spielräume ihrer Position nutzen, um individuelle Lösungen zu finden, zeigen immer wieder, dass Zusammenarbeit funktionieren kann. Diese Begegnungen geben Hoffnung und machen deutlich, wie wichtig es ist, offen, klar und gut vorbereitet aufzutreten.

Doch Herausforderungen bleiben. Gerade in großen Systemen fühlen wir uns manchmal verloren, wenn Entscheidungen unpersönlich wirken oder wenn unsere Anliegen in einen festgelegten Rahmen gepresst werden, der nur wenig Flexibilität erlaubt.

Auch in der Zusammenarbeit mit Fachkräften kann es zu Schwierigkeiten kommen, wenn sie andere Vorstellungen haben oder vorgefertigte Ansätze nicht zur Realität unseres Kindes passen. Solche Situationen frustrieren, aber sie sind auch eine Gelegenheit, uns selbst zu stärken und unsere Position klar zu vertreten.

Dieses Kapitel soll dir zeigen, wie du in solchen Momenten die Balance zwischen Zusammenarbeit und Widerstand sowie zwischen Offenheit und klarer Positionierung findest. Es geht darum, wie wir uns mit einer wertschätzenden Haltung und gut vorbereitet Gehör verschaffen können, ohne unsere Energie an unnötige Konflikte zu verlieren. Denn unser Ziel bleibt immer dasselbe: das Beste für unser

Kind zu erreichen, ohne dabei unsere Werte oder unsere Kraft zu opfern.

Und nicht zuletzt: Wir sind alle Menschen. Die richtigen Worte zur richtigen Zeit können Türen öffnen (in jede Richtung), selbst wenn sie vorher verschlossen schienen. Das bedeutet, dass es sich immer lohnt, dranzubleiben.

Lösungen finden statt Positionen verteidigen

Wir alle wissen, wie es sich anfühlt, nicht gehört zu werden, ob in Gesprächen mit Fachkräften, Dienstleistern oder Kostenträgern. Diese Momente, in denen wir versuchen, unser Kind zu vertreten, unser Wissen einzubringen, und dann gegen eine Wand aus Vorurteilen oder Unverständnis stoßen, können unglaublich zermürbend sein.

Es gibt aber auch andere Gespräche, in denen man merkt: Hier wird zugehört, hier wird gemeinsam überlegt, was möglich ist, hier ziehen alle an einem Strang. Diese Begegnungen geben Kraft und Zuversicht, weil sie deutlich machen, wie wertvoll echte Zusammenarbeit sein kann.

Aber, und das ist wichtig, Zusammenarbeit funktioniert nur, wenn Wertschätzung in beide Richtungen fließt. Natürlich ist es entscheidend, dass Fachkräfte uns Eltern zuhören und unsere Perspektive ernst nehmen. Schließlich kennen wir unsere Kinder in- und auswendig und wissen oft am besten, was ihnen hilft oder sie überfordert. Doch genauso braucht es auf unserer Seite Offenheit und die Bereitschaft, auch den Fachkräften zuzuhören. Es gibt unglaublich viele engagierte Menschen in Schulen, bei Therapien oder in Einrichtungen, die aus ihrer Erfahrung heraus hilfreiche Sichtweisen einbringen können. Manchmal können sie uns positiv überraschen und uns helfen, Dinge neu zu sehen.

Dabei geht es nicht darum, blind alles anzunehmen, was gesagt wird. Es geht darum, eine Haltung zu entwickeln, die auf Augenhöhe basiert. Und Augenhöhe heißt, dass niemand von vornherein die absolute Wahrheit für sich beansprucht, weder wir Eltern noch die Fachleute. Es heißt, dass wir einander ernst nehmen, dass wir wirklich zuhören und den Raum schaffen, unterschiedliche Perspektiven einzubringen.

Ja, es gibt Eltern, die so erschöpft oder aufgrund bisheriger Erfahrungen so frustriert sind, dass sie nicht mehr bereit sind, andere Sichtweisen zuzulassen. Und genauso gibt es Fachleute, die starr an ihrem Vorgehen festhalten, ohne auf den individuellen Kontext des Kindes einzugehen, womöglich weil sie auch schon schlechte Erfahrungen mit Eltern gemacht haben. Aber wenn wir alle die Bereitschaft mitbringen, einander zuzuhören, können wir gemeinsam so viel erreichen. Unsere Kinder brauchen diese Offenheit. Sie brauchen ein Umfeld, in dem nicht nur diskutiert wird, wer Recht hat, sondern in dem man wirklich versucht, Lösungen zu finden.
Das heißt nicht, dass es immer einfach ist. Aber vielleicht können wir in schwierigen Momenten einen Schritt zurücktreten und uns fragen: Was braucht mein Kind wirklich? Und was können wir zusammen tun, um das zu ermöglichen?
Es ist keine Einbahnstraße, sondern ein Miteinander. Und wie bei jedem Miteinander braucht es Geduld, Vertrauen und den Willen, immer wieder neu aufeinander zuzugehen. Manchmal ist es genau das, was uns als Eltern am meisten Kraft kostet, und doch ist es auch eine der größten Chancen, die wir unseren Kindern bieten können.

Offene Kommunikation als Basis

Vertrauensvolle und offene Gespräche sind das A und O einer gelingenden Zusammenarbeit. Wir brauchen Gesprächspartner, die unsere Sorgen, Bedürfnisse und Beobachtungen ernst nehmen und nicht abwinken, sobald wir Bedenken äußern. Vielleicht kennst du das Gefühl, dass du dich schon im Vorfeld eines Gesprächs wappnen musst, weil du ahnst, dass du auf Unverständnis stoßen wirst.

Hier kann es helfen, den Fokus zu verändern: Kläre für dich selbst, was du erreichen möchtest und wie die Gesprächsatmosphäre dazu beitragen könnte. Setze dir kleine Ziele, wie zum Beispiel die andere Seite mit einem bestimmten Aspekt der Situation vertraut zu machen, oder frage aktiv nach, was dein Gegenüber sich für das Gespräch wünscht. Diese Herangehensweise gibt dir nicht nur eine klare Richtung, sondern schafft auch Raum, um dein Anliegen selbstbewusst zu vertreten.

Gleichzeitig ist es wichtig, offen für andere Perspektiven zu bleiben. Es kann sein, dass dein Gesprächspartner Argumente einbringt oder Erfahrungen teilt, die du vorher nicht bedacht hast. Und das ist nicht schlimm. Im Gegenteil: Wenn sich eine bessere Lösung abzeichnet oder ein neuer Ansatz dir und deinem Kind wirklich weiterhilft, dann ist es ein Zeichen von Stärke und Flexibilität, seine Meinung anzupassen. Offenheit bedeutet nicht, den eigenen Standpunkt aufzugeben, sondern ihn mit neuen Informationen zu bereichern.

Indem du diese Balance zwischen Selbstbewusstsein und Offenheit findest, schaffst du eine Basis für konstruktive Gespräche. Es geht nicht darum, starr an einer Meinung festzuhalten, sondern darum, gemeinsam die bestmögliche Lösung zu finden.

Ziele klar und gemeinsam festlegen

Eine gute Zusammenarbeit lebt davon, dass alle Beteiligten das gleiche Ziel vor Augen haben. Doch allzu oft erlebe ich, dass dieses Ziel gar nicht klar formuliert wurde und alle in unterschiedliche Richtungen arbeiten.

Frag in solchen Situationen nach: „Was genau möchten wir hier gemeinsam erreichen? Wie können wir dieses Ziel in kleinen Schritten angehen?" Realistisch gesetzte, gemeinsam abgestimmte Ziele, die im Idealfall durch regelmäßigen Austausch überprüft werden, schaffen eine Basis, auf die alle aufbauen können.

Wenn du spürst, dass die Ansätze auseinandergehen, schlag vor, die Ziele kleinschrittig und schriftlich festzuhalten oder konkret zu formulieren. Das gibt dir und allen anderen Sicherheit, und du kannst dich in späteren Gesprächen immer wieder darauf beziehen.

Vertrauen aufbauen und Misstrauen ablegen

Vertrauen ist nicht einfach da, es muss wachsen. Wenn du schon oft das Gefühl hattest, dass deine Sorgen nicht ernst genommen wurden, weißt du, wie tief Misstrauen sitzen kann. Es ist nicht leicht, es wieder abzulegen.

Ein erster Schritt könnte sein, anzunehmen, dass das Gegenüber ebenso an einer Lösung interessiert ist wie du. Vielleicht ist es ja sogar eine andere Person als diejenige, mit der du bereits schlechte Erfahrungen gemacht hast. Gib dir selbst die Erlaubnis, Vertrauen in kleinen Dosen zuzulassen. Vielleicht möchtest du zu Beginn eines Gesprächs auch einfach sagen: „Mir ist eine offene und wertschätzende Zusammenarbeit sehr wichtig. Lassen Sie uns versuchen, das gemeinsame Ziel im Auge zu behalten." So zeigst du, dass du bereit bist, auf Augenhöhe zu arbeiten, und steckst gleichzeitig den Rahmen ab, in dem du dich wohlfühlen kannst.

Kein Platz für Machtinstrumente und Schuldzuweisungen

Ein Punkt, der vielen von uns Eltern immer wieder Sorge bereitet, sind Situationen, in denen Machtinstrumente ins Spiel kommen. Vielleicht hast du es auch schon erlebt, dass mit Drohungen wie Sorgerechtsentzug oder Ausschluss aus einer Einrichtung argumentiert wurde. Das ist nicht nur belastend, sondern zerstört jede Grundlage für ein vertrauensvolles Miteinander.

In solchen Momenten hilft es, ruhig zu bleiben und das Gespräch auf die Sachebene zurückzuholen. Du kannst beispielsweise sagen: „Ich möchte, dass wir uns hier auf Lösungen konzentrieren, ohne gegenseitige Schuldzuweisungen. Was können wir tun, um meinem Kind das zu bieten, was es braucht?"

Sollte der Druck weiter aufgebaut werden, ist es auch völlig legitim, um eine Gesprächspause oder einen anderen Ansprechpartner zu bitten. Auch wenn es schwerfällt, lass dir niemals einreden, dass du etwas falsch gemacht hast, nur weil du die Bedürfnisse deines Kindes ansprichst.

Rahmenbedingungen statt Ursachen suchen

Wenn Verhaltensauffälligkeiten bei deinem Kind auftreten, liegt das häufig an den Rahmenbedingungen. Viel zu oft bekommen Eltern dann zu hören, dass das Verhalten das Problem sei, anstatt gemeinsam zu schauen, wie die Umgebung für das Kind angepasst werden könnte.

Hier ist es hilfreich, den Blick bewusst weg vom „Fehlverhalten" und hin zu den äußeren Faktoren zu lenken: „Was meinen Sie, welche Umgebungsfaktoren könnten Stress bei meinem Kind auslösen?" oder „Gibt es Möglichkeiten, die Struktur im Raum oder die Abläufe so zu verändern, dass mein Kind besser zurechtkommt?"

Du kannst auch anbieten, die Situation im Rahmen eines kurzen Hospitationstags oder eines Berichts zu analysieren, um festzustellen, was unterstützend wirken könnte. „Ich bin bereit, mich einzubringen und Vorschläge zu sammeln, wie wir den Alltag für mein Kind angenehmer gestalten können."

Wenn die Umgebung so gestaltet ist, dass sich dein Kind sicher fühlt, lassen sich viele Verhaltensweisen oft deutlich ohne viel Aufwand entschärfen. Zeig den Fachkräften, dass du bereit bist, gemeinsam Lösungen zu finden, die den Alltag für alle angenehmer machen.

Die Stärken deines Kindes ins Zentrum rücken

Unsere Kinder haben viele Fähigkeiten und Stärken, die sie für die Welt einzigartig machen. Und doch konzentriert sich die Zusammenarbeit mit anderen oft auf ihre Defizite.

Wenn du merkst, dass das Gespräch in eine rein problemorientierte Richtung geht, bringe die Stärken deines Kindes ein. Sag: „Mein Kind hat viele wunderbare Seiten, die ich gerne in den Vordergrund stellen möchte. Können wir überlegen, wie wir diese stärken können?"

Manchmal dauert es eine Weile, bis sich die Stärken deines Kindes wirklich zeigen, aber das Suchen nach ihnen ist eine lohnende Aufgabe, die die Zusammenarbeit mit Fachkräften auf eine völlig neue Basis stellt. Wenn wir gemeinsam darauf achten, das Potenzial in den Blick zu nehmen, schaffen wir eine wertschätzende Grundlage, die deinem Kind, uns Eltern und auch allen weiteren Bezugspersonen zugutekommt.

Gleichzeitig gibt es Momente, in denen wir uns bewusst dafür entscheiden müssen, die Herausforderungen unseres Kindes stärker in den Vordergrund zu rücken. Gerade wenn es darum geht, notwendige Unterstützungsleistungen zu beantragen oder aufrechtzuerhalten, kann es manchmal kontraproduktiv sein, die Stärken allzu sehr zu betonen.

Hier kann eine diplomatische Herangehensweise helfen: Beschreibe die Herausforderungen deines Kindes klar und konkret, und ergänze dabei, dass diese Unterstützung notwendig ist, um die Stärken deines Kindes weiter fördern zu können. Ein Beispiel könnte sein: „Mein Kind hat das Potenzial, sich in diesem Bereich weiterzuentwickeln, aber ohne die entsprechende Unterstützung wird das leider nicht möglich sein."

Regelmäßiger Austausch statt aufgestauter Probleme

Oft wird der Kontakt zueinander nur dann gesucht, wenn Probleme auftauchen. Doch ein regelmäßiger Austausch ist entscheidend, um Herausforderungen frühzeitig anzugehen.

Vielleicht kannst du vorschlagen, kleine Mitteilungshefte zu führen oder regelmäßige Telefonate einzurichten. Viele Eltern machen die Erfahrung, dass es weniger zeitaufwendig ist, in kleinen Schritten über den Alltag zu sprechen, als dass sich Themen aufstauen, die später in großen Besprechungsrunden geklärt werden müssen.

Vergiss auch nicht, kleine Fortschritte oder positive Erlebnisse zu teilen, denn das fördert eine offene Atmosphäre und zeigt, dass du das Gute genauso wahrnimmst wie die Herausforderungen. Ein einfaches „Danke für die heutige Unterstützung" oder ein kurzer Austausch über schöne Dinge, die dein Kind erlebt hat oder lernen durfte, kann dabei helfen, ein gutes Miteinander zu fördern. Das zahlt sich dann in schwierigeren Situationen aus.

Gemeinsam statt gegeneinander

Eine erfolgreiche Zusammenarbeit lebt davon, dass beide Seiten das Ziel nie aus den Augen verlieren und bereit sind, gemeinsam nach Lösungen zu suchen.

Es ist kein Zeichen von Schwäche, um Unterstützung zu bitten oder zuzugeben, dass wir manche Bereiche vielleicht selbst noch nicht vollständig überblicken. Wenn wir uns gegenseitig wertschätzen und immer wieder kleine Zeichen der Dankbarkeit in unsere Gespräche einfließen lassen, kann das ein Stück Normalität und Stabilität schaffen.

Am Ende geht es nicht darum, wer sich durchsetzt oder Recht behält. Das Ziel ist immer, dass unsere Kinder die bestmögliche Unterstützung bekommen und dass wir uns gegenseitig ernst nehmen. Eine gute Zusammenarbeit zwischen Fachkräften und Eltern ist erreichbar, wenn wir die Grundlagen einer offenen Kommunikation, realistische Zielsetzung und gegenseitige Wertschätzung beherzigen.

Und was ist, wenn das alles nichts bringt?

Es kann wirklich frustrierend sein und oft mehr als das: Es lässt uns verzweifeln, wenn wir alles geben und uns mit voller Überzeugung für das eigene Kind einsetzen und trotzdem nichts durchzudringen scheint.

Manchmal fühlt es sich an, als würde man mit aller Kraft gegen eine Wand laufen, die einfach nicht zu bezwingen ist. Du machst Vorschläge, bringst dich ein, bietest deine Unterstützung an und dennoch wirst du nicht gehört. Das ist eine der tiefsten Enttäuschungen, die wir als Eltern erleben können, und es kostet enorm viel Kraft, nicht einfach aufzugeben. Es kann sich anfühlen, als ob das System, das unterstützen sollte, uns im Stich lässt. Und das geht uns nicht nur persönlich nahe, es betrifft auch das Wohl unseres Kindes.

Wenn du das Gefühl hast, dass alle Anstrengungen ins Leere laufen, frage dich, ob du noch etwas tun kannst, um gehört zu werden. Vielleicht hilft es, deine Bedenken klar und sachlich anzusprechen und zu fragen: „Was können wir tun, um die Situation wirklich gemeinsam zu verbessern?" Manchmal kann dieser direkte Ansatz einen neuen Zugang schaffen.

Aber auch wenn das Gespräch nicht weiterführt und du das Gefühl hast, gegen festgefahrene Strukturen zu kämpfen, gibt es

Unterstützung. Beratungsstellen, Selbsthilfeverbände und manchmal kann auch rechtlicher Beistand helfen, dein Anliegen mit Nachdruck zu vertreten, wenn du das Gefühl hast, alleine nicht weiterzukommen. Und bitte denk daran: Auch wenn es hart ist, achte auf deine eigenen Ressourcen. Wenn der Druck zu groß wird und das Gefühl, nicht gehört zu werden, zu erdrückend wirkt, gönn dir Pausen und suche Kraftquellen. Deine Bemühungen sind alles andere als vergeblich, sie zeigen, wie stark du für dein Kind einstehst, und diese Stärke bleibt, auch wenn der Weg gerade schwer ist.

Manchmal gibt es Umwege, und manchmal dauert es länger, aber du bist nicht allein. Es gibt immer Wege und Menschen, die dir helfen, neue Kraft zu schöpfen und Schritt für Schritt weiterzumachen, bis das erreicht ist, was deinem Kind wirklich zusteht.

Wenn du merkst, dass Gespräche, vor allem mit Kostenträgern, sich immer wieder im Kreis drehen oder wichtige Entscheidungen blockiert werden, zögere nicht, dir rechtlichen Beistand zu holen. Ein Rechtsanwalt oder eine Rechtsanwältin, die sich mit den Themen rund um Leistungen und Teilhabe auskennt, kann dir dabei helfen, deine Position klarer darzustellen und deine Ansprüche durchzusetzen. Manchmal genügt schon die bloße Anwesenheit einer rechtlich geschulten Person, um Gespräche in geordnetere Bahnen zu lenken. Das ist kein Zeichen von Schwäche, sondern eine sinnvolle Unterstützung, um dein Kind und dich zu entlasten.

Trotzdem schauen wir uns jetzt nochmal genauer an, wie wir mit unbefriedigenden und festgefahrenen Situationen umgehen können.

Selbstbewusst in Dialog treten

Sicherlich kennst du diese Gespräche, in denen man mit all seiner Kraft für die Bedürfnisse des eigenen Kindes einsteht, nur um plötzlich das Gefühl zu bekommen, eine komplett andere Sprache als das Gegenüber zu sprechen. Man weiß genau, was für das Kind wichtig wäre, was ihm helfen könnte, aber dann stößt man auf Widerstände oder eine völlig andere Sichtweise.

Solche Situationen können uns als Eltern echt an die Grenzen bringen. Doch genau hier ist es wichtig, ruhig und klar zu bleiben, die eigenen Werte und das Ziel nicht aus den Augen zu verlieren: die bestmögliche Unterstützung für unser Kind.

Mir geht es dabei oft so, dass ich mich im Vorfeld schon frage: „Wie kann ich am besten vermitteln, was ich weiß und was wir brauchen, ohne dass ich mich rechtfertigen muss?" Du bist die Expertin bzw. der Experte für dein Kind. Kein anderer erlebt seinen Alltag, seine kleinen Erfolge und seine schwierigen Momente so intensiv wie du. Und genau dieses Wissen ist genauso wertvoll wie das Fachwissen der Menschen, mit denen wir im Gespräch sind. Sich das immer wieder ins Bewusstsein zu rufen, gibt die nötige Ruhe und das Vertrauen, die eigene Meinung zu vertreten.

Wenn wir das Gefühl haben, dass ein Vorschlag nicht passend ist oder dass mehr Zeit benötigt wird, ist es völlig in Ordnung, das klar zu äußern. Manchmal reicht ein einfacher Satz wie: „Ich nehme mir Zeit, um das zu überdenken, und melde mich dann wieder."

Das gibt uns Raum, die Situation in Ruhe zu reflektieren, anstatt uns zu schnellen Entscheidungen drängen zu lassen, die vielleicht nicht richtig für unser Kind sind. Du musst nicht sofort Antworten liefern. Du darfst dir Bedenkzeit ausbitten und wenn es doch mal supereilig ist, zumindest einige Minuten oder ein paar Stunden.

Das ist kein Zeichen von Unsicherheit, sondern dafür, dass du deine Verantwortung ernst nimmst.

Ein weiterer Punkt, der in schwierigen Gesprächen immer wieder hilft, ist, aktiv Fragen zu stellen. Wenn etwas unklar ist oder nicht schlüssig wirkt, dann ruhig und interessiert nachzufragen: „Welche Erfahrungen gibt es mit dieser Maßnahme? Was genau wäre der Vorteil für mein Kind?"

Auf diese Weise bringen wir das Gespräch auf eine sachliche Ebene und zeigen, dass wir bereit sind, mitzudenken und konstruktiv mitzuarbeiten. Und wir machen klar, dass es hier nicht darum geht, alles einfach abzunicken, sondern dass wir wirklich die beste Lösung für unser Kind suchen und auch an der Expertise unseres Gegenübers interessiert sind.

Selbstbewusst in Dialog zu treten bedeutet auch, dass wir nicht alles akzeptieren müssen, was gesagt wird, und das auch dann, wenn es mal unbequem wird. Es geht nicht darum, bei allem stur zu bleiben, sondern darum, klar bei dem zu bleiben, was uns wirklich wichtig ist. Wenn du spürst, dass eine Entscheidung oder ein Vorschlag deinem Kind nicht gerecht wird, dann darfst du das ruhig und mit Nachdruck äußern. Ein Satz wie „Ich verstehe Ihre Perspektive, aber ich sehe das anders und denke, wir sollten über Alternativen sprechen" kann ausreichen, um deutlich zu machen, dass du für das Wohl deines Kindes einstehst.

Gleichzeitig kann es hilfreich und manchmal sogar notwendig sein, Kompromisse einzugehen. Das bedeutet keineswegs Schwäche, sondern zeigt vielmehr, dass du bereit bist, die Erfahrung und Expertise deines Gegenübers anzuerkennen und einzubeziehen. Fachkräfte bringen oft wertvolle Perspektiven und Anregungen mit, die uns neue Wege aufzeigen können, auch wenn sie auf den ersten Blick vielleicht nicht mit unserer eigenen Sichtweise übereinstimmen. Ein Kompromiss kann ein Schritt in eine Richtung sein, die sowohl deinem Kind als auch den gemeinsamen Zielen dient. Wichtig ist, dass du dir bewusst machst: Einen Kompromiss einzugehen heißt nicht, deine Werte oder Überzeugungen aufzugeben, sondern gemeinsam einen Weg zu finden, der machbar und hilfreich ist. Im nächsten Kapitel betrachten wir das noch etwas ausführlicher.

Am Ende dieses Prozesses kann es helfen, dir immer wieder zu sagen: „Ich bin ein gleichwertiger Partner in diesem Gespräch. Ich kenne mein Kind und weiß, was es braucht, und meine Stimme ist genauso wichtig wie die der Fachkräfte." Diese Haltung gibt dir die nötige Gelassenheit und Klarheit, schwierige Gespräche zu meistern und die Offenheit, gemeinsam mit Fachkräften Lösungen zu finden, die deinem Kind wirklich zugutekommen. Denn lasse auch das niemals aus dem Blick und weise, wenn nötig, darauf hin: es geht nicht darum, was du oder die anderen Diskussionspartner möchten. Es geht darum, was dein Kind braucht und sich selbst wünscht.

Ein guter Weg, um in solchen Gesprächen klar und selbstbewusst aufzutreten, kann sein, einige Punkte vorher schriftlich zusammenzufassen. Gerade in Situationen, in denen viele Anliegen und Fragen auf einmal auftauchen, hilft eine schriftliche Vorbereitung, den Überblick zu behalten und sicherzustellen, dass nichts Wichtiges untergeht. Vielleicht mag es banal klingen, aber wenn wir vorher notieren, was uns am Herzen liegt, welche Ziele wir für unser Kind sehen, welche Bedürfnisse gerade im Vordergrund stehen und welche Kompromisse für uns möglich sind, fällt es leichter, in schwierigen Gesprächsmomenten ruhig und klar zu bleiben. Diese kleine Vorbereitung ist wie ein Anker, auf den wir uns verlassen können, wenn die Situation emotional wird oder von uns viel verlangt. Es ist dein roter Faden für wichtige Gespräche.

Du kannst dir auch überlegen, Fragen oder Vorschläge schriftlich mitzubringen. So signalisierst du nicht nur dein Engagement, sondern schaffst auch eine Grundlage, die das Gespräch strukturiert und dir das Gefühl gibt, auf Augenhöhe zu handeln.

Manche Eltern finden es hilfreich, am Ende des Gesprächs ihre Punkte noch einmal kurz zusammenzufassen, entweder mündlich oder durch eine kurze E-Mail im Nachgang. So bleiben alle auf demselben Stand, und du hast eine schriftliche Basis, auf die du später zurückkommen kannst.

Darüber hinaus kann es in manchen Situationen sinnvoll sein, eine Vertrauensperson mitzubringen, die dich unterstützt. Das kann beispielsweise ein Familienmitglied, ein guter Freund oder auch jemand aus deinem Netzwerk sein, der Erfahrung mit solchen Gesprächen hat. Wenn du dies tun möchtest, kannst du vorab offen und freundlich erklären, warum dir dies wichtig ist. Du könntest sagen: „Mir liegt viel an diesem Gespräch, und ich möchte sicherstellen, dass ich nichts übersehe. Deshalb habe ich jemanden dabei, der mich dabei unterstützt, die wichtigsten Punkte im Blick zu behalten." So zeigst du, dass es dir nicht um Misstrauen, sondern um Sorgfalt und Zusammenarbeit geht.

Kompromisse ohne Verlust der eigenen Werte

Kompromisse einzugehen, wenn es um das eigene Kind geht, ist oft eine heikle Sache. Bestimmt kennst du das Gefühl, mit all deinem Wissen und deinen Erfahrungen in ein Gespräch zu gehen und trotzdem das Gefühl zu haben, dass du dich anpassen oder nachgeben sollst, weil Fachkräfte oder Behörden ihre eigenen Vorstellungen haben. In diesen Momenten kann es sich anfühlen, als müsste man sich zwischen zwei Seiten aufreiben: Auf der einen Seite die eigene Überzeugung, auf der anderen die Forderungen und Erwartungen von außen. Doch wie schaffen wir es, damit umzugehen, ohne dabei unsere eigenen Werte zu verraten?

Ich erinnere mich noch gut an Situationen, in denen ich selbst das Gefühl hatte, meine Haltung und die Bedürfnisse meines Kindes aufweichen zu müssen, um im System nicht völlig auf Granit zu stoßen. Da saß ich dann, hörte mir Vorschläge an, die ich kaum vertreten konnte, und fühlte mich dennoch verpflichtet, mich „kooperativ" zu zeigen. Und immer wieder stehe ich mit Eltern in Kontakt, die dasselbe erleben: Gespräche mit Behörden, in denen sie regelrecht verhandeln müssen, um die Bedürfnisse ihres Kindes durchzusetzen, und in denen oft ein Gefühl der Machtlosigkeit aufkommt.

Wie schaffen wir es, Kompromisse zu finden, ohne das Gefühl zu haben, uns selbst aufzugeben?

Ein wichtiger Schritt ist, dass wir uns über unsere eigenen Werte und Prioritäten im Klaren sind, bevor wir in solche Gespräche gehen. Schau dir nochmal an, was du dazu in einem der vorherigen Kapitel dieses Buches für dich herausgefunden hast. Und dann frag dich selbst: Was ist das Wichtigste für mich in dieser Situation?

Was braucht mein Kind unbedingt und wo könnte ich möglicherweise nachgeben, ohne das Gefühl zu haben, mich selbst zu verraten?

Wenn wir uns vorher über diese inneren Grenzen im Klaren sind, fällt es oft leichter, uns nicht von äußeren Forderungen überrollen zu lassen. Es geht nicht darum, stur auf allem zu beharren, sondern uns ein Stück Flexibilität zu erlauben, ohne uns dabei zu verbiegen.

Ein Beispiel: Vielleicht schlägt eine Fachkraft vor, dass dein Kind an Gruppenaktivitäten teilnehmen soll, obwohl du weißt, dass es ihm schwerfällt, sich in solchen Umgebungen zu entspannen und teilzuhaben. Statt direkt zuzustimmen oder abzulehnen, könntet ihr die Situation gemeinsam neu betrachten. Du könntest vorschlagen, zunächst ein oder zwei Probeteilnahmen zu vereinbaren und dann neu zu bewerten, ob es deinem Kind wirklich guttut.
So zeigst du, dass du bereit bist, offen zu sein, allerdings auf eine Weise, die deinem Kind Raum gibt, es zu versuchen, ohne dass du ihm etwas grundsätzlich aufzwängst.
Ein anderes Beispiel wäre eine Therapie, die vorgeschlagen wird, obwohl du spürst, dass dein Kind gerade mehr Ruhe und Rückzug bräuchte. Auch hier könnte ein Kompromiss darin bestehen, die Intensität oder Häufigkeit der Therapie anzupassen, um die Bedürfnisse deines Kindes zu wahren. Indem du klar und freundlich formulierst, wo die Grenzen liegen, kannst du vielleicht Wege finden, um zu zeigen, dass du kompromissbereit bist, ohne dass du dich dabei selbst verlierst.

Es ist nicht immer einfach, in solchen Gesprächen sicher und ruhig zu bleiben. Der Druck, den eigenen Standpunkt zu verteidigen, kann schnell sehr groß werden. Aber wenn du dich immer wieder daran erinnerst, dass du die Expertin für dein Kind bist, wirst du auch in herausfordernden Situationen spüren, wo du dich festigen kannst. Deine Werte sind der Anker, an dem du dich orientierst.
Das bedeutet jedoch nicht, dass du alle Vorschläge ablehnen oder immer sofort in die Verteidigungshaltung gehen musst. Viele Fachkräfte bringen einen wertvollen Erfahrungsschatz mit und haben oft ein gutes Gespür dafür, was Kinder in bestimmten Situationen brauchen. Natürlich kennst du dein Kind am besten, aber manchmal kann es passieren, dass wir als Eltern – meist aus Sorge oder Liebe – unsere Kinder unbewusst entweder überbehüten oder ihnen zu viel oder zu wenig zutrauen. Das ist völlig normal und menschlich. Genau deshalb kann es hilfreich sein, sich auf konstruktive Vorschläge

einzulassen, diese erst einmal anzuhören und zu überlegen, ob sie vielleicht doch eine hilfreiche Perspektive eröffnen. Am Ende kannst du immer noch entscheiden, ob du einen Kompromiss schließen möchtest, der für euch alle passt.

Ein zusätzlicher Aspekt, der die Zusammenarbeit erleichtert, ist, Fachkräfte oder Behörden hin und wieder bewusst einzubinden und zu verblüffen, zum Beispiel durch Lob oder Wertschätzung. Das kann eine echte „Eisbrecher-Strategie" sein. Zum Beispiel kannst du positive Rückmeldungen zu ihrer Arbeit geben, wie: „Ich merke, dass Sie sich wirklich Gedanken machen und Ihre Erfahrung ist für uns eine große Hilfe." Oder: „Danke, dass Sie diesen Aspekt angesprochen haben, da habe ich so noch gar nicht drüber nachgedacht." Diese kleinen Momente der Anerkennung sorgen dafür, dass sich Fachkräfte und Vertreter von Behörden ernst genommen und geschätzt fühlen und das öffnet oft Türen für einen echten Dialog auf Augenhöhe.
Eine weitere Strategie könnte sein, gezielt auf die Expertise des Gegenübers einzugehen, indem du nachfragst: „Wie schätzen Sie das mit Ihrer Erfahrung ein? Ich würde das gerne mit Ihrer Sichtweise abgleichen." Solche Fragen zeigen, dass du offen bist und die Zusammenarbeit wirklich als gemeinsames Projekt siehst, was wiederum die Bereitschaft deines Gegenübers erhöhen kann, auch deine Perspektive einzubeziehen.

Ein Kompromiss, der auf deinen Werten basiert und die Expertise anderer respektiert, kann eine Brücke schaffen. So bleibst du klar und authentisch und zeigst gleichzeitig, dass du bereit bist, neue Wege zu finden, die deinem Kind zugutekommen.

Mit Ablehnung umgehen und souverän handeln

Es gibt dann auch noch trotz aller Bemühungen jene Momente, die uns als Eltern wirklich den Boden unter den Füßen wegziehen. Wenn wir nach langem Überlegen und vielen Abwägungen und Gesprächen dann plötzlich auf ein „Nein" stoßen. Das kann richtig wehtun. Es kann sich anfühlen, als würde uns jemand die Hoffnung nehmen, die wir so sehr in diese Entscheidung und darauf folgende Entwicklung gesetzt hatten. Das „Nein" eines Entscheidungsträgers kann in uns Wut, Frustration und auch Hilflosigkeit auslösen und häufig ist es auch so, dass sich eine solche Entscheidung ganz praktisch in unserem Leben auswirkt.

Ein „Nein" im Raum stehen zu lassen, ohne sofort eine Lösung parat zu haben, ist nicht leicht. Manchmal hilft es, den Frust erstmal zuzulassen. Nimm dir diesen Moment, um die Wellen der Enttäuschung zu spüren, ohne sofort reagieren zu müssen. Vielleicht fällt es dir leichter, die Gefühle zu sortieren, wenn du dir sagst: „Das ist jetzt hart, aber es ist nicht das Ende." Diese einfache Haltung kann die nötige Ruhe geben, um die Situation später mit einem klareren Blick anzugehen.

Es kann hilfreich sein, sich selbst vor Augen zu führen, dass ein „Nein" oft bedeutet, dass eine Lösung im Moment nicht möglich ist. Das heißt aber nicht, dass es nie möglich sein wird.

Frag dich in diesen Momenten: „Welche Alternativen könnte es geben? Gibt es eine Möglichkeit, das Thema später noch einmal aufzugreifen?" Indem wir offen und geduldig bleiben, zeigen wir nicht nur unsere Entschlossenheit, sondern auch, dass wir bereit sind, das Gespräch weiterzuführen. Diese Haltung kann dir helfen, neue Wege zu finden, anstatt in der Enttäuschung festzustecken.

Manchmal kann es auch eine Frage des „Wie" sein – wie wir unsere Anliegen formulieren und unsere Perspektive einbringen. Gerade bei einem „Nein" lohnt es sich, nach einer Pause noch einmal zu reflektieren: „Habe ich klar genug gemacht, warum das für mein Kind wichtig ist? Könnte ich meine Argumente anders formulieren?"

Oft entsteht aus einer Ablehnung die Chance, neue Lösungsansätze zu entwickeln und selbst stärker und sicherer in den eigenen Anliegen zu werden.

Das Gefühl, für das eigene Kind etwas vergeblich versucht zu haben, kann tief sitzen. Doch hier kann es auch helfen, die Situation aus einer anderen Perspektive zu betrachten: „Ist das ein Nein zu mir und meinem Kind oder ein Nein zu den Umständen?" Häufig hat die Ablehnung nichts mit uns persönlich zu tun, sondern ist eine Folge von Systemzwängen, knappen Budgets oder anderen äußeren Faktoren, die oft jenseits unseres Einflusses liegen. Sich bewusst zu machen, dass das „Nein" nicht an uns als Eltern liegt, kann eine Erleichterung sein und uns helfen, die Situation klarer zu sehen.

Selbstbewusst und ruhig mit einem „Nein" umzugehen, bedeutet allerdings nicht, dass wir alles einfach akzeptieren müssen. Es bedeutet, dass wir den Raum finden, unsere Gefühle zuzulassen, ohne sie uns überrollen zu lassen. Es bedeutet, den eigenen Standpunkt zu wahren und nach Alternativen zu suchen, auch wenn es anstrengend wird. Durch diese innere Klarheit und Stärke schaffen wir es, für unser Kind einzustehen.

Wenn das „Nein" besonders schmerzhaft ist, fühl dich ermutigt, dir Unterstützung zu holen. Niemand muss sich allein mit all dem Druck und der Enttäuschung herumschlagen. Der Austausch mit anderen Eltern, die ähnliche Erfahrungen gemacht haben, der Rat von Selbsthilfegruppen und manchmal auch ein Rechtsbeistand können dir zeigen, dass du nicht alleine bist.

Unterstützendes Netzwerk schaffen

Es ist völlig verständlich, wenn der Gedanke an weitere Kontakte in einer sowieso schon schwierigen Situation oder der Plan, ein Netzwerk aufzubauen, eher wie eine zusätzliche Last wirkt. Gerade wenn man sich sowieso schon am Limit fühlt, hat man keine Ressourcen mehr für weitere Gespräche, Geschichten und Input, der dann zu verarbeiten wäre.

Vielleicht hast du das Gefühl, dass es ohnehin schon schwierig genug ist, für die Belange deines Kindes einzutreten und dich durch die bürokratischen Hürden zu kämpfen. Wieso sich dann auch noch mit einer Gruppe von Menschen auseinandersetzen, die vielleicht nur schwer nachvollziehen können, was du durchmachst?

Doch genau hier kann ein Netzwerk den Unterschied machen, denn es umfasst viel mehr, als man im ersten Moment denkt. Es geht nicht nur um direkte Unterstützung, sondern auch um ein System (oder eine Gemeinschaft), das dich trägt und dir auf vielfältige Weise hilft.
Ein Netzwerk kann aus vielen verschiedenen Menschen bestehen. Andere Eltern und Gleichgesinnte, die ähnliche Wege gehen und Verständnis für deine Situation haben, können dir Mut machen und wertvolle Tipps geben. Rechtsberater können dich unterstützen, wenn es darum geht, Ansprüche durchzusetzen oder in schwierigen Gesprächen mit Kostenträgern Klarheit zu schaffen. Assistenten und Mitarbeitende, die direkt mit deinem Kind arbeiten, sind wichtige Teile dieses Netzwerks, da sie deinen Alltag entlasten und deinem Kind neue Perspektiven eröffnen können.
Aber auch Familie und Freunde, die einfach nur da sind, zuhören und dein Leben ein Stück weit mittragen, gehören dazu. Selbst entfernte Bekannte, die dich auf hilfreiche Ressourcen oder Ansprechpartner aufmerksam machen, oder Fachkräfte, die offen für einen wertschätzenden Austausch sind, können Teil deines Netzwerks werden. Ein Netzwerk kann auch aus virtuellen Kontakten bestehen, also Menschen, die du in Online-Foren, sozialen Medien oder Selbsthilfegruppen triffst und die dir Anregungen geben oder einfach ein offenes Ohr haben.
Das Schöne daran ist: Es muss nicht perfekt oder vollständig sein, und du musst nicht alles sofort aufbauen. Ein Netzwerk entwickelt sich nach und nach, und manchmal entstehen die wertvollsten Kontakte genau dann, wenn du es am wenigsten erwartest. Es wäre gut, sich an den Aufbau eines Netzwerks zu machen, wenn die Zeiten gerade ruhiger sind und du die Ressourcen dafür hast. Denn wenn es dann wieder stürmisch wird, kannst du darauf zurückgreifen und musst die Herausforderungen nicht allein tragen. Dein Netzwerk ist wie ein Sicherheitsnetz, das dich auffängt, wenn du es brauchst, ganz

gleich, ob die Unterstützung aktiv ist oder einfach durch das Wissen entsteht, dass jemand da ist, der versteht, was du durchmachst.

Vielleicht magst du dir vorstellen, wie ein Netzwerk dir helfen könnte, in Situationen, in denen du bei Anträgen und Anfragen auf Widerstände stößt, nicht alleine zu sein. Ein gut funktionierendes Netzwerk, das aus Eltern, Freunden oder auch Fachpersonen besteht, die ähnliche Erfahrungen gemacht haben, gibt dir Rückhalt und zeigt, dass du dich nicht jedes Mal neu beweisen musst. Du bekommst wertvolle Tipps, wie du mit schwierigen Gesprächspartnern umgehen kannst, oder konkrete Hinweise, wie du Anträge formulierst, damit sie eher Erfolg haben.

Manchmal ist es auch einfach dieser Austausch untereinander, der dir wieder Mut macht. Wenn jemand erzählt: „Ich bin genau da gewesen, wo du jetzt stehst, und ich weiß, wie hart das ist, aber ich habe es geschafft." Solche Sätze können wie eine kleine Dosis Hoffnung sein, die dir hilft, nicht aufzugeben, sondern weiter für das zu kämpfen, was deinem Kind zusteht. Auch das Gefühl, von anderen verstanden zu werden, kann schon eine ungeheure Erleichterung sein, gerade wenn alle anderen dir nur Ratschläge geben wollen, die überhaupt nicht in deine Lebensrealität passen.

Ein Netzwerk ist auch deshalb so wertvoll, weil es oft neue Möglichkeiten aufzeigt, die du allein vielleicht nicht entdeckt hättest. In einem Gespräch mit anderen Eltern kannst du Ideen hören oder von Kontakten erfahren, die dir vorher nicht bewusst waren. Vielleicht hörst du von einer Initiative, die Unterstützung bei Anträgen anbietet, oder jemand hat eine Strategie entwickelt, die dir bei deinem nächsten Gespräch nützlich sein könnte, oder ihr entwickelt gemeinsam Visionen und kreative Ideen für Wohnprojekte oder ähnliches. Solche Erfahrungen aus erster Hand sind oft mehr wert als jede theoretische Beratung und machen klar, dass es immer Wege gibt, selbst dann, wenn es erstmal wie eine Sackgasse aussieht.

Ja, es kostet Kraft, diese Kontakte zu suchen und zu pflegen. Aber diese investierte Energie kommt oft doppelt und dreifach zurück. Du merkst, dass du auf Menschen bauen kannst, die dich in den schweren Momenten unterstützen und dass du auch selbst Teil eines Netzwerks wirst, das trägt und weiterhilft. Anderen zu helfen kann ebenso unglaublich viel Kraft geben.

Wenn wir in Momenten, in denen wir auf Ablehnung und Widerstände stoßen, einen starken Kreis an Menschen um uns haben, die das kennen und uns mitfühlend zur Seite stehen, wird vieles erträglicher. Ein Netzwerk kann uns also die nötige Stabilität geben, die wir oft so dringend brauchen, um die bürokratischen, emotionalen und praktischen Herausforderungen zu bewältigen, die das Leben mit einem behinderten Kind mit sich bringt.

Ein richtig wertvoller Aspekt in einem Netzwerk ist, dass du dort oft auch erfahren kannst, wann es sinnvoll ist, rechtlichen Beistand hinzuzuziehen. Vielleicht hast du selbst schon einmal erlebt, wie frustrierend es sein kann, wenn ein Antrag abgelehnt wird, obwohl dir klar ist, dass deinem Kind diese Unterstützung zusteht. In einem Netzwerk von Eltern, die ähnliches erlebt haben, kann es ermutigend sein zu hören: „Ich habe damals auch gezögert, aber es war genau die richtige Entscheidung, mir rechtlichen Beistand zu holen." Diese Bestärkung zeigt dir, dass du diese Hürde nicht alleine nehmen musst und dass es völlig legitim ist, Unterstützung zu suchen, wenn die eigenen Ressourcen nicht mehr ausreichen.

Rechtsbeistand in Anspruch zu nehmen, kann dir das Gefühl geben, dass du nicht immer die komplette Last selbst tragen musst. Ein guter Anwalt oder eine erfahrene Beratungsperson kennt die Gesetze und Regelungen und kann in Situationen helfen, in denen du vielleicht schon alle Argumente erschöpft hast. Sie übernehmen oft den formalen Teil der Kommunikation und sorgen dafür, dass dein Anliegen sachlich und professionell vertreten wird. Das nimmt viel Druck heraus und gibt wieder Raum, um dich auf andere wichtige Dinge zu konzentrieren.

So gesehen ist ein Netzwerk nicht nur ein emotionales Auffangbecken, sondern eine wichtige Ressource, die dir zeigt, welche Schritte möglich sind und wie du diese bis hin zur rechtlichen Unterstützung, die du vielleicht alleine nicht in Erwägung gezogen hättest, angehen kannst.

Den Umgang mit Fachleuten mutig gestalten

Ich hoffe, dieses Kapitel hat dir gezeigt, wie wichtig und wertvoll es ist, im Umgang mit Fachleuten und Vertretern von Behörden eine klare Haltung einzunehmen, die von Wertschätzung und Offenheit geprägt ist. Der Austausch kann herausfordernd sein, aber er bietet auch die Chance, gemeinsam Lösungen zu finden, die dein Kind wirklich voranbringen.

Eine wichtige Grundlage dafür ist, dass du selbst gut informiert bist. Denn nur wenn du die relevanten rechtlichen Grundlagen kennst oder weißt, an wen du dich wenden kannst, bist du in der Lage, souverän aufzutreten und dich für die Bedürfnisse deines Kindes starkzumachen.

Es gibt selbstverständlich viele Fachleute und Mitarbeitende in Behörden, die über fundiertes Wissen und Erfahrung im Umgang mit den Bedürfnissen von Autistinnen und Autisten sowie den rechtlichen Rahmenbedingungen verfügen. Doch leider können wir dieses Wissen nicht bei allen voraussetzen. Manchmal fehlt es an spezifischer Expertise, an aktueller Kenntnis der rechtlichen Grundlagen oder einfach an einem tiefen Verständnis für die individuellen Bedürfnisse deines Kindes.

Genau deshalb ist es umso wertvoller, wenn du dich selbst gut informierst oder Zugang zu den richtigen Ressourcen hast. Mit diesem Wissen kannst du nicht nur besser für dein Kind eintreten, sondern auch dazu beitragen, den Austausch mit Fachleuten auf eine stärkere Grundlage zu stellen.

Auf *Ellas Blog* findest du dazu viele hilfreiche Angebote, wie zum Beispiel meine Kurse, die du jederzeit in deinem eigenen Tempo absolvieren kannst. Sie bieten nicht nur praktische Tipps, sondern auch fundiertes Wissen zu Themen wie dem Bundesteilhabegesetz, der Gestaltung von Übergängen, zu Grundwissen Autismus oder dem Umgang mit herausforderndem Verhalten. Meine Bücher und Blogartikel ergänzen dieses Wissen mit weiteren Mosaiksteinchen, die dir helfen, die oft komplexen Zusammenhänge besser zu verstehen.

Natürlich gibt es auch viele weitere wertvolle Ressourcen, wie Bücher, Webseiten und den Austausch mit anderen Eltern oder Fachleuten.

Manchmal liegt die Kraft genau darin, ein Netzwerk aufzubauen. Unterstützung von anderen Eltern, Fachleuten oder Organisationen zu suchen, ist keine Schwäche, sondern eine Bereicherung. Der Austausch mit Menschen, die ähnliche Herausforderungen erleben, kann dir nicht nur Mut machen, sondern auch wertvolle Impulse und neue Perspektiven geben.

Und ein weiterer wichtiger Punkt: Ein vertrauensvoller Dialog lebt von gegenseitigem Respekt. Zeige deinem Gegenüber Wertschätzung, indem du ihre Erfahrungen anerkennst und sie bewusst in den Dialog einbindest. Ein Lob oder eine positive Rückmeldung wie „Das ist ein spannender Ansatz, den ich gerne weiter überdenken möchte" oder „Ihre Erfahrung in diesem Bereich finde ich wirklich hilfreich" kann Türen öffnen und die Zusammenarbeit erleichtern.

Abschließend möchte ich dich ermutigen, deinen eigenen Weg zu gehen – in deinem Tempo und mit deinen Prioritäten. Sei dir bewusst: Du bist die Expertin für dein Kind, und deine Stimme zählt. Gleichzeitig bedeutet das nicht, dass du alles allein bewältigen musst. Indem du dir Wissen aneignest, dir Unterstützung holst und auf eine respektvolle, klare Kommunikation setzt, legst du den Grundstein für eine Zusammenarbeit, die deinem Kind und dir langfristig zugutekommt.

8 Raum geben statt Loslassen

Einer der häufigsten, aber auch gedankenlosesten Kommentare gegenüber Eltern autistischer oder behinderter Kinder ist, dass sie doch endlich loslassen sollten. Vielleicht hast du es auch schon gehört: „Du musst loslassen." Dieser Ratschlag ist gut gemeint, kommt aber bei den meisten von uns völlig anders an.

Wir hören ihn von Freunden, Familie, Bekannten, sehr gerne aber auch von fachlicher Seite: „Sie müssen loslassen."

Dieser unscheinbare Satz verursacht viel Irritation, Schmerz und Leid, sicherlich nicht bei allen von uns, aber bei sehr vielen. In Elterncoachings höre ich oft, wie Eltern unter Tränen sagen: „Ich soll loslassen. Das sagen alle und ich weiß nicht, wie das gehen soll und ob ich das überhaupt will. Es zerreißt mir das Herz."

Und ich sage dir: Du musst nicht loslassen, wenn es sich für dich falsch anfühlt. Stattdessen darfst du dir und deinem Kind Raum geben. Raum, der Freiheit und Sicherheit miteinander verbindet und damit eine viel besserer Grundlage dafür ist, dass ihr euch gemeinsam weiterentwickelt und Freiräume gewinnt.

Es muss nicht sein und es ist häufig auch überhaupt nicht möglich, das schützende Netz aufzugeben, das unser Kind so dringend braucht. Das Ziel kann genauso gut sein, nicht Abstand zu schaffen, sondern allen die Möglichkeit zu geben, gemeinsam zu wachsen.

Interessiert dich das näher? Dann lies gerne, was ich über diesen Ansatz auf den nächsten Seiten noch erzählen möchte.

Warum Loslassen nicht immer die Lösung ist

Während viele Eltern darauf hinfiebern, ihre Kinder mit zunehmendem Alter Flügel für die große, weite Welt zu geben, ist dieser Gedanke für die meisten von uns kaum vorstellbar. Für uns ist es oft nicht erstrebenswert, die Leinen zu kappen und darauf zu vertrauen, dass unsere Kinder für die Welt bereit sind. Die Realität ist oft viel komplizierter. Und selbst wenn wir loslassen wollten, was hätten wir davon, wenn wir dann in ständiger Sorge leben müssten? Wie sollen wir damit zurechtkommen, dass die Strukturen nicht derart sind, dass wir unsere Kinder wirklich gut aufgehoben und mit ihren Bedürfnissen ernst genommen wissen? Sollen wir uns zurücklehnen und in Zeiten von Fachkräfte- und Mitarbeitermangel trotzdem andere machen lassen? Wie sollen wir uns frei fühlen, wenn wir genau wissen, dass unsere Kinder auf das starke emotionale Band zwischen ihnen und uns angewiesen sind, weil sie sich womöglich selbst nicht allgemeinverständlich äußern können? All das, weil es der Großteil der Gesellschaft so anstrebt und weil man uns einzureden versucht, dass wir mehr Freiheit brauchen?

Was wir mit Freiheit verbinden, ist aber eine andere Form von Freiheit, auf die ich später noch eingehen werde.

Dazu kommt, dass dieses Loslassen, von dem so oft gesprochen wird, für viele von uns überhaupt keine reale Option ist, weil es schlichtweg an passenden Angeboten für Autistinnen und Autisten mit hohem Unterstützungsbedarf mangelt. Zwar gibt es nach wie vor Einrichtungen, die sich mit großem Engagement und Fachwissen für Menschen im Autismus-Spektrum einsetzen und einen wertvollen Beitrag leisten. Doch leider können nicht alle Strukturen den komplexen Anforderungen gerecht werden, die mit einem hohen Unterstützungsbedarf einhergehen.

In den Köpfen vieler Menschen ist noch immer das Bild verankert, dass es ausreichend Heime und Einrichtungen gibt, die umfassend und individuell für behinderte Menschen sorgen. Die Realität zeigt jedoch oft, dass diese Strukturen nicht immer auf echte Teilhabe ausgelegt sind. Es fehlt an qualifiziertem Personal und häufig können die individuellen Bedürfnisse nur unzureichend oder nur für wenige Personen abgedeckt werden – nicht, weil der Wille fehlt, sondern weil die Ressourcen knapp sind, der Bedarf aber viel größer ist.

Besorgniserregend ist auch die steigende Tendenz, dass Menschen mit hohem Unterstützungsbedarf von Einrichtungen zunehmend abgelehnt werden, um den ohnehin knappen Personaleinsatz zu entlasten. Das macht es für Familien umso schwieriger, eine passende und unterstützende Lösung zu finden.

So finden wir uns immer wieder in Situationen, in denen wir gefordert sind, eigene Lösungen zu entwickeln und neue Wege zu finden, weil das gesellschaftliche Netz in diesen Zeiten nicht stabil genug ist, um uns und unsere Kinder aufzufangen. Statt also loszulassen, sehen wir uns oft in der Verantwortung, kreative Lösungen zu finden, die unseren Kindern das stabile Umfeld und die Unterstützung bieten, die sie brauchen. Für uns bedeutet das, dass Loslassen nicht nur eine Frage der inneren Bereitschaft ist, sondern oft unmöglich, weil häufig die Strukturen fehlen, die es uns erlauben würden, diese Verantwortung abzugeben.

Diese Realität ist für viele andere Personen schwer nachvollziehbar, weil das Bild der „sorgenden Heime" immer noch in der öffentlichen Vorstellung verankert ist. Doch für uns Eltern autistischer Kinder sieht der Alltag oft ganz anders aus. Anstatt die Betreuung unserer Kinder in fremde Hände geben zu können, sind wir häufig gezwungen, uns selbst um die Strukturen und Hilfen zu kümmern, die ihnen ein gutes Leben ermöglichen, vor allem wenn sie einen hohen Unterstützungsbedarf haben und sogenannte herausfordernde Verhaltensweisen zeigen und man nicht das Glück hatte, einen der immer rarer werdenden Plätze im Erwachsenenbereich zu bekommen.

Und so hören wir trotz aller Umstände, die Außenstehende nicht kennen, immer wieder diesen Satz: „Du musst loslassen." Und die wenigsten verstehen und können es womöglich auch nicht wissen, dass all das soeben Geschriebene in unseren Köpfen herumgeistert und wir diese Äußerung mehr als unpassend empfinden.

Für uns, die wir oft als Dolmetscher, Bindeglied und Anker in einer komplexen Welt dienen, fühlt sich dieser Rat alles andere als befreiend an. Für uns bedeutet Loslassen nicht einfach, dass das Kind einen Schritt weiter in die Selbstständigkeit geht. Es bedeutet häufig, dass wir einen essenziellen Teil unserer Verantwortung und unserer Bindung aufgeben sollen, etwas, das sich für viele von uns nicht möglich oder richtig anfühlt.

Denn wie sollen wir loslassen, wenn wir wissen, dass unser Kind auf unsere Nähe und Unterstützung angewiesen ist, viel mehr als andere Kinder? Gerade autistische Kinder profitieren von klaren Strukturen, festen Bezugspersonen und einem stabilen Umfeld.

Es ist natürlich möglich und absolut wünschenswert, dass neue Bezugspersonen ins Leben unseres Kindes treten. Doch was uns Eltern häufig abverlangt wird, geht weit darüber hinaus. Oft wissen wir nicht, wer betreut, ob Mitarbeiter wechseln, wie genau die Bedingungen aussehen und ob sich jemand die Zeit nimmt, zu erkennen, was unser Kind braucht. Statt uns als Eltern dabei zu unterstützen, diesen Schritt sicherer zu gehen, werden wir oft in eine Ecke gedrängt: Man erwartet von uns, dass wir uns völlig zurücknehmen, ja sogar eingeschränkte Kommunikationsregeln einhalten und auf direkten Austausch mit wichtigen Bezugspersonen verzichten, zum Beispiel mit Schulbegleitungen (eine absurde und kontraproduktive Vorgabe) oder mit Mitarbeitenden, die in einer besonderen Wohnform neu in das Leben unseres Kindes treten (häufig zum Beispiel mehrwöchige Kontaktverbote).

Man sagt uns, das sei nötig, damit unser Kind unabhängiger wird. Doch wie soll das funktionieren, wenn wir außen vor bleiben und unsere Sorge und Erfahrung einfach ausschalten sollen?

Es tut weh, als „Einmischer" oder sogar als „Problem" betrachtet zu werden, obwohl wir doch nur das Beste für unser Kind wollen. Viele von uns haben über Jahre eine tiefe Kenntnis und Expertise aufgebaut, einfach weil wir Tag für Tag miterleben, was unser Kind stärkt, was es überfordert und wie man deeskalierend wirken kann. Doch statt diese Erfahrung zu nutzen, bleiben wir oft außen vor. Diese Einstellung, dass Eltern „stören", ignoriert eine wertvolle Ressource, nämlich unser Wissen über unser Kind und unser tiefes Verständnis dafür, was es im Alltag wirklich braucht.

Gleichzeitig dürfen wir uns auch fragen, ob wir manchmal unbeabsichtigt dazu beitragen, dass die Zusammenarbeit mit Fachkräften oder anderen Beteiligten erschwert wird. Es kann passieren, dass wir aus Liebe und Sorge zu sehr in die

Selbstbestimmung unseres Kindes eingreifen oder uns in Strukturen einmischen, die bereits unter Druck stehen. Auch das Absprechen von Kompetenzen gegenüber Fachkräften oder der Anspruch, alles besser zu wissen, kann dazu führen, dass Türen geschlossen bleiben, die eigentlich offenstehen könnten.

Manchmal überschreiten wir Eltern auch Grenzen, indem wir nicht anerkennen, dass unser Kind selbst kleine Schritte in Richtung Eigenständigkeit gehen kann oder dass Fachkräfte ebenfalls wichtige Expertise mitbringen. Das geschieht vor allem in Momenten, in denen uns unsere Emotionen leiten und wir den Blick für das Miteinander verlieren.

Doch so wichtig Reflexion und Selbstkritik auch sind, es gibt ebenso Situationen, in denen der Umgang mit uns Eltern wirklich nicht in Ordnung ist. Wenn wir übergangen, nicht ernst genommen oder gar abgewertet werden, ist das ein Punkt, der zurecht verletzt. Es ist frustrierend, wenn unser Engagement und unser Wissen nicht gesehen oder wertgeschätzt werden – wobei ich mir sicher bin, dass das umgekehrt bestimmt ebenso ist.

Es hilft, immer wieder innezuhalten und zu reflektieren:
Unterstütze ich mit meinem Verhalten die Selbstbestimmung meines Kindes?
Lasse ich Raum für die Kompetenzen und Vorschläge anderer?
Fördere ich eine Zusammenarbeit, die langfristig das Beste für mein Kind ermöglicht?
Gleichzeitig dürfen wir aber auch klar erkennen, wenn eine Grenze überschritten wird, und für uns selbst einstehen. Diese Balance aus Reflexion und Selbstbehauptung ist nicht leicht, aber sie kann eine Zusammenarbeit ermöglichen, die auf Respekt, Wertschätzung und gegenseitigem Verständnis basiert. Und wenn das gelingt, profitieren am Ende alle, vor allem unsere Kinder.

Nun ist es nicht so, dass wir Eltern von Natur aus misstrauische Menschen wären. Vielmehr hat uns der oft lange und herausfordernde Weg mit unserem Kind gelehrt, dass nicht immer alles so reibungslos abläuft, wie es von außen vielleicht erscheinen mag oder uns versichert wird. Wir haben Erfahrungen gesammelt, manche davon positiv, viele aber auch, die uns vorsichtig gemacht haben. Wir haben gesehen, wie entscheidend es ist, ein vertrauensvolles und gleichzeitig wachsames Auge auf die Rahmenbedingungen, die Betreuungspersonen und die neuen Situationen unseres Kindes zu haben.

Dabei finden wir uns oft in Rollen wieder, die wir uns nie ausgesucht haben. Viele von uns treten im Einsatz für ihre Kinder so vehement auf, wie wir es von uns selbst sonst vielleicht nicht kennen. Diese Stärke oder Hartnäckigkeit, die in solchen Situationen notwendig ist, bringt aber auch positive Aspekte zum Vorschein: Wir lernen uns selbst neu kennen, entdecken Ressourcen, die uns vorher nicht bewusst waren, und wachsen an den Herausforderungen.

Doch gleichzeitig erleben wir, dass unser Gegenüber meist nur einen Ausschnitt von uns sieht. Sie sehen die kämpferische Mutter oder den kritischen Vater, beurteilen uns aber häufig in einer Weise, die unserem gesamten Wesen nicht gerecht wird. Das kann frustrierend sein, vor allem weil wir wissen, wie unterschiedlich wir in anderen Lebenssituationen handeln würden.

Aber hier hilft es, ehrlich zu sein: Auch wir selbst machen das in anderen Kontexten. Wir beurteilen andere Menschen, sei es Fachkräfte, Behördenmitarbeitende oder andere Eltern, oft ebenfalls nur anhand eines kleinen Ausschnitts ihres Verhaltens.

Wenn wir uns deshalb nicht blind darauf einlassen können, unser Kind einfach loszulassen, dann ist das keine grundlose Sorge, sondern ein reflektiertes Verhalten, das aus Erfahrungen entstanden ist. Es geht uns nicht darum, jemandem etwas vorzuwerfen, sondern darum, sicherzustellen, dass die Bedürfnisse unseres Kindes wirklich im Mittelpunkt stehen. Eine vertrauensvolle Zusammenarbeit würde bedeuten, dass wir als Eltern von Anfang an miteinbezogen werden, dass ein regelmäßiger Austausch stattfindet und dass wir gemeinsam die besten Lösungen für unser Kind erarbeiten können.

Wenn du also zu denjenigen gehörst, die bei dem Wort „Loslassen" innerlich eine Sperre spüren, dann bist du nicht allein. Diese Sperre ist keine Schwäche oder Verweigerung, sondern ein sehr berechtigtes Bedürfnis, das Leben deines Kindes und die damit verbundene Verantwortung ernst zu nehmen. Niemand, der sich nicht selbst in einer ähnlichen Lage befindet, kann wirklich verstehen, was diese Verantwortung und tiefe Verbundenheit für uns bedeuten.

Es gibt jedoch Situationen, in denen es sich lohnt, einen Moment innezuhalten und ehrlich zu reflektieren:

Könnte ich manchmal dazu neigen, meinem Kind zu wenig Raum zu geben?

Bin ich vielleicht an manchen Stellen doch zu nah dran, sodass ich es in seiner Eigenständigkeit ungewollt bremse?

Es ist keine leichte Frage, und die Antwort darauf darf sich mit der Zeit entwickeln. Es ist völlig normal, dass wir aus unserer Fürsorge und Liebe heraus manchmal Dinge anders machen, als es vielleicht langfristig förderlich wäre. Diese Reflexion ist ein Zeichen dafür, dass du dich ehrlich mit deinen Beweggründen auseinandersetzt.

Gleichzeitig darfst du dir sicher sein, dass dein Wunsch, dein Kind zu schützen und zu unterstützen, auf einem tiefen, berechtigten Bedürfnis beruht. Lass dir nicht vorschnell vorwerfen, du würdest zu viel kontrollieren oder nicht genug loslassen. Niemand, der nicht in deiner Haut steckt, hat das Recht, über dich zu urteilen. Und wenn dir jemand diesen Rat gibt, darfst du ruhig nachfragen: „Wie willst du wissen, was für mich und mein Kind das Beste ist?" oder „Warum glaubst du, mir sagen zu können, wie ich mit meinem Kind umgehen soll?"

Diese Fragen helfen dir, das Gespräch in eine Richtung zu lenken, die auf Augenhöhe stattfindet, ohne dass du dich gezwungen fühlst, dich und deine Entscheidungen zu rechtfertigen. Denn du bist die Person, die ihr Kind am besten kennt. Aber du bist auch jemand, der wachsen kann – durch Reflexion, durch den Austausch mit anderen und durch die Bereitschaft, den eigenen Weg immer wieder neu zu hinterfragen. Denn Loslassen ist nicht immer die richtige Lösung, aber kleine Schritte in Richtung Eigenständigkeit sind das größte Geschenk, das wir unseren Kindern machen können.

Falls du in deinem Umfeld regelmäßig mit diesem Thema konfrontiert wirst, erinnere dich deshalb daran: Nur weil „Loslassen" oft als allgemeingültiger Rat wiederholt wird, bedeutet das nicht, dass es für dich und dein Kind die passende Lösung ist. Gerade im Kontext Autismus sind pauschale Ratschläge selten hilfreich. Deine Empfindungen sind berechtigt und du darfst dich ohne Schuldgefühle gegen Ratschläge stellen, die sich für dich nicht richtig anfühlen. Du hast das Recht, in deinem Tempo und auf deinem eigenen Weg das Gleichgewicht zwischen Nähe und Freiraum so zu gestalten, wie es für dich und dein Kind stimmig ist.

Stell dir vor, wie viel besser es für alle Beteiligten sein könnte, wenn wir als Partner im Leben unseres Kindes gesehen würden, als Menschen, die in wichtigen Momenten unterstützen und mitgestalten dürfen, statt einfach nur loszulassen und auf Abstand zu gehen. Eine respektvolle Zusammenarbeit könnte uns Eltern die Zuversicht geben, anderen Personen mehr zu vertrauen. Daher plädiere ich dafür, aktiv einen Raum zu schaffen, in dem wir dies aufbauen und gestalten, damit sich unser Kind, aber auch wir selbst entwickeln können.

Du darfst für diesen vertrauensvollen Umgang einstehen. Wenn du das Gefühl hast, dass du und dein Wissen über dein Kind nicht genügend respektiert werden, sprich das offen an. Es geht darum, eine gute Balance zu finden, um unser Kind stützen und gleichzeitig auch seine Freiheit respektieren zu können. Diesen Raum des gemeinsamen Vertrauens dürfen wir aktiv mitgestalten. Nur so können wir dafür sorgen, dass wir nicht ins Ungewisse loslassen müssen, sondern gemeinsam einen sicheren Rahmen schaffen, in dem unser Kind wirklich die Unterstützung findet, die es braucht.

Manchmal hilft es, dem Gegenüber zu erklären, dass du dir und deinem Kind Raum geben möchtest, statt einfach loszulassen. Der Unterschied ist enorm: Raum geben bedeutet, schrittweise Vertrauen aufzubauen, ohne das schützende Netz ganz loszulassen. Es bedeutet auch, deinem Kind Freiräume zu ermöglichen und gleichzeitig dafür zu sorgen, dass es sich sicher und unterstützt fühlt und dass weitere Unterstützerinnen und Unterstützer mit ins Boot geholt werden.

Das schauen wir uns jetzt genauer an.

Raum geben – Einladung zum gemeinsamen Wachsen

Vielleicht fragst du dich jetzt, was das genau bedeuten soll, dieses „Raum geben". Ich meine damit, dass wir die Bedürfnisse und Wünsche beider Seiten, unsere und die unseres Kindes, achten und erfüllen dürfen.

Es geht nicht um Abschied oder erzwungenen Rückzug. Raum geben bedeutet, dass dein Kind die Möglichkeit hat, sich selbstbestimmt, sicher und unterstützt weiterzuentwickeln, während es genau weiß, dass du weiterhin da bist. Klingt das nicht ganz anders als dieses Loslassen?

Es bedeutet, dass du dir die Freiheit gönnst, auch Raum für dich selbst zu schaffen. Das ist eine Freiheit, die wir als Eltern von Kindern mit besonderem Unterstützungsbedarf oft aus den Augen verlieren oder einfach nicht umsetzen können.

Stell dir vor, dein Kind bekommt eine Freizeitassistenz, die es wöchentlich zu einem Schwimmkurs begleitet. Vielleicht spürst du sofort den Impuls, alles genau im Blick behalten zu wollen, um sicherzugehen, dass dein Kind sich wohlfühlt und die Assistenz gut zu ihm passt. Das ist völlig verständlich. Schließlich willst du, dass dein Kind gut betreut ist. Doch es gibt verschiedene Möglichkeiten, wie du in dieser Situation handeln kannst: loslassen, festhalten oder Raum geben.

Loslassen würde bedeuten, die Verantwortung vollständig an die Assistenzperson abzugeben, ohne selbst weiter zu beobachten oder nachzufragen. Du würdest darauf vertrauen, dass die Situation funktioniert, und dich bewusst aus allem heraushalten. Für dein Kind könnte das zunächst befreiend wirken, weil es die Möglichkeit hat, sich ohne deine direkte Begleitung auszuprobieren. Gleichzeitig besteht aber das Risiko, dass es sich überfordert oder allein gelassen fühlt, wenn es Schwierigkeiten gibt und du nicht erreichbar bist.

Auch für die Assistenzperson könnte dieser Ansatz herausfordernd sein, da sie möglicherweise unsicher ist, wie sie in bestimmten

Situationen reagieren soll, ohne Rücksprache mit dir halten zu können. Loslassen kann zwar einen wichtigen Schritt in Richtung Unabhängigkeit darstellen, doch gerade bei neuen Situationen kann es für alle Beteiligten schwierig werden.

Festhalten ist das andere Extrem. Dabei bleibst du in der Nähe, beobachtest jede Interaktion, gibst Anweisungen und korrigierst, wenn etwas nicht so läuft, wie du es dir vorstellst. Für dein Kind kann das belastend sein, da es vielleicht das Gefühl bekommt, nicht frei handeln zu dürfen. Es könnte beginnen, sich zurückzuziehen oder seine eigenen Impulse nicht auszuleben, weil es sich ständig beobachtet fühlt.

Auch für die Assistenzperson wird dieser Ansatz schwierig sein, da sie sich in ihrer Arbeit eingeschränkt fühlen könnte und das Vertrauen in sie fehlt, selbst Entscheidungen zu treffen.

Du selbst würdest wahrscheinlich ebenfalls wenig Entlastung erleben, weil du weiterhin die Verantwortung trägst und keine Gelegenheit hast, dir Freiraum zu nehmen oder darauf zu vertrauen, dass andere dein Kind unterstützen können.

Raum geben ist der Mittelweg, der Balance schafft und allen Beteiligten zugutekommt. Es bedeutet, dass du die Assistenzperson ermutigst, ihre eigene Beziehung zu deinem Kind aufzubauen, und ihr gleichzeitig signalisierst, dass du bei Bedarf im Hintergrund als Ansprechpartner verfügbar bist. Raum geben heißt nicht, in der Situation präsent zu sein, sondern später nachzufragen, wie es gelaufen ist, deinem Kind zu helfen, die Erfahrungen zu sortieren, und bei Bedarf Anregungen zu geben.

Für dein Kind kann dieser Ansatz sehr bereichernd sein, da es die Möglichkeit bekommt, selbstständig neue Situationen zu meistern, während es sicher weiß, dass du für Rückfragen oder Unterstützung bereitstehst. Es erlebt dadurch eine Balance aus Selbstständigkeit und Rückhalt.

Auch für die Assistenzperson schafft Raum geben eine positive Basis. Sie fühlt sich respektiert und ermutigt, eigene Ideen einzubringen und mit deinem Kind zu arbeiten, ohne das Gefühl, ständig überwacht zu werden. Gleichzeitig weiß sie, dass sie sich an dich wenden kann, wenn sie Fragen hat oder unsicher ist. Dieser Ansatz stärkt das Vertrauen zwischen allen Beteiligten und ermöglicht es, eine Zusammenarbeit zu gestalten, die flexibel und unterstützend ist.

Indem du Raum gibst, schaffst du nicht nur Freiheiten für dein Kind, sondern auch für dich selbst. Du bleibst mit deinem Kind verbunden, ohne ständig in der Situation selbst präsent sein zu müssen. Stattdessen kannst du durch Nachfragen, Gespräche und unterstützende Anregungen allen Beteiligten helfen, die neuen Erfahrungen zu verarbeiten und daraus zu lernen.

Stell dir den Raum vielleicht als einen großen, offenen Kreis vor, in dessen Mitte dein Kind steht. Es ist sicher, geschützt und umgeben von einer vertrauten Umgebung. Du selbst stehst in diesem Raum, ganz nah, so dass dein Kind dich immer spüren kann. Es weiß, dass du da bist, und das gibt ihm Sicherheit. Doch dieser Raum ist nicht starr, er kann und soll sich weiten, damit auch andere eintreten können und Platz darin finden.

Raum geben bedeutet, dass du dich selbst ein Stück weiter nach außen bewegst, damit andere Menschen in diesen Kreis treten können. Du schaffst damit Platz für neue Bezugspersonen, die auf ihre eigene Weise das Leben deines Kindes bereichern. Vielleicht kommt eine Freizeitassistenz hinzu, ein Therapiebegleiter, eine Lehrerin oder eine Wohnassistenz, die bereit sind, diesen Raum mit zu füllen, ihn zu stützen und deinem Kind zusätzliche Stabilität und neue Perspektiven für Selbstbestimmung und Weiterentwicklung zu bieten.

Dieser Raum, den du schaffst, bleibt dabei von einem starken Band zusammengehalten, nämlich der Verbindung zwischen dir und deinem Kind. Das Band wird nicht dünner oder schwächer, nur weil andere dazukommen und sich der Abstand zeitweise vergrößert; im Gegenteil, es bleibt bestehen und gibt dem Ganzen Halt. Diese Verbindung ist wie ein unsichtbares Netz, das für dein Kind immer da ist, auch wenn du dich ein wenig zurückziehst und den neuen Bezugspersonen Raum gibst.

Du selbst bewegst dich im Raum, achtest darauf, wie sich dein Kind fühlt und wie es auf die neuen Menschen reagiert. Du trittst einen Schritt näher, wenn es nötig ist, und wieder einen zurück, wenn du spürst, dass dein Kind den Raum selbständig erkunden kann. Es ist ein achtsames Wahren der Balance: präsent, mit wachem Auge und gleichzeitig einladend für die, die dein Kind unterstützen wollen.

Raum geben bedeutet nicht nur, dass du dich bewegst, sondern dass auch dein Kind in diesem Raum seinen eigenen Platz finden darf und das auch unbedingt soll. Es kann neue Wege ausprobieren, sich von dir entfernen und in seinem eigenen Tempo in Richtung der neuen Menschen bewegen. Vielleicht wagt es sich langsam zur Freizeitassistenz vor oder entdeckt, dass es mit der neuen Lehrerin eine Verbindung aufbauen kann oder mit der Wohnassistenz neue, spannende Dinge erlebt. Dein Kind darf in diesem Raum erkunden, lernen, sich Schritt für Schritt weiterentwickeln, weil es die Sicherheit hat, dass du nicht verschwunden bist.
Dieser Raum wächst mit der Zeit, Schritt für Schritt. Jede neue Person bringt neue Farben, neue Impulse, die deinem Kind ein weiteres Stück Selbstständigkeit ermöglichen. Und du kannst dich darauf verlassen, dass dieser Kreis, den du für dein Kind geschaffen hast, euch weiter verbinden wird.

Wir wünschen uns für unsere Kinder, dass sie so selbständig und so selbstbestimmt wie möglich leben können. Doch Selbständigkeit sieht für unsere Kinder oft anders aus als für andere Menschen. Sie entwickelt sich langsamer und in kleineren Schritten. Vielleicht gibt es Tage oder Wochen, in denen alles stillzustehen scheint, und wir fragen uns, ob jemals Fortschritte sichtbar werden. Doch in diesen Momenten erinnern wir uns daran, dass Entwicklung nicht immer nach unseren Zeitplänen abläuft und oft nur dann gelingt, wenn das Kind ein starkes Sicherheitsnetz um sich hat.
Raum geben bedeutet daher, Strukturen zu schaffen, die Sicherheit bieten und gleichzeitig Platz für Entwicklung lassen. Dabei ist es bereichernd, wenn Dinge auch anders gemacht werden. Das kann deinem Kind helfen, flexibler auf Veränderungen zu reagieren.
Und das Wichtige dabei: Du bleibst immer da. Du hast nicht losgelassen, sondern Raum geschaffen. Dein Kind kann sich darauf verlassen, dass du im Hintergrund da bist und steuernd eingreifst, wenn es nötig ist. Dieses Vertrauen hilft ihm, sich sicher zu fühlen und dennoch die ersten Schritte in eine selbstbestimmtere Zukunft zu

wagen. Ich möchte dir sagen, dass das ein tolles Gefühl ist und dass es sich sowas von richtig anfühlt, dem eigenen Kind Sicherheit zu geben und gleichzeitig viele neue Möglichkeiten ohne Eltern zu eröffnen.

In diesem Zusammenhang drängt sich natürlich die Frage auf, die viele Eltern begleitet: Was wird sein, wenn wir eines Tages nicht mehr da sind? Diese Sorge ist so verständlich und greift tief in unsere Herzen, weil wir wissen, wie sehr unser Kind auf uns und ein starkes Netzwerk angewiesen ist.
Ich denke, dass im Konzept des Raumgebens unglaublich viel Hoffnung liegt. Der Raum, den du jetzt schaffst, ist eine Möglichkeit, immer mehr Menschen hineinzulassen, die dein Kind unterstützen und begleiten können. Dieses wachsende Netzwerk ist nicht nur eine Entlastung im Hier und Jetzt, sondern auch ein Stück Hoffnung für die Zukunft. Es zeigt dir, dass du nicht alles allein tragen musst und dass es Menschen gibt, die dein Kind annehmen und unterstützen wollen.
Ich kann dir aus eigener Erfahrung sagen: Es gibt sie, diese Menschen, die mit Herz und Engagement da sind und die zu einem wertvollen Teil des Lebens deines Kindes werden können. Und je mehr Raum du schaffst, desto mehr solcher Menschen wirst du finden. Es ist ein Prozess, der Mut und Offenheit braucht, sich aber absolut lohnt. Denn in diesem Netzwerk liegt die Sicherheit, dass dein Kind auch dann gut begleitet wird, wenn du irgendwann nicht mehr da bist.

Indem wir uns selbst Raum gönnen und darauf vertrauen, dass wir ein starkes Netzwerk aufbauen können, schenken wir uns und unseren Kindern Zuversicht. Es entsteht eine Umgebung, in der nicht nur Sicherheit, sondern auch Wachstum auch für dich möglich ist. Du bleibst ein wichtiger Teil des Ganzen, während du gleichzeitig eine Basis für eine Zukunft schaffst, die auch ohne dich tragfähig sein kann.

Assistenz als Bereicherung – Vertrauen statt Kontrolle

Es ist ganz normal, wenn es sich erstmal schwierig anfühlt, eine Assistenz in das Leben des eigenen Kindes zu lassen. Da ist dieser natürliche Impuls, alles im Blick behalten zu wollen, denn schließlich kennt niemand das Kind so gut wie man selbst. Gerade bei autistischen Kindern wissen Eltern oft bis ins Detail, was ihnen gut tut, was sie stresst, welche kleinen Veränderungen schon eine große Auswirkung haben können und auf welche Kleinigkeiten bei Mimik und Gestik sie achten müssen, um Reizüberflutung und Krisen vorzubeugen. Die Idee, dass jemand anderes diese Rolle mit übernimmt und dem Kind nah ist, kann verunsichern. Es tauchen Fragen auf: Wird die Assistenzperson das Kind wirklich verstehen? Wird sie sich Mühe geben, seine Besonderheiten zu beachten? Ist sie bereit, sich einzufühlen, auch wenn es mal herausfordernd wird?

Es kann sich anfühlen, als würde man einen Teil der eigenen Verantwortung loslassen und das ist ein Gedanke, der schwer auszuhalten ist. Denn natürlich haben wir alle unsere Erfahrungen gemacht. Viele Eltern haben auf dem Weg mit ihrem Kind schon so viel erlebt, sind oft auf Widerstände gestoßen und mussten sich immer wieder neu durchsetzen, um das Beste für ihr Kind zu erreichen. Da hat man sich über die Jahre eine gewisse Wachsamkeit angeeignet, einfach weil es oft notwendig war.
Doch manchmal kann es passieren, dass wir aus dieser Wachsamkeit heraus unbewusst dazu neigen, unser Kind zu sehr zu behüten. Das ist kein Vorwurf, sondern etwas, das viele Eltern kennen. Wir hören das nicht gerne von Menschen, bei denen wir denken, dass sie nicht wissen können, wie es uns geht, aber vielleicht magst du dir von mir, die ich in derselben Situation bin, ein paar Sätze dazu sagen lassen: Unsere Überfürsorge, die es tatsächlich manchmal gibt, resultiert aus der Angst, etwas könnte schiefgehen oder nicht genug für das Kind getan werden. Dieses Verhalten kommt aus Liebe und Sorge, aber es kann auch dazu führen, dass wir Möglichkeiten zur Weiterentwicklung blockieren oder zumindest verzögern.

Vielleicht magst du dich an dieser Stelle fragen:
Bin ich bereit, meinem Kind Raum zu geben, damit es wachsen kann?
Traue ich ihm und den Menschen, die es begleiten, genug zu, damit es Erfahrungen machen darf, die es stärken und bereichern?
Was brauche ich, um Raum geben zu können und welche Gespräche möchte ich dazu führen?

Assistenz kann eine echte Unterstützung sein, auch wenn das Vertrauen erst wachsen muss und auch darf. Eine Assistenz bringt neue Ideen und frische Perspektiven mit, die deinem Kind auf eine Weise begegnen können, die vielleicht sogar ganz anders ist als dein eigener Ansatz. Das bedeutet nicht, dass es „besser" oder „schlechter" ist, sondern dass es das Leben deines Kindes um eine neue Facette bereichern kann.
Ich habe das auch erleben dürfen und mein Herz geht jedes Mal auf, wenn ich sehe, dass sich mein Sohn auf seine Assistenz freut, die dann Dinge mit ihm machen wird, die ich überhaupt nicht kann oder vielleicht nicht mehr möchte, weil ich es jahrelang schon getan habe. Das Vertrauen in andere Personen wächst genau durch diese Erfahrungen, denen wir eine Chance geben dürfen.
Manchmal erleben Kinder durch eine Assistenz zum Beispiel Leichtigkeit und Unbeschwertheit, weil eine neue Person mit einem unvoreingenommenen Blick und einer anderen Herangehensweise auf sie zugeht. Und genau das kann ein Geschenk sein – für dein Kind, aber auch für dich. Denn wenn du dir erlaubst, einen Teil der Verantwortung zu teilen, schaffst du nicht nur Raum für die Entwicklung deines Kindes, sondern auch für dein eigenes Vertrauen in die Menschen, die euch begleiten möchten.

Es kann helfen, diese Verantwortung in kleinen Schritten zu teilen und zeitweise abzugeben. Anfangs könntest du vielleicht noch in der Nähe bleiben, die Abläufe beobachten und die Assistenzperson nach und nach kennenlernen, um ein Gefühl dafür zu bekommen, wie sie mit deinem Kind umgeht. Dieser Prozess braucht Zeit und Geduld, und es ist völlig in Ordnung, wenn sich das Ganze schrittweise entwickelt. Es geht nicht darum, ad hoc Lösungen zu finden, sondern vielmehr darum, Stück für Stück Raum zu schaffen, in dem Vertrauen wachsen kann.

Vielleicht hilft es auch, die Assistenz nicht als eine Abgabe von Verantwortung zu sehen, sondern als eine gemeinsame Unterstützung für dein Kind. Stell dir vor, dass die Assistenz wie ein zusätzlicher „Schutzschirm" ist, den du mitaufgespannt hast. Dieser Schutzschirm kann neue Erfahrungen für dein Kind ermöglichen und gleichzeitig dafür sorgen, dass du mal durchatmen kannst, weil du weißt, dass jemand da ist, der ebenfalls ein Auge darauf hat. Diese Art von Raum geben ist eine Einladung, gemeinsam mit deinem Kind zu wachsen, ohne dabei die Kontrolle völlig aufzugeben.

Es ist enorm wichtig, dass wir unseren Kindern und ihren Unterstützern bzw. Assistenten vertrauen lernen. Ich erlebe es immer wieder, dass ich Niklas durchaus mehr zutrauen darf und ich diejenige bin, die oft zu zögerlich ist. Wenn wir es wagen, mehr Raum zu geben und unseren Kindern ermöglichen, auch mit anderen Bezugspersonen vertrauensvolle Erfahrungen zu machen, geben wir ihnen die Chance, ihre eigenen Fähigkeiten zu entdecken und zu stärken. Das zeigt ihnen, dass wir ihnen zutrauen, Herausforderungen zu meistern und zu wachsen, selbst wenn wir gerade nicht an ihrer Seite sind und uns manchmal vielleicht auch etwas mulmig dabei ist.

Und es zeigt den Assistentinnen und Assistenten, dass wir Vertrauen in sie setzen und ihre Kompetenz schätzen. Das ermöglicht auch ihnen, wertvolle Erfahrungen zu sammeln sowie an und mit der Aufgabe zu wachsen.

Trotzdem klingt das alles wahrscheinlich einfacher, als es sich tatsächlich anfühlt. Besonders wenn wir über Jahre hinweg gelernt haben, uns auf uns selbst zu verlassen und alles ganz genau im Blick zu behalten. Du bist sicherlich auch schon oft in Situationen gewesen, in denen du gedacht hast, dass es sicherer ist, die Fäden selbst in der Hand zu behalten.

Also was braucht es, um das Vertrauen wachsen zu lassen und weniger Kontrolle auszuüben?

Vor allem braucht es Offenheit, Transparenz und gute Kommunikation. Das braucht es auf allen Seiten.

Für viele Eltern ist es beruhigend, wenn Assistenzpersonen offen und ehrlich über ihre Erfahrungen sprechen und auch bereit sind, zu fragen und dazuzulernen. Diese Bereitschaft, das Kind und uns auf Augenhöhe zu begleiten, kann viel bewirken.

Für uns Eltern bedeutet das, dass wir ebenfalls offen sein dürfen und unsere eigenen Bedürfnisse und Vorstellungen klar aussprechen. Wir dürfen sagen, was uns wichtig ist und welche Bedenken wir haben. Wenn uns etwas unsicher macht, dürfen wir nachfragen und darum bitten, dass die andere Bezugsperson uns regelmäßig Rückmeldungen gibt. Transparenz ist hier das Schlüsselwort – nur wenn wir wissen, was passiert und wie die Person mit unserem Kind arbeitet, können wir Stück für Stück gelassener werden und Vertrauen aufbauen.

Und manchmal braucht es auch schlichtweg Zeit. Vertrauen ist nichts, was von heute auf morgen da ist. Es entwickelt sich durch positive Erfahrungen und durch das Gefühl, dass das Kind gut aufgehoben ist. Es kann helfen, sich kleine Schritte zu erlauben und die Kontrolle nach und nach zu lockern.

Und vergiss nicht: Auch wenn es zunächst schwerfällt, weniger Kontrolle auszuüben, gibt es immer wieder Chancen, diese neue Art der Beziehung mit deinem Kind und der Assistenz zu erleben. Räume entstehen durch Vertrauen, und dieser Raum bedeutet nicht, dass du weniger da bist. Im Gegenteil: Du bist da, nur auf eine Weise, die allen mehr Freiraum gibt, ohne die Verbindung zu verlieren. Es ist ein gemeinsames Wachstum, das oft genau die Entwicklung ermöglicht, die wir uns für unser Kind wünschen.

Vielleicht denkst du immer noch, dass du das unmöglich hinbekommst und brauchst nochmal ein paar prägnante Sätze, die das bisher Gelesene zusammenfassen. Dann schau mal hier, ich hoffe, das hilft weiter, um Vertrauen aufzubauen und nach und nach Kontrolle abgeben zu können:

Beginne mit offenen Gesprächen.

Ob im Kindergarten, in der Schule, in Erwachseneneinrichtungen, bei der Therapie, im Wohnen oder im Freizeitangebot: Sprich mit den neuen Bezugspersonen und gib hilfreiche Hinweise zu den Bedürfnissen und Vorlieben deines Kindes. Vielleicht kannst du sogar eine kleine Zusammenfassung wie ein Kennenlern- oder Ich-Buch überreichen.

Finde eine Balance, die klare Orientierung gibt, ohne ständig alle Details kontrollieren zu müssen.

Du könntest zum Beispiel sagen: „Mir ist wichtig, dass wir gut zusammenarbeiten, um das Beste für mein Kind zu erreichen. Wenn Sie Fragen zu bestimmten Verhaltensweisen haben, bin ich gerne da, um zu unterstützen."

Stelle klare Fragen zur Rückmeldung.

Vereinbare mit Assistenten, Bezugspersonen oder dem Team regelmäßige Rückmeldungen, besonders in der Anfangsphase. Ein einfaches: „Können wir nach den ersten Wochen nochmal sprechen, um zu schauen, was gut klappt?" schafft Sicherheit, ohne zu viel einzugreifen.

Ein möglicher Ansatz wäre: „Ich schätze Ihre Perspektive sehr und würde gerne regelmäßig besprechen, wie sich die Dinge entwickeln. So können wir alle sicherstellen, dass mein Kind gut unterstützt ist."

Die Intervalle können am Anfang kürzer sein und sich dann ausweiten. Gut ist es, das klar zu vereinbaren, damit es keine Missverständnisse gibt.

Baue Vertrauen durch gegenseitigen Austausch auf.

Du kannst den neuen Bezugspersonen signalisieren, dass du bereit bist, Informationen zu teilen, wenn sie Fragen haben. Gleichzeitig kannst du um Updates bitten, damit du informiert bleibst und dich sicherer fühlst.

Du könntest zum Beispiel sagen: „Ich möchte sicherstellen, dass Sie sich gut vorbereitet fühlen und alle wichtigen Informationen haben. Bitte lassen Sie mich wissen, wenn es etwas gibt, das ich beitragen kann, um die Zusammenarbeit zu erleichtern."

Delegiere ohne Kontrollverlust.

Vertrauen bedeutet nicht, die Kontrolle vollständig abzugeben. Vereinbare stattdessen, wie wichtige Informationen geteilt und eventuelle Schwierigkeiten besprochen werden können. So bleibt dein Kind gut betreut, und du bleibst Teil des Teams.

Ein hilfreicher Satz wäre: „Mir ist es wichtig, dass ich weiterhin informiert bleibe, ohne Ihre Arbeit zu behindern. Wie können wir am besten zusammenarbeiten, damit wir alle einen guten Überblick haben?"

Schaffe schrittweise neue Freiräume.
Beginne mit kleinen, überschaubaren Schritten. Lass dein Kind mit einer Bezugsperson neue Erfahrungen sammeln und baue die Zusammenarbeit aus, wenn die Abläufe gut funktionieren. Wenn du Rückmeldungen erhältst, die zeigen, dass dein Kind gut unterstützt ist, kannst du mehr Raum geben, ohne Sorge haben zu müssen.
Du könntest anmerken: „Ich möchte langsam mehr Verantwortung abgeben und sehen, wie sich mein Kind entwickelt. Lassen Sie uns gemeinsam schauen, wie wir das am besten umsetzen können."

Bleibe bei großen Veränderungen involviert, ohne ständig präsent sein zu müssen.
Bei Übergängen ins Jugend- oder Erwachsenenalter, wie zum Beispiel beim Einstieg ins Wohnen aber auch bei Schulwechseln, kann es helfen, vorher festzulegen, wie und wann ihr euch austauscht. Das gibt Sicherheit, weil du weißt, dass du regelmäßig über Entwicklungen informiert wirst, ohne diesen hinterherzulaufen und Bedenken haben zu müssen, als nervig oder übergriffig angesehen zu werden.
Ein Satz könnte sein: „Ich möchte mein Kind auf diesem neuen Weg begleiten, ohne zu überfordern. Können wir regelmäßige Updates vereinbaren, damit ich weiß, dass alles gut läuft?"

Setze auf kleine Fortschritte.
Gib neuen Bezugspersonen den Raum, eigene Methoden zu entwickeln, und lass dein Kind diese Erfahrungen machen. Veränderungen müssen nicht von heute auf morgen kommen, sondern wachsen mit jedem positiven Erlebnis.
Du könntest sagen: „Ich freue mich darauf, zu sehen, welche Ideen und Herangehensweisen Sie einbringen. Ich finde es bereichernd, wenn mein Kind auch auf andere Arten begleitet wird."

Gib dir selbst Zeit für den Vertrauensaufbau.
Vertrauen ist nichts, was man einfach beschließt. Sei geduldig und nimm dir die Zeit, die du brauchst, um dich mit neuen Unterstützern vertraut zu machen. Je öfter du siehst, dass dein Kind gut aufgehoben ist, desto leichter fällt es, in kleinen Schritten die Kontrolle abzugeben.

Ein hilfreicher Satz wäre: „Es fällt mir nicht leicht, Verantwortung abzugeben, aber ich schätze sehr, wie engagiert Sie sind. Lassen Sie uns gemeinsam diesen Weg gehen."

Gib einen Vertrauensvorschuss.
Manchmal fällt es uns Eltern unglaublich schwer, anderen Menschen die Verantwortung für unser Kind anzuvertrauen, vor allem wenn wir schlechte Erfahrungen gemacht haben. Doch ohne einen gewissen Vertrauensvorschuss wird es schwierig, neue Unterstützer wirklich ins Leben deines Kindes zu lassen. Das bedeutet nicht, blind zu vertrauen, sondern bewusst kleine Schritte zu wagen. Du darfst begleiten und anfangs häufiger nachfragen, aber gib den Menschen die Chance, sich zu beweisen. Oft wird Vertrauen mit der Zeit belohnt und wächst, wenn du positive Erfahrungen machst.

Ein Satz könnte sein:
„Es fällt mir nicht leicht, sofort zu vertrauen, weil wir schon schlechte Erfahrungen gemacht haben, aber ich möchte Ihnen die Chance geben, zu zeigen, dass mein Kind bei Ihnen gut aufgehoben ist. Lassen Sie uns in kleinen Schritten daran arbeiten."

Erkenne deine eigene Expertise an.
Dein Wissen und deine Erfahrung sind für die Unterstützer deines Kindes oft eine wertvolle Ressource. Teile es und trage dazu bei, dass dein Kind eine bestmögliche Assistenz und Betreuung erhält, ohne dabei das Gefühl zu haben, dich rechtfertigen zu müssen.

Ein Satz könnte sein: „Ich teile gerne, was uns bisher geholfen hat. Lassen Sie uns das Wissen nutzen, damit wir gemeinsam die besten Entscheidungen treffen können."

Ich kenne diese Momente so gut, die innere Anspannung, das Bedürfnis, alles ganz genau zu beobachten und sicherzustellen, dass wirklich alles stimmt. Vielleicht geht es dir auch so, dass es sich kaum vorstellbar anfühlt, wirklich Verantwortung abzugeben. Es sind schließlich unsere Kinder und die Sorge, ob alles gut laufen wird, lässt sich einfach nicht abstellen. Aber weißt du was? Diese kleinen Schritte, die wir gerade besprochen haben, können wirklich den Unterschied machen.

Vielleicht fängst du damit an, in einem Gespräch zu sagen: „Ich freue mich, dass wir uns regelmäßig austauschen können." So gibst du anderen eine Rolle, ohne das Gefühl zu haben, die Zügel aus der Hand zu geben. Oder du versuchst, gemeinsam einen „Rückmeldetermin" festzulegen, das ist ein einfacher Schritt, aber er zeigt, dass du die Dinge nicht aus den Augen verlierst und gleichzeitig Vertrauen aufbaust. Und wenn du merkst, dass dein Kind auch bei anderen gut aufgehoben ist, kannst du dir mehr Freiraum nehmen. Das muss gar nicht „loslassen" heißen – es bedeutet einfach, dass du Schritt für Schritt Raum für dich selbst schaffen kannst, ohne den Kontakt oder die Sicherheit zu verlieren.

Ich habe selbst erlebt, wie viel leichter es dadurch wird, Vertrauen aufzubauen. Diese kleinen Schritte geben dir die Möglichkeit, dich sicher zu fühlen, auch wenn du mal nicht alles im Blick hast. Du musst nichts überstürzen und niemand drängt dich. Mach es in deinem Tempo, und wenn du merkst, dass ihr euch damit wohlfühlt, wirst du sehen, wie gut es tut, diesen Raum zu haben.

Kopfkino und Ängste hinterfragen

Auch wenn es jetzt so klang, als ob wir mit den gegebenen Tipps schon am Ziel wären, weiß ich, dass uns vor allem unser Kopfkino einen gehörigen Strich durch die Rechnung machen kann. Von dieser inneren Bühne, auf der sich unsere größten Sorgen und Ängste abspielen und sich immer wieder neue Theaterstücke ausdenken, kann ich euch ein langes, langes Lied singen. Vor allem dann, wenn wir uns mal ein bisschen Freiraum gönnen wollen und unser Kind in die Obhut anderer geben, läuft plötzlich ein Film ab, in dem wir uns das Schlimmste vorstellen: die Szenarien, die uns in den Sinn kommen, sind überzeichnet und voller dramatischer Wendungen.

Und obwohl wir wissen, dass es sich „nur" um Gedanken handelt, ist dieses Kopfkino so lebhaft und intensiv, dass wir ihm Glauben schenken oder es zumindest nicht ganz von der Hand zu weisen wagen.

Was kann helfen?

Rufe dir in Erinnerung, dass dein Kopfkino nicht die Wahrheit ist.

Oft sind unsere Gedanken das Ergebnis früherer Situationen, die uns sehr belastet haben, und sie spiegeln nicht unbedingt das wider, was im Moment vor uns liegt. Ja, diese Geschichten sind da und können uns durchaus auf die eine oder andere Weise warnen, aber sie sollten uns nicht davon abhalten das zu tun, was wir eigentlich tun wollen.

Die Fähigkeit, diese Ängste zu hinterfragen, ist ein wichtiger Schritt, aber kein Spaziergang, das weiß ich selbst nur zu gut.

Angst gehört zu uns, sie ist ein Teil dessen, was uns als Menschen ausmacht. Sie ist ein ganz natürliches Warnsignal, das uns auf Gefahren hinweisen will und dabei hilft, uns und unsere Lieben zu schützen. Darüber hatten wir bereits gesprochen.

Für uns Eltern behinderter Kinder ist das absolut präsent, denn wir wissen genau, was es bedeutet, wachsam zu sein und zu versuchen, Gefahren vorab zu erkennen, weil wir die Verantwortung tragen und oft genug schon erleben mussten, dass Dinge anders laufen als erhofft. Diese Erfahrungen prägen uns, und manchmal führt das dazu, dass unsere Angst-Alarmanlage zu empfindlich eingestellt ist und selbst harmlose Situationen in einem bedrohlichen Licht erscheinen.

Gerade weil wir vieles im Voraus planen und bedenken müssen, ist unsere innere Alarmbereitschaft möglicherweise stärker ausgeprägt. Vielleicht kennst du das Gefühl, ständig unter Anspannung zu stehen, in Habachtstellung zu sein und wie auf einem Vulkan zu sitzen, der jederzeit aktiv werden könnte. Das ist nichts Ungewöhnliches in unserer Situation und schon gar nichts, was wir uns zum Vorwurf machen sollten. Es ist eine Folge aus all dem, was wir schon erlebt haben.

Aber wir dürfen uns auch fragen: Wie oft zeigt uns die Realität, dass die meisten dieser Ängste sich im Nachhinein als übertrieben herausstellen?

Es ist wichtig, sich immer wieder daran zu erinnern, dass Ängste auch größer und mächtiger werden können, wenn wir sie wegdrücken und ignorieren. Das wäre also auch nicht der Weg, um sie nach und nach loszuwerden. Manchmal hilft es tatsächlich mehr, diese Angst einfach da sein zu lassen, ohne sie zu bewerten oder gleich zu reagieren. Es mag paradox klingen, aber das Loslassen der Kontrolle über deine Angst kann dir sehr viel Freiheit zurückgeben. Statt ihr zu erlauben, dass sie dich vereinnahmt, kannst du sie einfach beobachten und dir sagen: „Da ist sie, meine Angst. Sie hat ihren Platz, aber ich muss ihr nicht alles überlassen."

Diskutiere nicht mit ihr und tausche keine Argumente mit ihr aus, warum etwas so oder so ist oder wie etwas werden könnte. Die Angst wird immer wieder vermeintlich Wichtiges entgegenzusetzen haben, ein noch dramatischeres Kopfkino aufführen und am Ende bist du nicht weiter als vorher, wahrscheinlich sogar noch ängstlicher.

Akzeptiere sie als Teil deines Lebens, aber hol dir die Kontrolle zurück, indem du sie ansiehst und nicht immer auf sie reagierst. Erlauben wir ihr ab und zu, einfach da zu sein, vielleicht bleibt sie einen Moment, vielleicht auch länger, aber sie wird schließlich weiterziehen, und mit jedem Mal wird ihre Macht ein wenig schwächer.

Ich weiß, dass ich mich in diesem Kapitel wiederhole. Aber es ist so wichtig und ich mache immer wieder die Entdeckung, dass diese Ängste die allermeisten von uns begleiten. Deshalb möchte ich sie nicht tabuisieren, sondern lieber einmal mehr darüber schreiben, wie wir ihr begegnen können.

Ich möchte dir an dieser Stelle auch ganz offen sagen, dass ich selbst sehr gut weiß, wie schwierig das ist. Es klingt manchmal so einfach, die Angst „nur" anzuschauen und nicht direkt darauf zu reagieren. In der Realität ist das ein echter Kraftakt und kann viele Ressourcen binden, vor allem, wenn du eine Angststörung entwickeln solltest, was bei nicht wenigen von uns Eltern der Fall ist.

Ich versuche immer öfter, die Angst nicht als Feindin zu betrachten, die ich besiegen muss, sondern als Begleiterin, die ab und zu auftaucht und sich manchmal ein bisschen zu sehr in den Vordergrund spielt.

Sie tut das, um zu schützen, aber häufig ist sie dabei übereifrig und dann darfst du ihr zum Beispiel sagen: „Da bist du ja wieder. Ist ok, aber du brauchst nicht so laut sein. Es ist alles in Ordnung."

Halte diese Momente durch, atme tief und vergewissere dich, dass hier und jetzt alles in Ordnung ist und keine unmittelbare Gefahr droht und dass ein Gedanke nur ein Gedanke ist. Indem du ihr selbstbewusst diesen Raum gibst, gewinnst du nach und nach ein Stück Kontrolle zurück.

Mut zur Zuversicht

So sehr wir es lieben, für unsere Kinder da zu sein, so sehr sehnen wir uns manchmal auch nach Momenten, in denen wir Verantwortung zumindest ein wenig abgeben dürfen. Es sind nicht nur die alltäglichen Aufgaben, die zehren; es ist dieses ständige Treffen von Entscheidungen, das immerwährende Vorausschauen und Abwägen und die Habachtstellung, die Spuren hinterlassen. Diese Gedanken, dass man ab und zu Unterstützung braucht, sind Botschaften deines Körpers: "Achte auf dich, deine Batterie ist bald leer und du brauchst jemanden, der dich zwischendurch entlastet."

Mut zur Zuversicht bedeutet, dass wir anfangen dürfen, uns Unterstützung zu suchen, die Verantwortung bewusst auf mehrere Schultern zu verteilen. Es bedeutet nicht, dass wir als Elternteil „loslassen" oder den Überblick verlieren. Im Gegenteil: Wenn wir Raum schaffen und ein Netzwerk aufbauen, das unser Kind liebevoll und verantwortungsbewusst begleitet, dann behalten wir den wichtigsten Teil der Verantwortung, den Teil, auf den sich unser Kind immer verlassen kann.

Diese Art der Unterstützung gibt uns die Möglichkeit, selbst zwischendurch durchzuatmen und einen Schritt zurückzutreten. Sie erlaubt uns, das große Ganze zu sehen und klare, durchdachte Entscheidungen zu treffen und nicht nur aus akuten Situationen heraus zu reagieren. Denn genau das braucht auch unser Kind: Eine enge Bezugsperson, die die Kraft hat, langfristig verlässlich zu sein.

Für viele von uns fühlt sich der Gedanke an gemeinsame Verantwortung anders an als das, was Außenstehende oft als „Loslassen" bezeichnen. Leider hören wir immer wieder Sätze wie: „Ihr Kind könnte schon viel weiter sein, wenn Sie es einfach mal machen lassen würden." Oder: „Sie halten Ihr Kind zurück." Solche Aussagen können uns nicht nur wegen der Worte, sondern auch wegen der Art und Weise, wie sie gesagt werden, treffen.
Dabei macht es einen großen Unterschied, ob jemand mit echtem Interesse, Respekt und Empathie auf uns zugeht oder ob solche Vorwürfe unbedacht in den Raum geworfen werden. Von Menschen, die unser Kind kaum kennen, solche Pauschalurteile zu hören, ist entmutigend und unfair. Sie sehen nur den Moment, nicht den langen Weg, den wir bis hierhin gegangen sind. Sie kennen weder die Herausforderungen, die wir gemeistert haben, noch die Entscheidungen, die wir getroffen haben, um das Beste für unser Kind zu tun.
Doch wenn uns solche Worte von jemandem gesagt werden, der unser Kind wirklich kennt, dem wir vertrauen und dessen Erfahrung wir schätzen, kann es sich lohnen, darüber nachzudenken. Vielleicht gibt es tatsächlich Situationen, in denen wir aus Sorge oder Vorsicht unbewusst den nächsten Schritt blockieren. Solche Reflexionen können wehtun, aber sie sind auch eine Chance, neu hinzuschauen und Möglichkeiten zu erkennen, die wir vorher vielleicht übersehen haben.

Die Frage ist also nicht, warum wir unser Kind „nicht loslassen", sondern wie wir ihm Raum geben können, ohne uns selbst aus dem Kreis zu nehmen.
Genau darin liegt der Mut zur Zuversicht: in der Entschlossenheit, unseren eigenen Weg zu finden, unabhängig von gängigen Vorstellungen oder gut gemeinten, aber oft missverstandenen Ratschlägen. Mit der Zeit und mit wachsender Erfahrung werden wir selbst zuversichtlicher darin, unsere Entscheidungen zu treffen und unser Kind in eine Zukunft zu begleiten, die für uns beide stimmt.

Vielleicht fragst du dich: „Wie kann ich denn mehr Zuversicht entwickeln, wenn die Herausforderungen einfach kein Ende nehmen?" Oder andere sagen zu dir: „Jetzt sei doch mal positiver. Früher warst du viel fröhlicher." Puh! Nicht einfach, damit umzugehen.

Oft sind wir so im Alltag verankert, dass es kaum möglich scheint, den Kopf für Zuversicht frei zu bekommen und rechtfertigen möchten wir uns dafür schon gar nicht. Denn Zuversicht ist keine Energie, die wir uns einfach erarbeiten oder von außen antrainieren können. Sie entsteht oft genau dann, wenn wir innehalten und uns selbst ein wenig Raum geben.

Nimm dir einen Moment und frage dich: „Worauf vertraue ich heute schon, ganz selbstverständlich?" Vielleicht ist es die Art und Weise, wie du dein Kind beruhigen kannst, oder das Wissen, dass ihr beide schon viele Herausforderungen gemeistert habt.

Wenn du an schwierige Situationen der Vergangenheit denkst: Was hat dir damals geholfen, neue Kraft zu schöpfen? Vielleicht waren es deine eigenen Stärken, die du nach und nach entdeckt hast. Vielleicht war es das Vertrauen darauf, dass ihr im richtigen Moment die nötige Unterstützung gefunden habt, um eine Lösung zu finden.

All das sind Erfahrungen, die dir Zuversicht schenken können, weil sie zeigen, dass du schon vieles geschafft hast und auch in der Zukunft auf diese Ressourcen zurückgreifen kannst.

Frage dich auch: „Worauf bin ich stolz, wenn ich auf unsere Entwicklung blicke?" Das kann ein Moment sein, in dem du geduldig geblieben bist, obwohl dir nach Aufgeben zumute war. Oder vielleicht die Erkenntnis, dass du dir Hilfe geholt hast, um besser für dich selbst und dein Kind sorgen zu können. Manchmal hilft es, sich diese kleinen Meilensteine bewusst zu machen, weil sie dir zeigen, dass Zuversicht nicht etwas ist, das einfach kommt, sondern durch das Vertrauen in dich selbst und andere wachsen kann.

Eine weitere Frage, die du dir stellen kannst, lautet: „Wie kann ich mir und meinem Kind mehr Raum geben, ohne das Gefühl zu haben, dass ich alles allein kontrollieren muss?" Zuversicht entsteht oft genau dort, wo wir uns trauen, Raum für unser Kind und für uns selbst zu schaffen. Dieser Raum muss nicht groß oder perfekt sein; manchmal bedeutet er einfach, für einen Moment gedanklich einen Schritt zurückzutreten und darauf zu vertrauen, dass das Leben für uns auch positive Überraschungen bereithält und dadurch guten Erfahrungen eine Chance zu geben.

Wenn du merkst, dass deine Gedanken wieder ins Negative abdriften, frage dich: „Was brauche ich jetzt, um meinem Kind und mir selbst mehr Leichtigkeit zu geben?" Zuversicht bedeutet auch, sich nicht nur auf die Schwierigkeiten zu konzentrieren, sondern den Blick ab und zu bewusst auf die Dinge zu lenken, die uns Freude bringen. Dabei kann es helfen, diese Momente, so klein sie auch sein mögen, als Erinnerung festzuhalten.

Zuversicht ist kein Ziel, das wir einmal erreichen und dann abhaken können. Sie ist auch keine Eigenschaft, die ein Mensch für immer hat oder nicht. Sie ist vielmehr ein Begleiter, den wir nach und nach in unser Leben einladen können. Durch bewusste Fragen und kleine Schritte, durch das Erinnern an unsere Stärken und das Vertrauen, dass wir für uns und unser Kind immer wieder den richtigen Weg finden. Und durch positive Erfahrungen.

Glücklich, ohne perfekt zu sein

Vielleicht fragst du dich jetzt, wie das überhaupt gehen soll, nicht immer alles perfekt unter Kontrolle zu haben und trotzdem zuversichtlich zu sein. Es klingt vielleicht, als ob wir hier schon eine Art Idealzustand erreicht haben sollten. Doch das ist weit entfernt von der Realität, die wir oft erleben. Es ist für viele von uns ein täglicher, innerer Dialog, eine Art Verhandlung mit sich selbst, in der wir Schritt für Schritt lernen.

Wir haben oft das Gefühl, dass wir die einzigen sind, die alles am Laufen halten müssen, und dass jede kleine Pause oder jeder Moment des Durchatmens uns von unserer Verantwortung entfernt. Doch so ist es nicht. Ich möchte dir sagen: Es ist völlig in Ordnung, nicht immer alles perfekt im Griff zu haben und nicht ständig für jede Situation gewappnet zu sein. Du darfst dir die Erlaubnis geben, zu sagen: „Ich muss nicht in jedem Moment die Lösung kennen und das ist in Ordnung so."

Ich kann mir jetzt sehr gut vorstellen, dass du da sitzt und denkst „Waaaaah, nein, das geht überhaupt nicht. Ich bin doch dafür da, immer eine Lösung zu finden." Und ehrlich gesagt, ist das auch für mich eines der schwersten Kapitel, mal nicht alles bis ins Kleinste durchdacht und organisiert zu haben, sondern zu sagen „Das passt jetzt erstmal so."

Manchmal gelingt es und ich kann dir verraten, dass es tatsächlich befreiend ist, das hätte ich auch nicht für möglich gehalten. Und manchmal ist es sogar so, dass sich mit ein bisschen Abwarten und Zuversicht Dinge von selbst sehr positiv fügen. Nicht alle, aber doch hin und wieder einige. Häufig ist es genau dieses Bedürfnis nach Perfektion und Kontrolle, das uns völlig ausbrennen lässt. Der Gedanke, dass wir jede Schwierigkeit und jede Herausforderung sofort in den Griff bekommen müssen, ist eine echte Belastung. Gelassenheit in kleinen Schritten zu entwickeln, ist deshalb kein Luxus. Es ist ein Weg, den wir bewusst für uns und unsere Kinder gehen können.

Vielleicht spürst du an manchen Tagen, wie schwer es ist, Raum für dich selbst zu schaffen. Gerade in diesen Momenten ist es wichtig, dir deine Freiräume zuzugestehen, ohne das Gefühl zu haben, dass du das gesamte Gewicht alleine tragen musst. Unser Kopfkino und unsere Ängste sind Meister darin, uns einzureden, dass Schlimmes passiert, wenn wir auch nur einen Moment nicht perfekt wachsam sind. Aber wenn wir uns trauen, diesen inneren Druck loszulassen und einfach nur da zu sein, dürfen wir merken, wie viel Erleichterung das bringen kann.

Vielleicht magst du dir einen Moment nehmen und darüber nachdenken, was dir in herausfordernden Momenten Halt gibt.

Gibt es Gedanken, die dich stärken? Oder Dinge, die dir Mut machen?

Frag dich auch, wo du heute ein bisschen Raum für dich selbst schaffen kannst, so winzig er auch sein mag. Könntest du dir vielleicht sagen: „Es ist in Ordnung, dass ich mir jetzt eine Pause nehme, und es ist wichtig für uns alle"?

Manchmal kommen diese Gedanken von Selbstzweifeln und Druck gerade dann, wenn wir uns eine kleine Auszeit nehmen. Wir spüren das schlechte Gewissen, weil es vielleicht nicht in Ordnung ist, sich eine Pause zu gönnen oder das Leben leichter zu nehmen. Aber das Leben ist kein ständiger Wettbewerb, und schon gar nicht einer, in dem wir gegen unsere eigenen Ansprüche antreten müssen. Wir dürfen annehmen, dass nicht alles perfekt sein muss und dass es völlig in Ordnung ist, auch mal gelassener zu sein.

In diesen Momenten, wenn wir den Mut aufbringen, uns selbst diese Erlaubnis zu geben, dann wächst auch die Zuversicht, von der wir schon sprachen. Zuversicht bedeutet nicht, dass wir glauben, es werde nie wieder schwierig, sondern, dass wir fest daran glauben, Herausforderungen gewachsen zu sein.
Vielleicht hilft dir dabei ein Gedanke, der mir persönlich Mut gibt: „Ich bin stark, weil ich weiß, wann ich Unterstützung brauche. Und ich darf auch mal zurücktreten und auf mein Netzwerk vertrauen." Diese kleine Erinnerung kann eine wertvolle Stütze sein, wenn sich das Leben belastend anfühlt und die Verantwortung schwer wiegt.
Wenn du dich Stück für Stück daran machst, ein Netzwerk aufzubauen, dann wirst du dich zu gegebener Zeit darauf verlassen können.

Und schließlich: Du darfst glücklich sein. Wirklich. Es ist nicht nur erlaubt, es ist wichtig. Und dabei geht es nicht darum, dass du es dir erst verdienen musst, indem du alles richtig machst oder alle Hürden überwunden hast. Glücklichsein ist kein Preis, den man am Ende bekommt, dein Glück darf jetzt schon da sein, mitten im Alltag, mitten in all den Herausforderungen.
Vielleicht kennst du diese Gedanken, dass Glück jetzt nicht „dran" ist, solange noch so viel zu tun ist oder ungelöst bleibt. Vielleicht fragst du dich, wie du glücklich sein kannst, wenn dein Kind, deine Familie und du ständig kämpfen müssen, wenn es so viel gibt, das schwer ist. Und doch: Gerade in diesen Momenten, wo alles kompliziert und anstrengend scheint, darfst du dir erlauben, das Gute zu sehen. Nicht, weil du alles verdrängen sollst, sondern weil das Leben mehr ist als die schwierigen Teile.

Glücklichsein kann leise sein. Es ist oft ein kleines Gefühl, das sich einschleicht, wenn du es lässt: ein Augenblick, in dem dein Kind dich anlacht, ein Moment, in dem die Sonne auf dein Gesicht fällt, oder die Ruhe, wenn du für ein paar Minuten durchatmest. Diese Momente sind wie kleine Geschenke und du darfst sie ohne schlechtes Gewissen und ohne das Gefühl, dass du dich rechtfertigen musst, annehmen.

Natürlich ist das nicht jeden Tag möglich, sich das vorzunehmen, wäre realitätsfern, aber ich bin überzeugt, dass es häufiger möglich ist, als du und auch ich es sehen und zulassen. Es ist eine Erlaubnis, dir selbst etwas Gutes zu tun und dir selbst mit mehr Freundlichkeit zu begegnen. Wenn du das immer mal wieder versuchst, wirst du spüren, dass es etwas mit dir, mit deinem Kind und mit den Menschen um dich herum macht. Es zeigt, dass trotz allem Leichtigkeit und Freude möglich sind. Es ist keine Flucht vor der Realität, sondern eine kleine Erinnerung daran, dass du mehr bist als die Summe deiner Aufgaben und Sorgen.

Also ja: Du darfst glücklich sein. Es ist kein Ziel, das du irgendwann erreichen musst, sondern etwas, das sich immer wieder zeigt, wenn du ihm Raum gibst.

Ich weiß, dass sich all das nicht einfach von heute auf morgen umsetzen lässt. Vielleicht liest du diese Zeilen und denkst: „Schön und gut, aber das fühlt sich einfach zu weit weg an." Ja, ich weiß, wie sich das anfühlt und wenn mir jemand, der kein autistisches oder behindertes Kind hat, diese Dinge sagen würde, hätte ich vielleicht auch überhaupt keine Lust zuzuhören. „Was weißt du schon!", würde ich denken. Aber ich sitze im gleichen Boot wie du und kenne die Gefühle und Gedanken, die hier im Buch versammelt sind, nicht aus Lehrbüchern, Vorträgen oder Erzählungen. Ich weiß aus eigener Erfahrung, wie das ist. Und deshalb möchte ich dich bitten, diesen Ansätzen eine Chance zu geben.

Manche Tage sind leichter, andere fordern uns heraus. Aber wenn du dir die Erlaubnis gibst, das Glück in kleinen Momenten zu spüren und auf dich selbst, dein Kind und Stück für Stück auch auf andere zu vertrauen, machst du den ersten Schritt. Es ist ein Weg und du bist schon längst auf ihm unterwegs.

Raum schaffen als gemeinsame Reise

Das Thema „Raum geben" ist wie ein Blick auf unsere persönliche Landkarte, eine, die wir selbst mit jeder Entscheidung, jedem Schritt, jeder Erfahrung gestalten. Und vielleicht hast du auch ein Gefühl dafür bekommen, dass es nicht nur ein anderes Wort für Loslassen ist, das sich besser anfühlt, sondern dass es tatsächlich um eine andere Haltung geht.

Es ist eine Einladung, unser Familienleben und die Beziehung zu unseren Kindern neu zu denken und zu spüren. Es ist der Mut, Wege zu gehen, die für uns stimmig sind, auch wenn sie manchmal von außen infrage gestellt werden.

Wir alle haben Vorstellungen und Pläne, wie es sein könnte oder sollte und dann kommt das Leben dazwischen. Vielleicht ist es nicht so, wie wir es uns gewünscht haben, aber auch diese Realität hat Platz für Wachstum und für neue Freiheiten, die wir uns und unseren Kindern erlauben dürfen. Unsere Kinder sind auf ihre Weise Entdecker und Pioniere ihres eigenen Lebens und wir dürfen ihnen einen Raum bieten, in dem sie diesen Weg gehen können.

Und auch wir dürfen neue Wege entdecken, Wege, auf denen wir uns selbst mit anderen Augen sehen, mit dem Wissen, dass es keine Perfektion geben muss und wir nicht immer alles unter Kontrolle haben, weil das im Leben überhaupt nicht möglich ist.

Was möchtest du wirklich für dein Kind – und für dich?

Vielleicht ist das die wichtigste Frage, die wir uns immer wieder stellen dürfen: Was wünschen wir uns für unser Kind und für uns selbst? Und was wünscht sich unser Kind? Manchmal erkennen wir, dass die Antwort nicht in großen Plänen liegt, sondern in ganz kleinen, alltäglichen Momenten. Vielleicht sind es Augenblicke des Vertrauens, ein Lächeln, das zeigt, dass dein Kind sich wohlfühlt, oder ein Nachmittag, an dem du dich frei genug fühlst, einfach durchzuatmen. Diese kleinen Zeichen sind oft der Wegweiser zu einem Leben, in dem Raum und Verbindung möglich sind, ohne dass einer von uns seine Identität oder seine Bedürfnisse aufgeben muss. Wir brauchen uns nicht auf die Erwartungen anderer oder der Gesellschaft konzentrieren und wir dürfen auch hin und wieder unsere eigenen hohen Ansprüche reduzieren. Immer wenn wir Menschen einladen, uns zu begleiten, schaffen wir diesen Raum, der weiter trägt.

Vielleicht ist das auch ein Moment, um zu reflektieren:
Wo stehst du gerade auf dieser Reise?
Gibt es Wünsche oder Träume, die du für dein Kind hast, an denen du beharrlich festhältst?
Oder gibt es Möglichkeiten, dich selbst mehr freizugeben, dir selbst das Vertrauen zu schenken, dass es in Ordnung ist, nicht alles alleine tragen zu müssen?
Bist du sicher, dass du die Wünsche und Träume deines Kindes kennst?

Wenn wir uns erlauben, solche Fragen zu stellen, geben wir uns selbst Raum zum Wachsen. Dieser Raum ist nicht nur ein Geschenk für uns selbst, sondern auch für unsere Kinder. Sie sehen uns als Menschen, die nach Lösungen suchen, die nicht perfekt sein müssen, aber die lebendig und echt sind.
Vielleicht kannst du dir erlauben, weniger „Muss" in deinen Alltag zu bringen und dafür mehr „Darf". „Ich darf eine Pause machen." „Ich darf Unterstützung annehmen." „Ich darf darauf vertrauen, dass wir einen eigenen, stimmigen Weg finden."
Und vielleicht magst du genau an dieser Stelle nochmal im dritten Kapitel zum Thema Glück nachlesen, was dich dort besonders anspricht ☺

9 Einhundert Kommentare und Antwortmöglichkeiten

In diesem Buch hast du die Gelegenheit genutzt, tief in deine eigenen Werte und Überzeugungen einzutauchen, dir bewusst Raum für Selbstreflexion zu geben und dich mit dem auseinanderzusetzen, was dir wirklich wichtig ist. Dabei haben wir auch die Begegnung mit Fachpersonen und Vertretern von Behörden einbezogen. Dieser Weg der Reflexion ist ein wichtiger Schritt zu deiner stärkeren inneren Stimme, einer klareren Haltung und einem Alltag, der sich ein Stück leichter und sicherer anfühlt. Das bringt mit sich, dass du souverän auftreten kannst, auch wenn es Situationen gibt, die uns immer wieder aus der Fassung bringen.

Denn so stabil wir uns innerlich auch fühlen und so gut wir auch alles für uns sortiert haben, wir kommen doch immer wieder in Situationen, die uns sprachlos machen.

Diese Momente, in denen scheinbar gut gemeinte Ratschläge oder unbedachte Kommentare auftauchen, können das Gefühl der Unsicherheit zurückbringen und uns manchmal den Boden unter den Füßen wegziehen. Vielleicht kennst du das: Ein Bekannter sagt beiläufig „Du musst einfach loslassen", „Sei doch konsequenter", „Das liegt an eurer Erziehung" oder „Mach dir doch nicht so viele Sorgen."

Solche Worte hinterlassen oft einen negativen Nachklang. Diese Kommentare wirken zum Teil unscheinbar, aber treffen nicht nur emotional, sondern wecken oft auch eine Art Zweifel in uns: „Bin ich wirklich auf dem richtigen Weg? Mache ich genug oder gar zu viel?"

Oft genug wälzen wir solche Aussagen hin und her und das, was wir hätten erwidern wollen, fällt uns allzu oft erst viel später abends kurz vor dem Einschlafen ein, wenn wir wieder klarer denken können. Solche Floskeln und gut gemeinten Ratschläge spiegeln oft das Unverständnis für die Herausforderungen wider, denen wir Eltern begegnen. Und genau hier wird es wichtig, eine klare Haltung zu finden und die eigene Stimme zu stärken.

Im Verlauf des Buches hast du dir die Möglichkeit gegeben, dir über deine Werte klar zu werden, auf deine Bedürfnisse und die deines Kindes zu hören, und du hast dich intensiv mit Themen auseinandergesetzt, die dir fachlich und persönlich weiterhelfen. All das sind wichtige Grundlagen, die dir helfen, dich in Gesprächen klar auszudrücken und dich von Erwartungen und Meinungen anderer abzugrenzen.

Hier schauen wir nun gemeinsam in die Praxis, nämlich darauf, wie du das, was du für dich reflektiert hast, in der Begegnung mit anderen nach außen tragen kannst.

Die eigene Position klar machen

Während der Entstehung dieses Buches habe ich bei meinen Leserinnen und Lesern nachgefragt, welche Kommentare und Ratschläge ihnen im Alltag begegnen, Aussagen, die sie immer wieder sprachlos machen oder emotional treffen.

Eine Flut an E-Mails erreichte mich, in denen Eltern von den immer gleichen, oft (nicht immer) gut gemeinten, aber verletzenden Worten berichteten, die sie regelmäßig hören. Die meisten der Aussagen findest du in den folgenden Auflistungen wieder. Die Vielfalt und Häufigkeit dieser Rückmeldungen zeigte mir einmal mehr, wie wichtig es ist, dass wir uns mit unserer eigenen Haltung auseinandersetzen und lernen, uns klar und souverän zu positionieren – nicht zuletzt weil unsere Kinder oft direkt daneben stehen, wenn wir uns bestimmte Sätze anhören müssen.

Dabei geht es nicht darum, dem Gesprächspartner eins überzubraten oder auf Konfrontation zu gehen. Vielmehr ist es unser Ziel, auf eine Art und Weise zu reagieren, die uns selbst stark macht. Eine Reaktion, die Übergriffigkeiten sichtbar macht, falsches Halbwissen über Behinderung und Autismus aufdeckt und dennoch respektvoll bleibt. So können wir aus diesen Gesprächen gestärkt herausgehen, anstatt uns durch die Meinungen anderer klein machen zu lassen. Und manchmal können sich aus einer klaren ersten Reaktion auch tiefergehende Gespräche entwickeln.

Die Sammlung an Reaktionsmöglichkeiten soll dir als Inspiration dienen: Manchmal reicht eine kurze, freundliche Antwort, um zu signalisieren, dass du deinen Weg bereits kennst. Ein anderes Mal kann eine längere Erklärung sinnvoll sein, um Verständnis zu schaffen und deinem Gegenüber Einblick in deine Situation zu geben. Und dann gibt es auch Momente, in denen eine klare und vielleicht auch provokantere Rückfrage notwendig ist, um eine Grenze zu ziehen und zu zeigen, dass dieser Kommentar nicht willkommen ist. Diese Sammlung ist eine Art Werkzeugkoffer, auf den du zurückgreifen kannst. Sie soll dir Mut machen, deinen Standpunkt zu vertreten und die Verantwortung für dich und dein Kind weiter selbstbewusst zu tragen.

Selbstschutz-Antworten – klar und souverän

Es gibt Situationen, in denen uns ein Kommentar völlig unvorbereitet trifft. Vielleicht ist der Moment denkbar ungünstig, vielleicht fühlst du dich ohnehin schon gestresst, oder du hast einfach keine Lust, dich gerade mit jemandem auseinanderzusetzen, der übergriffig oder unbedacht redet. Ich bin sicher, dass du das kennst und du weißt auch, dass solche Momente oft mehr Energie kosten, als wir eigentlich bereit sind zu geben.

Genau hier helfen Selbstschutz-Antworten. Die folgenden kurzen, klaren Sätze passen auf die meisten Kommentare und sind für solche Situationen gedacht. Sie setzen Grenzen, ohne dass du ins Erklären oder Verteidigen gehen musst. Sie machen deinem Gegenüber höflich, aber bestimmt klar, dass du das Gespräch in dieser Form nicht weiterführen möchtest. Es geht darum, dich ohne Diskussion und ohne Stress zu schützen. Meistens schützt du dein Kind direkt mit, weil es nicht selten vorkommt, dass unsere Kinder in solchen Situationen anwesend sind und jedes Wort mitbekommen.

Such dir ein paar Antworten aus, die gut zu dir passen, und präge sie dir ein. Vielleicht möchtest du sie aufschreiben oder dir regelmäßig in Erinnerung rufen, damit sie dir auch dann leichtfallen, wenn die Situation schwierig ist. Du kannst deine Favoriten auch ankreuzen oder auf die Zeilen weiter unten abgewandelt umformulieren, so wie sie für dich am besten passen.

Für mich sind sie wie ein kleines Notfallwerkzeug, das ich immer griffbereit habe, besonders in Momenten, die mich belasten oder herausfordern. Sie geben mir die Sicherheit, dass ich jederzeit souverän reagieren und mich abgrenzen kann, wenn es nötig ist.

Hier sind einige Optionen, die fast immer passen:

„Das ist jetzt nicht der richtige Moment, um darüber zu sprechen. Danke für dein Verständnis."
Diese Antwort ist klar und höflich und zeigt, dass du das Thema nicht weiterführen möchtest, ohne unfreundlich zu wirken.

„Das ist ein Thema, das ich nicht weiter diskutieren möchte. Lass uns bitte über etwas anderes reden."
Damit ziehst du eine deutliche Grenze und leitest das Gespräch auf etwas Angenehmeres um.

„Ich verstehe, dass du deine Meinung hast, aber ich sehe das anders. Ich denke, wir sollten das Gespräch hier beenden."
Diese Antwort respektiert die Meinung des Gegenübers, macht aber klar, dass du nicht weiter darüber sprechen möchtest.

„Ich glaube, das führt gerade nirgendwohin. Ich wünsche dir noch einen guten Tag!"
Freundlich und bestimmt brichst du das Gespräch ab, ohne Raum für weitere Diskussionen zu lassen.

„Ich möchte das jetzt nicht besprechen, danke."
Kurz und präzise – diese Antwort zeigt klar, dass du nicht über das Thema reden möchtest.

„Ich bin gerade nicht in der Stimmung, darüber zu reden. Ich hoffe, das verstehst du."
Diese Antwort ist ehrlich und zeigt, dass es gerade nicht der richtige Zeitpunkt ist.

„Danke für deinen Gedanken, aber ich brauche dazu gerade meinen eigenen Raum."
Diese Formulierung gibt dir den nötigen Abstand und lässt keinen Raum für Nachfragen.

„Das ist mir zu persönlich, darüber möchte ich nicht sprechen."
Diese Antwort zeigt auf respektvolle Weise, dass der Kommentar deine persönliche Grenze überschreitet.

„Das ist ein sensibles Thema für mich, ich möchte dazu nichts sagen."
Mit dieser Antwort machst du deutlich, dass das Thema für dich unangenehm ist und du es nicht weiter vertiefen möchtest.

„Das geht dich eigentlich nichts an. Lass uns bei etwas Anderem bleiben."
Mit dieser Antwort weist du deutlich darauf hin, dass die Frage oder der Kommentar übergriffig ist.

Nimm dir ein paar Minuten Zeit, um zu überlegen, welche der Antworten am besten zu dir und häufigen Situationen in deinem Leben passen. Nutze die freien Zeilen im Buch, um deine Favoriten aufzuschreiben oder die Sätze so abzuwandeln, dass sie sich für dich natürlich und stimmig anfühlen.

Im Folgenden habe ich 100 häufige Kommentare aufgelistet und sie in thematische Blöcke sortiert.

Manche ähneln sich, viele sind aber sehr verschieden. Lass dich von diesen Antwortmöglichkeiten inspirieren, um dich in Momenten der Unsicherheit abzugrenzen und deine Position klar zu machen. Du hast das Recht, deinen eigenen Weg zu gehen, der zu deinen Werten und zu den Bedürfnissen deines Kindes passt. Am Ende zählt, dass du und dein Kind euch verstanden und sicher fühlen, unabhängig davon, was andere denken oder erwarten.

Manche Erwiderungen passen vielleicht gut zu dir, andere wiederum nicht. Es sind Vorschläge, die du abwandeln kannst oder die dich womöglich zu eigenen Antworten inspirieren. Fühl dich dann frei, in dein Buch zu schreiben und dir direkt Notizen zu machen.

Verharmlosung und Bagatellisierung

Beispiele für Kommentare:

1. „Das verwächst sich mit der Zeit."
2. „Das ist doch nur eine Phase."
3. „In ein paar Jahren lacht ihr darüber."
4. „Das ist doch gar nicht so schlimm."
5. „Das wird schon."
6. „Das gibt sich bestimmt."

7. „Ihr macht euch einfach zu viele Sorgen."
8. „Jeder hat doch mal Schwierigkeiten."
9. „Andere Eltern haben doch auch Stress."
10. „Ihr übertreibt doch nur."
11. „Das ist doch wirklich kein Problem."

Antwortmöglichkeiten:

„Autismus ist zwar kein Grund zur Panik, bringt für uns als Familie aber viel mit sich, was andere nicht sehen."

„Es gibt definitiv Momente, in denen wir lachen, aber sicher nicht über die Autismus-Diagnose."

„Ich verstehe, dass du das vielleicht als Ermutigung meinst, aber für uns ist das eine echte Herausforderung."

„Danke, aber solche Einschätzungen helfen uns nicht wirklich."

„Für uns ist es wichtig, die Situation ernst zu nehmen, unabhängig davon, wie es von außen wirkt."

„Autismus verwächst sich nicht. Er ist ein Teil von unserem Leben."

„Natürlich mache ich mir Sorgen, weil ich mein Kind so gut wie möglich unterstützen möchte."

„Wenn es dein Kind wäre, würdest du dir auch Sorgen machen."

„Es geht nicht nur um schwierige Momente, sondern um einen ganz anderen Alltag."

„Autismus ist komplex und beeinflusst den Alltag stark."

„Autismus ist da und bleibt und wir lernen, damit umzugehen."

Rückfragen:

„Was lässt dich glauben, dass es nur eine Phase ist?"

„Worüber genau sollten wir denn dann lachen?"

„Denkst du, dass Autismus verschwindet, wenn man ihn ignoriert?"

„Hast du erlebt, dass solche Herausforderungen sich einfach ‚verwachsen'?"

„Denkst du, er wacht eines Morgens auf und ist nicht mehr autistisch?"

„Hast du schon mal darüber nachgedacht, was es bedeutet, mit einer ganz anderen Wahrnehmung zu leben?"

„Warum denkst du, dass meine Sorgen unberechtigt sind?"

„Wieviele Sorgen wären denn angebracht?"

Sofort-Beenden-Optionen:

„Danke für deine Einschätzung, aber das entspricht nicht unserer Erfahrung."

„Das empfinde ich anders, und ich denke, wir sollten es dabei belassen."

„Ich habe deine Meinung zur Kenntnis genommen, aber ich möchte das Thema jetzt nicht weiter besprechen."

Deine priorisierten und ggf. angepassten Antworten und Rückfragen:

_____

_____

_____

_____

Übergriffige Erziehungstipps

Beispiele für Kommentare:

12. „Ihr müsst ihm einfach mehr Grenzen setzen."
13. „Sie könnte es, wenn sie wollte."
14. „Ihr lasst ihm zu viel durchgehen."
15. „Ihr müsst strenger und konsequenter sein."
16. „Vielleicht brauchst du einfach mehr Disziplin in der Erziehung."
17. „Kein Wunder, dass er so ist, wenn ihr ihm alles erlaubt."
18. „Lass sie mal schreien, das schadet ihr nicht."
19. „Wenn du so weitermachst, tanzt er dir auf der Nase herum."
20. „Du musst selbstbewusster durchgreifen."
21. „Ein Kind braucht klare Ansagen."

22. „Ihr gebt ihr einfach zu viel Aufmerksamkeit, das verstärkt ihr Verhalten."
23. „Du musst das nur mal anders angehen, dann wird es besser."
24. „Sie sollte mehr mit anderen Kindern spielen."

Antwortmöglichkeiten:

„Es gibt klare Grenzen, die auf mein Kind abgestimmt sind."

„Autismus ist eine neurologische Entwicklungsstörung und hat nichts mit Erziehung zu tun."

„Autismus und Erziehung sind zwei Paar Schuhe."

„Strenge allein löst überhaupt nichts."

"Es geht nicht darum, Dinge durchgehen zu lassen. Ich begleite ihn so, wie es für ihn hilfreich ist. Strenge Regeln und ständige Konsequenzen sind bei einem autistischen Kind nicht immer zielführend – im Gegenteil, sie können überfordern und das Verhalten verschlimmern."

„Das, was nach durchgehen lassen aussieht, ist ein Balanceakt zwischen Halt geben und Selbständigkeit fördern."

„Oft ist es nicht eine Frage des Wollens, sondern des Könnens. Autistische Kinder haben manchmal Hürden, die nicht sichtbar sind."

„Danke für den Vorschlag, aber wir kennen unser Kind und wissen, was für ihn funktioniert."

„Ich gebe meinem Kind den Raum, den es braucht, um sich zu entwickeln."

„Das klingt wie ein allgemeiner Tipp, aber jedes Kind ist einzigartig, und wir gehen einen anderen Weg."

„Wir setzen auf Ansätze, die auf die Bedürfnisse unseres Kindes abgestimmt sind."

„Autismus ist keine Verhaltensfrage, die man abtrainieren kann."

„Das mag bei anderen funktionieren, aber bei uns haben wir andere Erfahrungen gemacht."

„Für uns zählt die Qualität der Kontakte, nicht die Quantität."

„Mein Kind spielt dann mit anderen, wenn es das möchte."

„Das ist eine pauschale Empfehlung, die für Autisten nicht zielführend ist."

Rückfragen:

„Warum denkst du, dass Strenge angebracht ist?"

„Welche Regeln würdest du aufstellen?"

„Was verstehst du unter durchgreifen?"

„Wie stellst du dir Strenge vor, wenn er Mühe hat, Regeln und Konsequenzen zu verknüpfen?"

„Warum glaubst du, dass es an der Erziehung liegt?"

„Inwiefern hast du dich schon mit Autismus und Pädagogik beschäftigt?"

„Hast du selbst Erfahrungen mit Kindern aus dem Autismus-Spektrum?"

„Was glaubst du, würde passieren, wenn er die Aufmerksamkeit nicht bekäme?"

„Glaubst du, dass es pauschale Lösungen für so komplexe Herausforderungen gibt?"

„Woher hast du deine Erfahrungswerte?"

„Hast du schon mal darüber nachgedacht, dass es Hürden gibt, die man nicht sieht?"

„Was weißt du über Konsequenz und Kohärenz bei Autismus?"

„Ich nehme an, du hast schon mal etwas von Kohärenzschwäche gehört?"

„Wo hast du gelernt, was man als Elternteil eines autistischen Kindes tun sollte?"

„Woher weißt du, dass Autisten mehr soziale Kontakte brauchen?"

Sofort-Beenden-Optionen:

„Danke für deine Idee, aber wir brauchen gerade keine weiteren Tipps."

„Das ist für uns nicht der richtige Ansatz, und ich möchte das Thema hier beenden."

„Ich denke, wir lassen es dabei, danke für dein Verständnis."

Deine priorisierten und ggf. angepassten Antworten und Rückfragen:

_____

_____

_____

_____

Vergleiche mit anderen Kindern

Beispiele für Kommentare:

25. „Das machen andere Kinder auch."
26. „Das ist für meine Kinder auch schwierig."
27. „Warum passt er sich nicht besser an? Andere schaffen das doch auch."
28. „Andere Kinder können das, warum nicht sie?"
29. „Du solltest dir mal ein Beispiel an Familie XY nehmen."
30. „Warum braucht er denn so viele Sonderregeln?"
31. „Andere Eltern schaffen das doch auch."
32. „Das Kind ist doch nicht so anders."
33. „Ich kenne andere autistische Kinder, die das auch können. Warum euer Kind nicht?"

Antwortmöglichkeiten:

„Schön, wenn das bei anderen funktioniert. Unser Kind hat jedoch andere Bedürfnisse."

„Manches mag ähnlich sein, aber hier geht es um das Zusammenspiel mehrerer Diagnosekriterien."

„Jedes Kind ist einzigartig, und wir richten uns nach dem, was unser Kind braucht."

„Vergleiche helfen uns nicht weiter. Wir konzentrieren uns auf unseren eigenen Weg."

„Danke, aber wir orientieren uns an den individuellen Bedürfnissen unseres Kindes."

Rückfragen:

„Warum denkst du, dass Vergleiche in solchen Situationen hilfreich sind?"

„Glaubst du, dass jedes Kind die gleichen Voraussetzungen hat?"

„Findest du wirklich, dass das mit deiner Familie/deinen Kindern vergleichbar ist?"

„Glaubst du, dass du das wirklich beurteilen kannst?"

„Welche unterschiedlichen Diagnosekriterien sind denn bei deinen Kindern aufgetreten?"

„Ist es bei deinen Kindern auch so, dass die Schwierigkeiten tief in der Wahrnehmung verankert sind?"

Sofort-Beenden-Optionen:

„Danke, Vergleiche sind für uns kein Thema, über das ich sprechen möchte."

„Ich sehe das anders und denke, wir sollten es dabei belassen."

„Unser Fokus liegt auf unserem Kind, nicht auf Vergleichen mit anderen."

Deine priorisierten und ggf. angepassten Antworten und Rückfragen:

_____

_____

_____

_____

Falsche Annahmen über Autismus

Beispiele für Kommentare:

34. „Echt? Er ist Autist? Er sieht doch ganz normal aus."
35. „Das ist doch eine Modediagnose heutzutage."
36. „Autismus ist doch heute nichts Ungewöhnliches mehr."
37. „Sie kann doch lachen, dann ist sie nicht autistisch."
38. „Das Kind manipuliert euch nur."
39. „Er ist doch schlau, dann kann sie das auch."
40. „Autisten können doch immer irgendwas besonders gut."
41. „Autismus ist doch nur eine Ausrede."
42. „Das liegt doch sicher an der Ernährung."
43. „Mit genug Therapie kann man das doch hinbekommen."

Antwortmöglichkeiten:

„Autismus ist unsichtbar, aber das macht ihn nicht weniger real."

„Vielleicht hört man den Begriff häufiger, aber unser Alltag zeigt mir jeden Tag, wie außergewöhnlich dieser Weg ist. Vieles, was wir erleben, verstehen nur sehr wenige."

„Es gibt viele Missverständnisse über Autismus, das hier ist eins davon."

„Es mag sein, dass Autismus heute häufiger erkannt wird als früher, aber das macht ihn nicht weniger präsent in unserem Leben."

„Autismus bedeutet eine andere Art der Wahrnehmung."

„Intelligenz und Fähigkeit, etwas umzusetzen, sind zwei verschiedene Dinge."

„Die Ursachen von Autismus sind komplex und haben nichts mit der Ernährung zu tun."

„Autismus beeinflusst, wie mein Kind wahrnimmt, nicht wie es aussieht."

„Selbstverständlich sind Therapien ein Thema, mit dem wir uns immer wieder beschäftigen."

„Therapien können unterstützen, aber Autismus bleibt Teil der Persönlichkeit."

Rückfragen:

„Wie sieht Autismus denn deiner Meinung nach aus?"

„Was meinst du genau mit ‚Modediagnose'?"

„Hast du dich mal mit der Vielfalt im Autismus-Spektrum beschäftigt?"

„Warum glaubst du, dass Lachen ein Ausschlusskriterium für Autismus ist?"

„Meinst du, unsere Realität ist Teil eines Trends?"

„Warum denkst du, dass jemand eine so komplexe Diagnose als Ausrede nutzen würde?"

„Wofür genau meinst, dass wir eine Ausrede brauchen?"

„Wo hast du denn dein Wissen über Autismus erworben, wenn es so normal und gewöhnlich ist?"

„Was weißt du über Handlungskompetenz im Kontext Autismus?"

„Hast du Erfahrung mit Therapien bei autistischen Kindern?"

„Was sollte deiner Meinung nach denn in einer Therapie gemacht werden?"

Sofort-Beenden-Optionen:

„Das Thema ist zu komplex, um es jetzt zu besprechen."

„Ich sehe das anders und möchte das Gespräch hier beenden."

„Danke, aber ich glaube, wir sollten das Thema ruhen lassen."

Deine priorisierten und ggf. angepassten Antworten und Rückfragen:

_____

_____

_____

_____

Kommunikationsbezogene Kommentare

Beispiele für Kommentare:

44. „Kann sie wirklich nicht sprechen? Nicht mal Mama?"
45. „Nehmt doch mal diesen Talker weg. Wir verstehen uns auch so."
46. „Er wird doch sicher irgendwann sprechen, oder?"
47. „Früher hat man doch auch ohne Geräte kommuniziert."
48. „Warum braucht er so ein Gerät? Andere Kinder reden auch ohne Hilfe."
49. „Ihr übertreibt doch mit diesem ganzen Technikzeug."
50. „Sie sollte doch jetzt alt genug sein, um zu sprechen."
51. „Mit ein bisschen Übung würde er sicher reden."
52. „Lass sie doch einfach mal sprechen, sie traut sich nur nicht."

Antwortmöglichkeiten:

„Sprache ist nur eine von vielen Möglichkeiten – sie hat andere Wege, sich auszudrücken."

„Ob er sprechen wird, ist nicht entscheidend. Wichtig ist, dass er kommunizieren kann."

„Nein, sie spricht nicht, dafür kommuniziert sie auf andere Weise."

„Der Talker ist ein wichtiges Hilfsmittel für ihn, und wir sind froh, dass er diese Möglichkeit hat."

„Kommunikation ist mehr als nur Worte und wir legen Wert auf das, was für ihn funktioniert."

„Alter ist für autistische Kinder kein Indikator dafür, dass sie bestimmte Dinge automatisch lernen. Sie entwickeln sich oft in anderen Zeitabständen."

„Das Alter ist hier nicht entscheidend."

Rückfragen:

„Warum ist gesprochene Sprache für dich so zentral?"

„Was lässt dich glauben, dass alle Kinder irgendwann sprechen müssen?"

„Findest du, dass Kommunikation ohne Worte weniger wertvoll ist?"

„Was weißt du über sozio-emotionale und weitere Entwicklung bei Autistinnen und Autisten?"

„Was verstehst du unter selbstbestimmter Teilhabe?"

„Fändest du es akzeptabel, wenn man dir Kommunikationsmittel einfach wegnimmt?"

„Gibst du dein Handy ab? Das hat man früher auch nicht gebraucht?"

Sofort-Beenden-Optionen:

„Danke, aber ich möchte das Thema hier beenden."

„Das ist für uns kein Gespräch, das ich jetzt führen möchte."

„Ich denke, wir sollten das ruhen lassen."

Deine priorisierten und ggf. angepassten Antworten und Rückfragen:

_____

_____

_____

_____

Empfehlungen zu alternativen Ansätzen

Beispiele für Kommentare:

53. „Hast du schon mal eine glutenfreie Diät probiert?"
54. „Vielleicht hilft ja Homöopathie?"
55. „Ich kenne jemanden, der mit Bachblüten tolle Erfolge hatte."
56. „Autismus kann man doch heilen, wenn man es richtig macht."
57. „Vielleicht liegt es an den Impfstoffen."
58. „Warum gibst du ihm nicht etwas Natürliches zur Beruhigung?"
59. „Ich habe gelesen, dass eine Entgiftung helfen könnte."

Antwortmöglichkeiten:

„Danke, aber wir setzen auf Ansätze, die für uns stimmig sind."

„Ich weiß, dass Bachblüten vielen Menschen guttun, aber bei autistischen Kindern sind oft ganz andere Herausforderungen im Spiel, die nicht durch Bachblüten bewältigt werden können."

„Wir orientieren uns an wissenschaftlich fundierten Ansätzen."

„Die Impfstofftheorie ist wissenschaftlich widerlegt. Autismus hat vielfältige Ursachen, die nicht auf eine Impfung zurückgeführt werden können."

„Bei Autismus handelt es sich um tiefgreifende neurologische Besonderheiten, die nicht durch Entgiftung behandelt werden können."

„Danke für den Vorschlag, aber das passt für uns nicht."

„Die Ursachen und Bedürfnisse autistischer Kinder sind komplexer als eine Ernährungsumstellung."

„Eine Ernährungsumstellung kann bei einigen unterstützend wirken, aber es ist nicht die ursächliche und alleinige Lösung bei autistischen Herausforderungen."

„Danke, aber ein solcher Vorschlag bringt uns überhaupt nicht weiter."

Rückfragen:

„Warum denkst du, dass diese Methode für unser Kind funktionieren könnte?"

„Hast du selbst Erfahrungen mit solchen Ansätzen?"

„Meinst du, dass solche Tipps pauschal für alle Familien passen?"

„Was weißt du über das Thema Autismus und Ernährung?"

„Woher weißt du, dass Homöopathie Autistinnen und Autisten hilft?"

„Was erwartest du dir von Bachblüten im Kontext Autismus?"

„Woher nimmst du das vermeintliche Wissen, dass Entgiftung für neurologische Besonderheiten eine Lösung ist?"

„Hast du dir wissenschaftliche Informationen zum Thema Autismus und Impfen angesehen?"

„Findest du es nicht peinlich, solches Fehlwissen zu präsentieren?"

„Was weißt du über die Wirkung von Beruhigungsmitteln bei Autismus?"

„Findest du es angemessen bei einer angeborenen Behinderung Bachblüten/Homöopathie/… vorzuschlagen?"

Sofort-Beenden-Optionen:

„Danke, aber das ist nicht unser Ansatz, und ich möchte das Thema hier beenden."

„Wir haben bereits unseren Weg gefunden und brauchen keine weiteren Vorschläge."

„Ich denke, wir lassen es dabei."

Deine priorisierten und ggf. angepassten Antworten und Rückfragen:

_____

_____

_____

_____

Schuldzuweisungen an die Eltern

Beispiele für Kommentare:

60. „Hast du das nicht vorher gewusst?"
61. „Wenn er aggressiv ist, muss es an der Erziehung liegen."
62. „Ihr habt ihr zu viel durchgehen lassen."
63. „Ihr seid selbst schuld, dass es so läuft."
64. „Das passiert nur, weil du nicht konsequent genug bist."
65. „Bei mir würde das Kind längst ‚funktionieren'."
66. „Ihr müsst euer Kind einfach mehr fordern."
67. „Das Problem liegt sicher daran, wie ihr ihn behandelt."
68. „Es ist nur so schwierig, weil ihr nicht genug macht."

Antwortmöglichkeiten:

„Nein ich habe es nicht vorher gewusst und das wäre auch nicht entscheidend gewesen."

„Wir wissen, was unser Kind braucht – Schuldzuweisungen helfen uns nicht."

"Dieses Verhalten hat tatsächlich oft mit den Umständen und Reizen zu tun, denen er ausgesetzt ist. Zuhause ist er in seiner Komfortzone und reagiert daher stärker."

„Aggressionen können viele Ursachen haben."

„Es ist leicht von außen zu urteilen. Ich bin sicher, dass du die Komplexität unserer Situation nicht beurteilen kannst."

„Das klingt einfach, aber es gibt viel mehr zu bedenken."

„Wir orientieren uns an den Bedürfnissen unseres Kindes, nicht an Schuldzuweisungen."

Rückfragen:

„Warum spielt es eine Rolle, ob ich es vorher gewusst habe?"

„Hätte es für dich einen Unterschied gemacht, es vor der Geburt zu wissen?"

„Hast du dich damit beschäftigt, welche Gründe es für Aggressionen bei autistischen Kindern geben könnte?"

„Warum denkst du, dass Erziehung die einzige Ursache sein kann?"

„Hast du selbst Erfahrung mit der Erziehung autistischer Kinder?"

„Was verstehst du unter einem funktionierenden Kind?"

„Findest du, dass pauschale Urteile hier gerecht sind?"

„Warum glaubst du, dass man Schuld zuweisen muss?"

Sofort-Beenden-Optionen:

„Ich finde die Frage nicht passend und möchte das Thema beenden."

„Danke, das sehe ich anders, und ich möchte das Thema beenden."

„Das ist für mich kein hilfreicher Gedanke, und ich denke, wir sollten es dabei belassen."

Deine priorisierten und ggf. angepassten Antworten und Rückfragen:

Empfehlungen zur Selbstfürsorge

Beispiele für Kommentare:

69. „Du solltest unbedingt mehr für dich machen."
70. „Vielleicht brauchst du psychologische Hilfe."
71. „Vielleicht solltest du dir mal eine längere Auszeit nehmen."
72. „Du solltest die Dinge einfach lockerer sehen."
73. „Mach doch mal einen Wellness-Tag. Das wird dir guttun."
74. „Du solltest mehr Sport machen."
75. „Fahrt doch mal wieder in den Urlaub."
76. „Geh in einen Yoga- oder Pilateskurs."

Antwortmöglichkeiten:

„Das ist lieb gemeint, aber ich habe meine Prioritäten bewusst gesetzt, damit mein Kind die Unterstützung bekommt, die es braucht. Ich achte auf mich, wenn es möglich ist."

„Danke für die Sorge, aber falls ich Unterstützung brauche, entscheide ich das selbst."

„Eine längere Auszeit klingt gut, aber in unserem Alltag ist das nicht realistisch."

„Wenn es so einfach wäre, würde ich es gern lockerer sehen, aber unser Alltag ist komplex."

„Wellness-Tage sind schön, aber ich finde Erholung eher in kleinen, machbaren Pausen."

„Sport ist wichtig, aber für mich passt es besser, Bewegung im Alltag zu integrieren."

„Urlaub kann für uns mehr Stress als Erholung bedeuten. Kleine Pausen sind oft wertvoller."

„Kurse wie Yoga oder Pilates passen nicht zu meinem Alltag und meinen Bedürfnissen."

Rückfragen:

„Welche Idee hast du denn für mich?"

„Warum hast du den Eindruck, dass ich das brauche?"

„Hast du eine konkrete Idee, wie ich das umsetzen könnte?"

„Was genau müsste ich aus deiner Sicht lockerer sehen?"

„Was denkst du, bringt mir ein Wellness-Tag konkret?"

„Hältst du währenddessen die Stellung?"

„Hast du schon mal Urlaub mit einem autistischen Kind gemacht?"

„Warum denkst du, dass solche Trends für mich passend wären?"

Sofort-Beenden-Optionen:

„Danke, aber ich bin zufrieden mit meinen Prioritäten."

„Das ist nett gemeint, aber ich brauche gerade keinen weiteren Rat dazu."

„Danke für die Sorge, aber das entscheide ich selbst."

„Danke, aber solche Kurse oder Vorschläge sind nichts für mich."

Deine priorisierten und ggf. angepassten Antworten und Rückfragen:

_____

_____

_____

_____

Unerwünschte Bewunderung und Mitleid

Beispiele für Kommentare:

77. „Du machst das so toll. Ich könnte das nicht."
78. „Ihr seid so stark, ich bewundere euch."
79. „Das tut mir so leid für euch."
80. „Wie schafft ihr das nur?"

81. „Ihr seid wirklich arme Leute."
82. „Ich bewundere eure Geduld, ich würde das nie schaffen."
83. „Ihr habt wirklich mein Mitgefühl, das muss so schwer sein."
84. „Ich weiß genau, wie es dir geht."
85. „Ich kann so nachfühlen, was für eine anstrengende Zeit ihr durchmacht."

Antwortmöglichkeiten:

„Ich bin sicher, du würdest in meiner Situation das Gleiche tun. Ich bin gerne für mein Kind da."

„Wir machen einfach das Beste für unser Kind, wie jede andere Familie auch."

„Ich mache das nicht, um etwas zu ‚schaffen'."

„Es gibt Momente, die schwer sind, ja, aber auch viele, die voller Freude und Verbundenheit sind. Wir wachsen daran und erleben Dinge, die tief berühren – es wäre schön, wenn das auch gesehen würde."

„Es gibt Tage, die schwer sind, und Tage, die uns sehr bereichern."

„Es ist unser Alltag, und wir haben Wege gefunden, damit umzugehen."

„Ich bin froh, dass mich mein Kind diese Geduld gelehrt hat."

„Wir brauchen keine Bewunderung, sondern einfach Verständnis für unseren Weg."

„Das ist nett gesagt, aber wirklich nachvollziehen können das nur die, die es selbst erleben."

„Ich glaube, das lässt sich nicht wirklich nachvollziehen."

Rückfragen:

„Was soll mir das sagen, dass du das nicht könntest?"

„Meinst du, Bewunderung hilft uns mehr als Unterstützung?"

„Findest du, dass Mitleid eine angemessene Reaktion auf unsere Situation ist?"

„Findest du es respektvoll uns als arm zu bezeichnen?"

„Und wie fühle ich mich?"

„Denkst du, ich fühle mich gesehen, wenn du sowas sagst?"

„Was meinst du, was das Leben mit einem autistischen Kind besonders macht?"

Sofort-Beenden-Optionen:

„Danke, aber ich brauche keine Bewunderung oder Mitleid."

„Das ist nett gemeint, aber wir kommen gut zurecht."

„Ich denke, wir lassen es dabei, danke für deine Worte."

Deine priorisierten und ggf. angepassten Antworten und Rückfragen:

_____

_____

_____

_____

Bagatellisierung der Belastung

Beispiele für Kommentare:

86. „Ihr übertreibt doch. So schlimm kann es nicht sein."
87. „Andere Eltern haben auch Probleme."
88. „Das ist doch nur eine kleine Herausforderung."
89. „Du musst einfach mal entspannter sein."
90. „Das wird sich sicher bald legen."
91. „Es gibt so viele Eltern, die noch größere Schwierigkeiten haben."
92. „Es gibt sicher Schlimmeres."
93. „Warum lasst ihr euch nirgendwo mehr blicken? Das ist doch übertrieben."

Antwortmöglichkeiten:

„Für uns fühlt sich das anders an, auch wenn es von außen nicht so wirkt."

„Schön, dass du es so siehst, aber für uns ist es eine Herausforderung."

„Jede Familie hat ihre eigenen Herausforderungen und wir konzentrieren uns auf unsere."

„Wir würden wirklich gerne mehr teilnehmen, aber unser Alltag ist ziemlich intensiv und manchmal unvorhersehbar. Leider schaffen wir es daher seltener, da zu sein, wo wir gerne wären."

„Unser Alltag ist wie er ist, unabhängig davon, wie es bei anderen aussieht."

„Viele Themen begleiten uns langfristig, auch wenn sie sich immer wieder verändern."

„Wir würden gerne öfter kommen, aber es geht nicht immer."

Rückfragen:

„Warum denkst du, dass wir unsere Situation übertreiben?"

„Hast du selbst Erfahrung mit solchen Situationen?"

„Meinst du, dass unsere Realität von außen bewertet werden kann?"

„Was genau sollte ich denn entspannter sehen?"

„Warum denkst du, dass es hilfreich ist, uns darauf hinzuweisen?"

„Was meinst du, warum wir seltener dabei sind?"

„Denkst du, es macht uns Spaß, Einladungen auszuschlagen?"

Sofort-Beenden-Optionen:

„Danke, aber ich möchte das Gespräch beenden."

„Ich denke, wir lassen das Thema jetzt."

„Das ist für uns kein Thema, über das ich weiter sprechen möchte."

Deine priorisierten und ggf. angepassten Antworten und Rückfragen:

_____

_____

_____

_____

Religiöse Zuschreibungen und spirituelle Erklärungen

Die folgenden Kommentare entspringen häufig einem Glauben, der vielen Menschen Kraft gibt und sind gut gemeint. Genau deshalb möchte ich in dieser Einleitung erklären, warum solche Aussagen bei anderen auch auf Unverständnis oder Ablehnung stoßen können.

Glaube ist für viele Menschen wichtig. Er kann Trost spenden, Kraft geben und dabei helfen, schwierige Zeiten zu überstehen.

Aber es gibt Menschen, die nicht glauben oder diesen bewusst hinter sich gelassen haben. Andere möchten ihr Leben nicht durch religiöse oder spirituelle Erklärungen bewertet wissen. Diese Vielfalt in den Perspektiven macht unser Miteinander aus und es ist wichtig, sie zu respektieren.

Es geht nicht darum, den Glauben von jemandem in Frage zu stellen, sondern darum, keine Annahmen über das Gegenüber zu machen. Genauso wie wir möchten, dass unser eigener Weg respektiert wird, sollten wir darauf achten, keine Zuschreibungen zu machen, die für den anderen nicht passen. Da ich weiß, dass solche religiösen Zuschreibungen beim Gegenüber extrem übergriffig ankommen können, habe ich auch für diese Rubrik einige Antworten zusammengestellt.

Beispiele für Kommentare:

94. „Gott hat dir dieses Kind gegeben, weil du stark genug bist."
95. „Ihr wurdet dafür auserwählt."
96. „Das ist eure Prüfung, um innerlich zu wachsen."
97. „Das ist sicher karmisch."
98. „Das hat alles einen göttlichen Plan."
99. „Du wurdest extra dafür geschaffen, ein besonderes Kind großzuziehen."
100. „Das ist dein Schicksal."

Antwortmöglichkeiten:

„Ich sehe mein Kind nicht als Prüfung, sondern einfach als mein Kind."

„Ich weiß, dass das wohl nett gemeint ist, aber ich sehe das anders. Für mich ist mein Kind kein ‚göttlicher Auftrag' oder eine ‚besondere Berufung', sondern einfach mein Kind."

„Danke, aber solche Zuschreibungen passen nicht zu meiner Sichtweise."

„Es ist nicht nötig, unseren Alltag auf eine religiöse Ebene zu heben."

„Für uns zählt unser Alltag ohne spirituelle Erklärungen."

„Das ist für uns kein hilfreicher Gedanke."

Rückfragen:

„Warum glaubst du, dass es einen Plan geben muss?"

„Hältst du solche Zuschreibungen für unterstützend?"

„Findest du, dass diese Sichtweise allen hilft?"

„Warum nimmst du an, dass ich diesen religiösen Ansatz teile? Könnte man Eltern nicht einfach mit Respekt begegnen, unabhängig von Glaubensfragen?"

„Denkst du, man braucht erst einen ‚höheren Grund', um ein Kind anzunehmen, wie es ist?"

Sofort-Beenden-Optionen:

„Danke, ich sehe das anders und möchte nicht weiter darüber sprechen."

„Das ist für mich kein Thema, das ich besprechen möchte."

„Ich denke, wir lassen es dabei."

Deine priorisierten und ggf. angepassten Antworten und Rückfragen:

_____

_____

_____

_____

10 Gemeinsam auf dem Weg bleiben

Selbstakzeptanz – ein freundlicher Blick auf dich selbst

Selbstakzeptanz, manche sprechen auch von Selbstmitgefühl, ist wie ein weiches Kissen, das uns auffängt, wenn die Tage schwer werden. Und ich weiß, dass das für uns Eltern oft der Fall ist. Ich weiß, wie leicht es ist, hart mit sich ins Gericht zu gehen, sich Vorwürfe zu machen und ständig zu fragen, ob man genug tut. Selbstmitgefühl ist kein Rückzug oder Selbstmitleid, es ist eine Einladung, mit sich selbst so umzugehen, wie man es für die Liebsten ganz selbstverständlich tun würde: voller Geduld, Verständnis und Nachsicht.

Vielleicht hast du auch die Erfahrung gemacht, dass du dich oft viel kritischer siehst, als du je jemanden anderen beurteilen würdest. Die innere Stimme, die uns erinnert, dass wir nicht perfekt sind, ist schnell zur Stelle, besonders in Momenten, in denen wir uns bereits erschöpft fühlen. Dabei könnten wir diese Momente nutzen, um uns selbst die Hand zu reichen, so wie wir es bei einem Kind oder einem Freund tun würden, der ausgelaugt ist. Es geht nicht darum, Fehler zu beschönigen oder Belastungen kleinzureden. Es geht darum, auch mal mit mildem Blick auf die eigenen Schwächen zu sehen und sie nicht als Versagen, sondern als Teil unseres Menschseins zu akzeptieren.
Ich habe gelernt, dass diese Akzeptanz ein echtes Gegengewicht zu unserem inneren Kritiker sein kann. Das heißt nicht, dass ich immer perfekt darin bin. Auch ich tappe in die Falle und bin zu streng mit mir. Doch wenn ich mich daran erinnere, dass ich gut genug bin, so wie ich bin, dann merke ich, wie erleichternd und stärkend das ist.

Selbstmitgefühl ist keine Flucht vor der Realität, sondern eine bewusste Entscheidung, uns selbst ein wenig von dem Verständnis zu schenken, das wir anderen geben. Wenn die Tage anstrengend sind und das innere „Es ist einfach zu viel" aufkommt, dann hilft es manchmal, tief durchzuatmen und dir selbst zu sagen: „Es ist in Ordnung, so wie es ist. Du machst das Beste, was du kannst." Manchmal reicht das schon, um den Druck abzumildern, der so oft auf uns lastet. Ich lade dich ein, das selbst auszuprobieren, atme tief durch und schenke dir diesen Moment der Annahme.

Vielleicht hast du dir ja zu Beginn dieses Buches ein Notizbuch zur Seite gelegt. Nimm es jetzt zur Hand und schreib dir ein paar Dinge auf, die du an dir selbst wertschätzt. Es geht nicht darum, große Heldentaten zu finden, sondern dir bewusst zu machen, wie wertvoll du bist. Halte fest, was du heute für dich und dein Kind getan hast, ein Lächeln, ein aufmerksames Ohr, ein Moment der Ruhe. Das sind die kleinen Puzzlestücke, die dich ausmachen, und sie verdienen es, gesehen zu werden.

Sich selbst zu akzeptieren bedeutet auch, die eigenen Bedürfnisse anzuerkennen und uns die Zeit zu nehmen, die wir brauchen, um wieder zu Kräften zu kommen. Und ich weiß, dass es Tage gibt, an denen das schwierig ist. Der Alltag lässt es oft kaum zu, dass wir uns selbst einmal in den Mittelpunkt stellen. Aber wenn wir gut für uns sorgen, hat das auch Auswirkungen auf die Menschen, die wir lieben und für die wir da sind. Eine kleine Pause, ein Moment des Innehaltens, das sind keine egoistischen Wünsche, sondern kleine Kraftquellen, die uns helfen, mit unserem Alltag umzugehen. Bitte lies noch einmal im Kapitel zum Thema „Resilienz" nach, wenn du weitere Vorschläge brauchst und das vertiefen möchtest.

Vielleicht klingt das alles nach schönen Worten, und ich weiß, dass es nicht immer leicht ist, sie umzusetzen. Doch du musst nicht alles auf einmal verändern. Nimm dir kleine Schritte vor, und erinnere dich daran, dass es kein festes Ziel gibt, kein „perfektes" Selbstmitgefühl. Es ist vielmehr die Entscheidung, jeden Tag ein bisschen milder mit sich zu sein und sich in schwierigen Momenten zu sagen: „Ich mache das gut. Ich bin gut genug."

Wenn du dieses Buch bald beiseitelegst, hoffe ich, dass du diese kleine Erinnerung mitnimmst: Dass du gut bist, so wie du bist. Dass du für dich und deine Familie schon so viel leistest. Selbstmitgefühl bedeutet, dass du anerkennst, was du jeden Tag für dich und dein Kind leistest. Denn das ist es, was am Ende zählt, nicht Perfektion, sondern eine freundliche, geduldige und liebevolle Akzeptanz, die dich in deinem Inneren stärkt.

Deine Heldenreise

Gehen wir nochmal kurz an den Anfang zurück. Vielleicht hast du es selbst so erlebt: Der Moment der Diagnose ist ein echter Wendepunkt. Plötzlich ist es keine vage Vermutung mehr, sondern steht schwarz auf weiß auf einem Blatt Papier. Für einige von uns ist das eine riesige Erleichterung. Endlich haben wir eine Antwort auf all die Fragen, die uns schon so lange beschäftigen. Vielleicht dachtest du: „Gut, jetzt weiß ich, was Sache ist, und kann gezielt handeln." Endlich geht es in eine klare Richtung, Therapien, Unterstützung, Wissen, das wir nutzen können.
Aber vielleicht ging es dir auch anders. Vielleicht hat die Diagnose dich wie ein Schlag getroffen. Sie fordert einen Weg, den du dir nie ausgesucht hättest und der voller Ungewissheiten steckt. Eine Richtung, die du nie geplant hattest, in der aber alle Energie abverlangt wird. Für viele von uns fühlt sich dieser Moment fast unwirklich an, wie etwas, das man erst einmal verdauen muss, weil plötzlich so viele Unsicherheiten und Fragen auftauchen. Und doch wissen wir, dass wir diesen Weg gehen müssen, so schwer er anfangs auch aussieht.

Und genau hier beginnt unsere Heldenreise. Die Wege von uns Eltern mögen sich unterscheiden, aber in einem sind sie gleich: Wir müssen, und vielleicht kannst du nach der Lektüre dieses Buches sogar sagen: wir dürfen die Zukunft neu denken und ein neues Bild für unser Leben und das unseres Kindes schaffen. Das ist der Anfang unserer Reise, oft voller Fragen und Unsicherheiten, aber auch getragen von der Überzeugung, dass wir für unser Kind da sind, ganz gleich, was auf uns zukommt.

Auf dieser Reise erleben wir wahrscheinlich, dass wir viel mehr sein müssen als „nur" Eltern. Plötzlich werden wir zu Beschützern, Lernenden, Verteidigern und liebevollen Begleitern, und in diesem Prozess spüren wir oft ungeahnte Kräfte. Deswegen sind auch Aussagen wie „Ich könnte das nicht" von anderen Personen so absurd in unseren Augen, weil man es überhaupt nicht beurteilen kann, wenn man nicht bereits auf diesem Weg ist.

Dieser Weg mit unseren Kindern verläuft niemals geradlinig. Vielleicht kennst du das Gefühl: Gerade, wenn du denkst, du hast einen Teil des Weges geschafft und bist angekommen, tauchen plötzlich neue Abzweigungen, Hindernisse und Herausforderungen auf. Der Weg schlängelt sich durch tiefe Täler der Erschöpfung, manchmal bis an unsere Grenzen, und führt dann doch wieder zu Höhen, wo wir Wunderbares erleben, das wir nie für möglich gehalten hätten. Und dennoch, so scheint es oft, begegnen wir immer wieder den gleichen Abschnitten, den gleichen Zweifeln, Fragen und Ängsten, als wären wir in einer Endlosschleife gefangen.

Diese Wiederholungen sind Teil unserer Reise. Sie fordern uns heraus und zwingen uns, noch intensiver auf uns selbst zu blicken. Und das ist gar nicht so einfach, wie du im Kapitel zu Beginn sicherlich gemerkt hast.

Diese Reise ist kein klar strukturierter Weg, und sie ist auch kein Wettlauf. Sie ist ein Prozess, bei dem wir immer wieder innehalten und uns den intensiven, manchmal schmerzhaften Gefühlen stellen müssen, die uns begleiten: Trauer, die plötzlich aufkommt, ohne dass wir genau wissen, warum. Verzweiflung, die uns überfällt, wenn es einfach nicht vorwärts geht. Schuldgefühle, die uns plagen, wenn wir uns fragen, ob wir genug für unser Kind tun, ob wir alles „richtig" machen. Und dann ist da das „Kopfkino", das uns mit endlosen „Was wäre, wenn …" – Gedanken festhält und uns an den kleinen Alltagsdingen zweifeln lässt.

Aber dieser Weg ist keine Schlacht gegen all diese Emotionen. Stattdessen dürfen wir lernen, sie zu akzeptieren, sie als Teil unserer Geschichte zu betrachten und zu durchleben, so schwer das manchmal fällt. Wir bekämpfen oder verdrängen unsere Gedanken und Gefühle nicht, sondern lernen, sie zuzulassen, ihnen Raum zu geben und uns selbst besser kennenzulernen.

Auf dieser Reise stellen wir uns vielleicht Fragen, die wir uns früher nie gestellt hätten: Wer bin ich inmitten all dessen? Wer war ich, bevor ich mich auf diesen Weg begeben habe, und wer bin ich heute?
Wir tragen so viel Verantwortung für unsere Kinder, dass unser eigenes Ich in den Hintergrund rückt. Und doch ist es wichtig, immer wieder danach zu fragen, wer wir selbst in dieser Geschichte sind und was uns guttut. Dieses Buch und die Gedanken, die darin ihren Platz gefunden haben, sind auch ein Raum, um genau das zu reflektieren. Es ist eine Einladung, den eigenen Weg in der Balance zwischen Verantwortung und Selbstfindung zu suchen und das Vertrauen darin zu finden, dass beide Wege bestehen können.

Bei alledem spielen unsere Werte eine entscheidende Rolle. Sie sind wie eine Kompassnadel, die uns zeigt, wohin es gehen kann, wenn sonst alles unklar ist. Diese Werte sind das Fundament, auf dem wir stehen, wenn wir Entscheidungen treffen, nicht nur für uns, sondern auch für unsere Kinder. Sie geben uns den Mut, selbstbestimmt zu handeln und uns dabei treu zu bleiben. Genau diese Werte geben uns Kraft, auch die Verantwortung für unser Kind immer wieder neu anzunehmen und dabei Freiraum zu schaffen, der uns und unseren Kindern Luft zum Atmen und für Entwicklungen lässt.
Deshalb haben wir uns auch damit intensiv beschäftigt. Denn am Ende ist das Ziel dieser Reise nicht ein „Loslassen" im klassischen Sinn. Raum schaffen ohne die Verbindung zu kappen, Kontrolle abgeben ohne sich verloren zu fühlen, das ist der Weg, den wir hier beschreiten. Es ist ein Balanceakt, und er ist nicht immer leicht, aber er ist unglaublich wertvoll. Wir dürfen diesen Raum gestalten.

Rückschläge gehören genauso zu dieser Reise wie die Momente, in denen alles glatt läuft. Oft kommen sie in Form von alten, eingefahrenen Mustern, wie Selbstsabotage, die sich still und leise einschleicht und uns einflüstert, dass wir nicht stark genug oder nicht mutig genug sind, um diesen Weg zu gehen. Diese Stimme, die plötzlich auftaucht und dich daran zweifeln lässt, ob du wirklich in der Lage bist, all dem gerecht zu werden? Solche Gedanken sind keine leichten Begleiter, und doch lassen genau sie uns mit der Zeit wachsen.

Oft stehen uns aber nicht nur unsere eigenen Zweifel im Weg, sondern auch äußere Hürden: einige Fachkräfte und Systeme, mit denen wir täglich zu tun haben. Sie können eine Bereicherung, aber auch Hindernisse sein, die uns zusätzlich herausfordern, und bei alledem sind sie auch Lernfelder. Wie oft waren und sind wir in Situationen, in denen wir uns einfach durchbeißen müssen, weil wir wissen, dass es für unser Kind ist? Dabei finden wir unsere eigene Stimme und lernen stetig dazu, auch wenn es sich manchmal nicht so anfühlt. Es braucht Geduld, Ausdauer und oft einen langen Atem, um in solchen Momenten klar zu bleiben und nicht aufzugeben. Doch gerade diese Widerstände sind wie ein Spiegel, der uns zeigt, wer wir sind und was wir wirklich wollen. Es ist eine Art der Selbstvergewisserung, die uns in unserer Rolle als Eltern bestärkt und uns daran erinnert, wie wichtig es ist, immer wieder für das einzustehen, was uns am Herzen liegt.

Raum zu geben und Vertrauen zu entwickeln ist eine Haltung, die ich mir nicht nur für uns Eltern wünsche, sondern auch für all jene, die uns auf diesem Weg begleiten. Wie schön wäre es, wenn Fachleute, Wegbegleiter und unser Umfeld diese Sichtweise teilen und unterstützen könnten. Denn wir hören oft, dass wir uns „lösen" oder „loslassen" müssten, um wirklich frei zu sein. Doch wir wissen: Raum geben bedeutet etwas ganz anderes. Es bedeutet, eine Freiheit zu leben, die uns und unseren Kindern den Platz lässt, den wir brauchen, ohne das Band zu zerschneiden, das uns verbindet.
Stell dir vor, wie erleichternd es wäre, wenn auch die Lehrkräfte, Therapeuten und Assistenten unserer Kinder diese Haltung mittragen würden. Wenn sie verstehen, dass wir keine radikalen Schnitte machen müssen, um gut für unsere Kinder da zu sein, ihnen Selbständigkeit und Selbstbestimmung zu ermöglichen und gleichzeitig uns selbst nicht zu verlieren.
Raum zu geben ist eine Form der Freiheit, die uns stärkt. Es ist, als ob wir gemeinsam ein Netz knüpfen, das uns auffängt und stützt,

ohne das Gefühl zu haben, uns von allem loslösen zu müssen. Es wäre so heilsam, wenn dies auch von außen verstanden und unterstützt würde, anstatt dass wir uns immer wieder erklären und rechtfertigen müssen.

Auf dieser Reise wird uns möglicherweise bewusst, wie oft wir uns selbst unter Druck setzen, ein Ideal von Perfektion zu erreichen. Dieses Bild, immer und überall als perfekte Eltern präsent zu sein, scheint so verlockend, aber in Wahrheit bringt uns dieser Anspruch nur Erschöpfung. Wahres Glück und echte Zuversicht liegen vielmehr darin, zu erkennen, dass Perfektion nie das Ziel war und auch nie sein muss. Es geht darum, uns selbst die Erlaubnis zu geben, menschlich zu sein: schwach sein zu dürfen, Fehler zu machen und trotzdem weiterzugehen.
Wir dürfen auch an Tagen glücklich sein, an denen unser Kind Herausforderungen erlebt, wir dürfen aufatmen und Freude empfinden, selbst wenn alles andere unperfekt erscheint. Das hat nichts mit Egoismus zu tun. Dieser Raum für unsere eigenen Gefühle und für Momente der Freude stärkt uns und gibt uns die Energie, die wir brauchen, um weiterhin verlässlich für unser Kind da zu sein. Denn wenn wir uns selbst erlauben, nicht perfekt sein zu müssen, öffnen wir uns für eine Art von Zuversicht und Gelassenheit, die uns und unseren Kindern wirklich zugutekommt.

Vielleicht ist das eine der größten Lektionen auf dieser Reise: zu erkennen, dass wir wachsen und stärker werden dürfen, ohne den ständigen Anspruch, fehlerlos zu sein. Indem wir uns erlauben, manchmal nur „gut genug" zu sein, schaffen wir Raum für das, was wirklich zählt.
Anders gesagt: selbst wenn du das Gefühl hast und weißt, dass du nicht perfekt bist, denn das ist niemand, kannst du trotzdem sicher sein, dass sich deine Persönlichkeit weiterentwickelt und entfaltet, gerade weil unsere Kinder sind, wie sie sind.

Nun stehen wir hier, am Ende dieses Buches und trotzdem ist es keineswegs das Ende unserer Reise. Wir sind vielleicht einfach an einem Punkt angekommen, an dem wir kurz innehalten und auf den Weg, den wir schon gegangen sind, zurückschauen dürfen.

Für mich war das Schreiben dieses Buches eine ganz besondere Erfahrung. Es war nicht so wie bei meinen anderen Büchern, bei denen ich oft analytischer vorgehen konnte, sondern ein Prozess, der mich selbst immer wieder tief berührt hat. Da waren viele Momente, in denen ich nachdachte, manchmal überrascht, wie nah mir manche Themen immer noch gehen. In gewisser Weise bin ich beim Schreiben erneut durch einige meiner Aufs und Abs gegangen und habe in diese Zeilen viel von mir selbst gegeben.

Jeder Moment des Nachdenkens und der Reflexion war ein Schritt auf dieser besonderen Reise. Der Weg, den du und ich gehen, ist nicht immer leicht, das wissen wir beide nur zu gut. Aber gerade weil er so besonders ist, bringt er uns auch so viel zurück. Es ist kein Lauf mit einem klaren Ziel, das uns irgendwann sagt: „Jetzt hast du es geschafft." Und vielleicht müssen wir genau diesen Gedanken loslassen, um den Weg wirklich annehmen zu können.

Wir wünschen uns oft einen Plan, der uns zeigt, wie alles werden wird. Doch während wir danach suchen, verpassen wir vielleicht, was das Leben wirklich ausmacht: das Hier und Jetzt. Das Leben ist nicht das, was wir irgendwann erreichen. Es ist das, was wir jeden Tag erleben. Niemand kann dir sagen, wie dein Leben mit deinem Kind aussehen soll. Es gibt keinen Plan, der für uns alle passt.

Ich weiß, wie leicht es ist, sich dabei nach äußeren Vorgaben oder nach Bestätigung für die eigenen Entscheidungen zu sehnen. Wir wollen wissen, dass wir alles „richtig" machen. Aber das Leben ist kein Zustand, den man erreichen kann, und auch kein Ziel, auf das wir hinarbeiten. Das Leben geschieht genau jetzt, in diesem Moment, in den kleinen, oft unscheinbaren Augenblicken, die so schnell an uns vorbeiziehen, wenn wir zu sehr auf das „Was-wäre-wenn" fixiert sind. Glück bedeutet nicht, immer einen perfekten Zustand zu erreichen oder festzuhalten. Glück passiert, wenn wir im Moment sind, wenn wir wahrnehmen, was jetzt gerade da ist. Und ja, das mag flüchtig sein, aber genau das macht es so wertvoll.

Dein Weg mit deinem Kind ist genauso. Es wird immer Herausforderungen geben, immer auch Fragen und Sorgen. Aber es gibt auch so viele kleine, wunderbare Momente, die uns zeigen, warum dieser Weg es wert ist, gegangen zu werden. Und es gibt auch längere Phasen, die wirklich gut sind, das möchte ich noch all denjenigen mitgeben, die das Gefühl haben, ihnen geht die Puste aus und die kleinen Momente reichen auf Dauer nicht.

Vielleicht dürfen wir lernen, uns diese Frage „Wann habe ich es geschafft?" abzugewöhnen. Sie führt uns in die Irre, weil es nie ein endgültiges „Geschafft!" gibt und das ist auch gar nicht schlimm. Was zählt, ist der Weg. Die kleinen Fortschritte deines Kindes. Die Begegnungen mit Menschen, die euch unterstützen. Die vielen, oft unscheinbaren Momente, in denen du spürst: „Das ist unser Leben. Und es ist gut, genau so, wie es ist."

Jeder von uns, der hier liest und reflektiert, bringt Mut auf, den nächsten Schritt zu tun, und hat vielleicht ein bisschen mehr Zuversicht gewonnen. Und auch ich gehe diesen Weg weiter. Es gibt für mich, wie für dich, immer wieder diese Momente des Neubeginns, des Übens, des Dranbleibens und manchmal auch des Sich-Zurückziehens, wenn es einfach gerade zu viel ist. Du bist also in bester Gesellschaft ☺

Wenn du das Buch jetzt beiseitelegst, wünsche ich dir, dass du den Mut und die Zuversicht gefunden hast, deinen eigenen Weg weiterzugehen, dass du Impulse mitnehmen kannst, dass es dir gut geht und du deine Vision in die Welt hinaustragen kannst und damit euren Raum gestaltest. Euer Weg muss nicht perfekt sein, um richtig zu sein. Wir alle sind gemeinsam auf dieser Heldenreise unterwegs, und ich hoffe, dass du dich darin bestärkt fühlst, dass jeder Schritt, den du machst, genau der richtige ist.

Danke, dass ich dich ein Stückchen begleiten durfte.

Dankeschön ☺

Danke an Stefan ☺

Am Ende dieses Buches möchte ich meinem Mann danken. Seine Perspektive, seine Erfahrung und sein Wissen haben dieses Buch auf so viele Arten bereichert. Mit seinen Anregungen hat er dazu beigetragen, dass viele Gedanken klarer, viele Inhalte präziser und manche Stellen einfach treffender wurden.

Besonders wertvoll war auch seine Perspektive als Vater, die dieses Buch um eine weitere Dimension erweitert hat. Seine Sicht auf die Herausforderungen und Freuden, die wir gemeinsam erlebt haben, hat den Text noch authentischer und lebendiger gemacht.

Sein Engagement im Autismus-Bereich, seine Unterstützung und sein Verständnis sind eine große Bereicherung, nicht nur für dieses Buch, sondern auch für mich. Ich schätze es sehr, dass wir unseren Weg gemeinsam gehen, uns gegenseitig inspirieren und dabei immer wieder voneinander lernen.

Dieses Buch ist dadurch ein Stück mehr „wir" geworden, und dafür bin ich von Herzen dankbar.

Danke an Dina ☺

Ein ganz besonderer Dank gilt ebenso meiner Schwester, die auch bei diesem Buch wieder eine große Unterstützung war. Trotz ihrer eigenen vielfältigen Verpflichtungen hat sie sich die Zeit genommen, ihren kritischen Blick über den Text schweifen zu lassen und mit ihrem scharfen Auge für Details sowie ihrem Gespür für Sprache wertvolles Feedback zu geben.

Es ist nicht selbstverständlich, jemanden an seiner Seite zu wissen, der immer mit ehrlicher Kritik, mit Ermutigung und mit der Bereitschaft, sich Zeit zu nehmen da ist, selbst wenn der eigene Alltag bereits vollgepackt ist. Dieses Buch wird auch dieses Mal von ihr mitgetragen und dafür bin ich ihr sehr dankbar.

Danke an Ute ☺

Mein herzlichster Dank geht auch an Ute, die das Cover für dieses Buch (und alle anderen Bücher zu Ellas Blog) entworfen hat. Es ist nicht nur ein Design, sondern eine Kunst, aus meinen zugegebenermaßen manchmal chaotischen und unsortierten Vorstellungen etwas zu formen, das am Ende genau das ausdrückt, was ich mir gewünscht hatte. Dabei war ich mir am Anfang selbst noch nicht sicher, wie dieses „genau das" eigentlich aussehen sollte! Ute hat mit viel Geduld und Fingerspitzengefühl meine Ideen aufgenommen, weiterentwickelt und schließlich in ein Design gegossen. Wahrscheinlich versteht sie mich und meine Gedanken deshalb so gut, weil sie selbst einen autistischen Sohn hat und dadurch einen besonderen Zugang zu den Themen dieses Buches.

Danke an Dich ☺

Mein besonderer Dank gilt euch, den Leserinnen und Lesern dieses Buches. Ihr habt den Mut, euch mit den Herausforderungen und Schönheiten des Lebens mit einem autistischen Kind auseinanderzusetzen, und ihr sucht nach Wegen, die euch und euer Kind stärken. Genau für euch habe ich dieses Buch geschrieben, mit der Hoffnung, dass es euch ein Stück weit begleiten und unterstützen kann.

Danke, dass ihr euch die Zeit nehmt, die Seiten mit euren Gedanken und eurem Leben zu füllen. Eure Bereitschaft, Neues zu versuchen, andere Perspektiven einzunehmen und einfach immer wieder weiterzumachen, beeindruckt mich sehr. Es ist schön, zu wissen, dass ich mit meinen Erfahrungen und Ideen einen kleinen Beitrag leisten kann, um euch auf eurem Weg zu begleiten. Dieses Buch wäre ohne euch nicht das, was es ist.

Weitere Veröffentlichungen zum Thema Autismus:

„Ein Kind mit Autismus zu begleiten, ist auch eine Reise zu sich selbst"
von Silke Bauerfeind
Herstellung und Verlag: BoD – Books on Demand, Norderstedt
Erscheinungsjahr: 2016, zweite Auflage 2019
ISBN 9 783741 224584
Preis: 18,90 Euro

„Autistische Kinder brauchen aufgeklärte Eltern"
von Silke Bauerfeind
Herstellung und Verlag: BoD – Books on Demand, Norderstedt
Erscheinungsjahr: 2018
ISBN 9 783752 886351
Preis: 16,80 Euro

„Diagnose Autismus – wie geht`s weiter?"
von Silke Bauerfeind
Herstellung und Verlag: BoD – Books on Demand, Norderstedt
Erscheinungsjahr: 2020
ISBN 9 783751 971454
Preis: 19,50 Euro

„Autismus im Kindergarten – wie Teilhabe gelingen kann"
von Silke Bauerfeind
Herstellung und Verlag: BoD – Books on Demand, Norderstedt
Erscheinungsjahr: 2022
ISBN 9 783756 832521
Preis: 19,00 Euro

Informationen zur Autorin, zu anderen Werken und *Ellas Blog* mit seinen Online-Angeboten findest du unter:
www.ellasblog.de